证券业从业资格考试指导“沙场点兵”系列（2010）

《证券发行与承销》考点精讲

考点精讲编写组　编

中国财政经济出版社

图书在版编目（CIP）数据

《证券发行与承销》考点精讲/考点精讲编写组编 .—北京：中国财政经济出版社，2010.7

（证券业从业资格考试指导“沙场点兵”系列. 2010）

ISBN 978-7-5095-2303-2

Ⅰ.①证… Ⅱ.①考… Ⅲ.①有价证券-销售-资格考核-自学参考资料 Ⅳ.①F830.91

中国版本图书馆CIP数据核字（2010）第111602号

选题策划：裴兰英　郁东敏

责任编辑：翁晓红　　　　责任校对：徐艳丽

封面设计：邹海东　　　　版式设计：兰　波

中国财政经济出版社出版

URL：http：//www.cfeph.cn

E-mail：cfeph@cfeph.cn

社址：北京市海淀区阜成路甲28号　邮政编码：100142

发行处电话：88190406　财经书店电话：64033436

涿州市新华印刷有限公司印刷　各地新华书店经销

787×1092毫米　16开　16.75印张　402 000字

2010年7月第1版　2010年7月涿州第1次印刷

定价：32.00元

ISBN 978-7-5095-2303-2/F·1846

（图书出现印装问题，本社负责调换）

本社质量投诉电话：010-88190744

前 言

2010年证券业从业资格考试日渐临近，为了帮助广大考生在较短时间内掌握考点中的重点与难点，迅速提高应试能力和答题技巧，中国财政经济出版社组织国内优秀的证券考试辅导专家，精心编写了这套高质量的辅导用书——"沙场点兵"系列（2010）。

根据目前考试知识点覆盖面广、重点突出、题目难度不断增加的命题趋势，本书以教材、大纲为蓝本，以考试重点、难点、考点为主线，考点分析准确、精炼，条理清晰，可以加深对考试内容的理解和掌握，达到事半功倍的复习效果。本书特点如下：

• 紧扣大纲，指导性强。本书对考试大纲进行了深入细致的研究，大纲中需要掌握和熟悉的内容在本书中得到了充分的体现。

• 讲解深刻，覆盖面广。本书对于教材中的重要内容进行了梳理和精简，更简洁易懂，便于考生记忆。

• 条理分明、层次清晰。本书对相关知识点进行了归纳和总结，并以框架图和表的形式列示，一目了然，体例清楚。

需要特别注意的是，本书中★表示重点内容，▲表示新增内容，◆表示改动的内容。

尽管我们精心编写，认真审核，但是由于时间仓促，遗漏与错误在所难免，恳请广大读者批评指正。考生可发送电子邮件到shachangdp@126.com，我们将尽量给予满意的答复。

希望本书能助各位考生一臂之力，预祝各位考生2010年证券考试之路一帆风顺，顺利通过证券业从业资格考试。

编 者

2010年6月

目　　录

第一章 证券经营机构的投资银行业务

本章结构

- 第一节 投资银行业务概述
  - 投资银行业的含义
    - 狭义
    - 广义
  - 国外投资银行业的发展历史
    - 投资银行业的初期繁荣
    - 20 世纪 30 年代确立分业经营框架
    - 分业经营下投资银行业的业务发展
    - 20 世纪末期以来投资银行业的混业经营
    - 全球金融风暴对投资银行业务模式的影响
  - 我国投资银行业务的发展历史
    - 发行监管制度的演变
      - 政府主导型，即核准制（我国属于这种）
      - 市场主导型，即注册制
    - 股票发行方式的演变
      - 自办发行
      - 有限量发售认购证
      - 无限量发售认购证
      - 无限量发售申请表方式以及与银行储蓄存款挂钩方式
      - 上网竞价方式
      - 全额预缴款、比例配售
      - 上网定价发行
      - 基金及法人配售
      - 向二级市场投资者配售
      - 上网发行资金申购
    - 股票发行定价的演变
    - 债券管理制度的发展历史
      - 国债
      - 金融债券
      - 企业债券
      - 公司债券
      - 证券公司债券
      - 企业短期融资券
      - 中期票据
      - 资产支持证券
      - 熊猫债券
      - 中小非金融企业集合票据
  - 《公司法》和《证券法》的修订对我国投资银行业务的意义和影响

- 第二节　投资银行业务资格
  - 保荐机构的资格
    - 证券公司申请保荐机构资格应当具备的条件
    - 证券公司申请保荐机构资格应当向中国证监会提交的材料
  - 保荐代表人的资格
    - 个人申请保荐代表人资格应当具备的条件
    - 个人申请保荐代表人资格，应当通过所任职的保荐机构向中国证监会提交的材料
  - 中国证监会对保荐机构和保荐代表人资格的核准
  - 中国证监会对保荐机构和保荐代表人实行注册登记管理
    - 保荐机构的注册登记事项
    - 保荐代表人的注册登记事项
    - 保荐机构和保荐代表人注册登记事项的变更
    - 保荐机构的年度执业报告
  - 国债承销业务的资格条件和资格申请
    - 国债的承销业务资格
    - 申请与审批
- 第三节　投资银行业务的内部控制
  - 投资银行业务内部控制的总体要求
    - 内部"防火墙"原则
    - 《证券公司内部控制指引》
  - 证券公司承销业务的风险控制
    - 净资本
    - 风险控制指标标准
    - 证券公司必须持续符合风险控制指标标准
  - 股票承销业务中的不当行为及相应处罚
- 第四节　投资银行业务的监管
  - 监管概述
    - 证券公司的投资银行业务由中国证监会负责监管
    - 现场和非现场检查
    - 中国证监会及其派出机构对涉嫌违反政府有关法规、规章的证券经营机构，可以进行调查
    - 证券经营机构不得以任何理由拒绝或拖延提供有关材料
  - 核准制
    - 定义
    - 核准制与行政审批制相比的特点
  - 保荐制度
    - 保荐机构和保荐代表人的注册登记管理制度
    - 保荐期限
    - 保荐责任
    - 监管措施
  - 中国证监会对投资银行业务的检查
    - 非现场检查
      - 证券公司的年度报告
      - 董事会报告
      - 财务报表附注
      - 与承销业务有关的自查内容
    - 现场检查
      - 机构、制度与人员的检查
      - 业务的检查

本章学习目的与要求

熟悉投资银行业的含义。了解国外投资银行业的历史发展。掌握我国投资银行业发展过程中发行监管制度的演变、股票发行方式的变化、股票发行定价的演变以及债券管理制度的发展。

了解证券公司的业务资格条件。掌握保荐机构和保荐代表人的资格条件。了解国债的承销业务资格、申报材料。

掌握投资银行业务内部控制的总体要求。熟悉承销业务的风险控制。了解股票承销业务中的不当行为以及对不当行为的处罚措施。

了解投资银行业务的监管。熟悉核准制的特点。掌握证券发行上市保荐制度的内容，以及中国证监会对保荐机构和保荐代表人的监管。了解中国证监会对投资银行业务的非现场检查和现场检查。

本章内容变化情况

1. 删除了《公司法》的部分内容。
2. 增加了公司债券、中小非金融企业集合票据的内容。▲
3. 第二节删除了"企业债券的上市业务推荐资格"的内容。

本章重点解析

第一节 投资银行业务概述

一、投资银行业的含义

1. ★广义
   - 范围宽泛的金融业务
     - 公司融资
     - 并购顾问
   - 众多的资本市场活动
     - 股票和债券等金融产品的销售和交易
     - 资产管理和风险投资业务

2. ★狭义
   - 只限于某些资本市场活动
   - 着重指一级市场上的承销业务、并购和融资业务的财务顾问

本书所叙述的投资银行业务内容只限于资本市场中的证券承销、保荐与公司收购业务范围，即仅指狭义投资银行业务，涉及的相关法律法规及政策规定截止到2010年3月31日。

二、国外投资银行业的发展历史

投资银行业的起源可以追溯到19世纪，但是当时投资银行业仅仅作为商业银行的一个业务部门被包

含在银行业的范畴之中，银行业的含义比今天要宽泛得多。

在现代意义的投资银行诞生以前，证券市场业务包含在规模庞大的银行业务之中，由特定授权机构经营，可被视为投资银行业及其"混业"经营模式的萌芽形态。投资银行业的真正发展是在20世纪30年代前后。

（一）投资银行业的初期繁荣

这一时期投资银行业的主要特点：
1. 以证券承销与分销为主要业务。
2. 商业银行与投资银行混业经营。
3. 债券市场取得了重大发展。
4. 同时股票市场引人注目。
5. 银行业的强势人物影响巨大，在某种程度上推动了混业的发展。

（二）20世纪30年代确立分业经营框架

1929年10月华尔街股市发生大崩盘——→金融危机——→经济大萧条。

主要原因：商业银行、证券业、保险业在机构、资金操作上的混合。

结论：为避免类似金融危机的再次发生，证券业必须从银行业中分离出来。

在20世纪30年代的大多数年份，新证券的发行非常少，主要业务是为以前发行的债券换新。

一系列法案：
1. 1933年通过的《证券法》和《格拉斯·斯蒂格尔法》对一级市场产生了重大的影响。
   严格规定了：
   - 证券发行人和承销商的信息披露义务。
   - 虚假陈述所要承担的民事责任和刑事责任。
   - 金融机构在证券业务与存贷业务之间作出选择，从法律上规定了分业经营。
2. 1934年通过的《证券交易法》：
   - 对一级市场进行了规范。
   - 对交易商也产生了影响。
   - 美国证券与交易委员会取代联邦贸易委员会，成为证券监管机构。
3. 1937年全美证券交易商协会成立：
   - 加强了对场外经纪人和证券商的管理。
   - 对会员制定了业务标准。

（三）分业经营下投资银行业的业务发展

20世纪60年代：市政债券以及互助基金的销售。

20世纪70年代：债务市场发展，金融创新与金融自由化。

20世纪80年代：公司债券的发展与金融品种的创新活动达到高峰。

（四）20世纪末期以来投资银行业的混业经营

20世纪八九十年代，日本、加拿大、西欧等国相继经历了金融大爆炸，银行几乎可以毫无限制地开展投资银行业务，美国放松金融管制的外在原因。

1999年11月《金融服务现代化法案》，成为美国金融业经营和管理的一项基本性法律。

（五）全球金融风暴对投资银行业务模式的影响

2008年，美国由于次贷危机而引发的连锁反应导致了罕见的金融风暴。在此次金融风暴中，美国著名投资银行贝尔斯登和雷曼兄弟崩溃，其原因主要在于风险控制失误和激励约束机制的弊端。

探讨的问题：
- 投资银行业务与原本的商业银行业务会如何相互影响。
- 如何控制连带风险。
- 是否可以抗衡未来经济周期的下滑。
- 对整个金融体系构成的重大潜在风险。

三、我国投资银行业务的发展历史

我国投资银行业务的发展变化具体表现在：
- 发行监管。
- 发行方式。
- 发行定价。

从债务性业务方面来看，根据其性质将债券划分为：
- 国债。
- 金融债券。
- 企业债券。
- 公司债券。
- 证券公司债券。
- 企业短期融资券。
- 中期票据。
- 资产支持证券。
- 熊猫债券。
- 中小非金融企业集合票据。

（一）发行监管制度的演变★

发行监管制度的核心内容：股票发行决定权的归属。

目前国际上有两种类型：

- 一种是政府主导型，即核准制：
  - 要求发行人在发行证券过程中，不仅要公开披露有关信息，而且必须符合一系列实质性的条件。
  - 这种制度赋予监管当局决定权。
- 另一种是市场主导型，即注册制，强调市场对股票发行的决定权。

我国目前的股票发行管理属于政府主导型，政府不仅管理股票发行实质性内容的审核，而且管理发行过程的实际操作。

1998 年之前，我国股票发行监管制度采取发行规模和发行企业数量双重控制的办法。1993～1997 年发行额度如表 1-1 所示。

表 1-1　1993～1997 年股票发行额度　（单位：亿元）

年份	发行额度
1993	50
1994	55
1996	150
1997	300

1998 年《中华人民共和国证券法》，实行股票发行核准制度。

2003 年 12 月 28 日，中国证监会颁布了《证券发行上市保荐制度暂行办法》，于 2004 年 2 月 1 日开始实施。上市保荐制，指由保荐机构负责发行人的上市推荐和辅导，核实公司发行文件中所载资料的真实、准确和完整，协助发行人建立严格的信息披露制度，不仅承担上市后持续督导的责任，还将责任落实到个人。

2006 年 1 月 1 日实施的经修订的《证券法》在发行监管方面：
- 明确了公开发行和非公开发行的界限。
- 规定了证券发行前的公开披露信息制度，强化社会公众监督。
- 肯定了证券发行、上市保荐制度，进一步发挥中介机构的市场服务职能。
- 将证券上市核准权赋予了证券交易所，强化了证券交易所的监管职能。

2008 年 8 月 14 日中国证监会审议通过《证券发行上市保荐业务管理办法》（以下简称《保荐办法》），自 2008 年 12 月 1 日起施行，《证券发行上市保荐制度暂行办法》同时废止。《保荐办法》就保荐机构和保荐代表人的资格管理、保荐职责、保荐业务规程、保荐业务协调、监管措施和法律责任作了全面的规定。随着创业板的推出，该《保荐办法》经 2009 年 4 月 14 日中国证监会修改，自 2009 年 6 月 14 日起施行。

（二）股票发行方式的演变★

我国在股票发行方式方面的历史变动是非常多的，按时间和方式种类大约可以分为以下几个阶段（见表 1－2）。

表 1－2　　我国股票发行方式的变动

1	自办发行	从 1984 年股份制试点到 20 世纪 90 年代初期。 （1）面值不统一，有 100 元的，有 200 元的，一般按照面值发行； （2）发行对象多为内部职工和地方公众； （3）发行方式多为自办发行，没有承销商，很少有中介机构参加。
2	有限量发售认购证	• 1991～1992 年，股票发行采取有限量发售认购证方式。 • 存在明显的弊端，极易发生抢购风潮，造成社会动荡，出现私自截留申请表等徇私舞弊现象。 • 因深圳"8·10 事件"，这种方式不再采用。
3	无限量发售认购证	• 1992 年，上海率先采用无限量发售认购证摇号中签方式。 • 基本避免了有限量发行方式的主要弊端，体现了"三公"原则。 • 但是，认购量的不确定性会造成社会资源不必要的浪费，认购成本过高。
4	无限量发售申请表方式以及与银行储蓄存款挂钩方式	• 大大减少了社会资源的浪费，降低了一级市场成本。 • 可以吸收社会闲资。 • 吸引新股民入市。 • 但由此出现高价转售中签表现象。
5	上网竞价方式	上网竞价只在 1994 年哈岁宝等几只股票进行过试点，之后没有被采用。
6	全额预缴款、比例配售	• 包括两种方式："全额预缴、比例配售、余款即退"和"全额预缴、比例配售、余款转存"。前者比后者占用资金时间大为缩短，资金效率提高，并且能培育发行地的原始投资者，吸引大量资金进入二级市场。

续表

7	上网定价发行	是最为完善的一种。 （1）具有效率高、成本低、安全快捷等优点，避免了资金体外流动； （2）完全消除了一级半市场； （3）1996 年以来被普遍采用。
8	基金及法人配售	（1）公开发行量在 5 000 万股（含 5 000 万股）以上的新股，均可向基金配售； （2）公开发行量在 5 000 万股以下的，不向基金配售； （3）公司股本总额在 4 亿元以下的公司，仍采用上网定价、全额预缴款或与储蓄存款挂钩的方式发行股票； （4）公司股本总额在 4 亿元以上的公司，可采用对一般投资者上网发行和对法人配售相结合的方式发行股票。 2000 年 4 月，取消 4 亿元的额度限制，公司发行股票都可以向法人配售。
9	向二级市场投资者配售	指在新股发行时，将一定比例的新股由上网公开发行改为向二级市场投资者配售，投资者根据其持有上市流通证券的市值和折算的申购限量，自愿申购新股。
10	上网发行资金申购	• 2006 年 5 月 20 日，深、沪证券交易所分别颁布了股票上网发行资金申购实施办法，股份公司通过证券交易所交易系统采用上网资金申购方式公开发行股票。 • 2008 年 3 月，在首发上市中首次尝试采用网下发行电子化方式，标志着我国证券发行中网下发行电子化的启动。 • 目前普遍使用上网发行的方式，其详细规定见本书第六章。

（三）股票发行定价的演变★

股份制改革早期，我国公司发行价格大部分按照面值发行，定价没有管理制度可循。

20 世纪 90 年代初期，基本上由中国证监会确定，采用相对固定的市盈率。

从 1994 年开始，我国进行股票发行价格改革，在一段时间内实行竞价发行（只有几家公司试点，后没有被使用）。大部分采用固定价格方式。

2005 年 1 月 1 日，试行首次公开发行股票询价制度。

2006 年 9 月 11 日，中国证监会审议通过《证券发行与承销管理办法》，自 2006 年 9 月 19 日起施行。该办法细化了询价、定价、证券发售等环节的有关操作规定。

（四）债券管理制度的发展历史★

1. 国债
   - 1992 年 3 月 18 日，《中华人民共和国国库券条例》。
   - 1994 年 5 月，《关于坚决制止国债卖空行为的通知》。
   - 1996 年，《关于进行国债公开市场操作有关问题的通知》。
   - 1997 年
     - 《中国人民银行关于银行间债券回购业务有关问题的通知》。
     - 《中国人民银行关于开办银行间国债现券交易的通知》等。
   - 1999 年，《凭证式国债质押贷款办法》。

2. 金融债券
- 开端：1985 年由中国工商银行、中国农业银行发行的金融债券。
- 1994 年我国政策性银行成立后，首次发行人为国家开发银行。
- 2005 年 4 月 27 日，中国人民银行发布了《全国银行间债券市场金融债券发行管理办法》。
- 中国人民银行于 2006 年 9 月 6 日发布公告，就商业银行发行混合资本债券的有关事宜进行了规定。
- 2009 年 4 月 13 日，为进一步规范全国银行间债券市场金融债券发行行为，中国人民银行发布了《全国银行间债券市场金融债券发行管理操作规程》，自 2009 年 5 月 15 日起施行。

3. 企业债券。我国的企业债券泛指各种所有制企业发行的债券，如地方企业债券、重点企业债券、公司债券等。

企业债券
- 我国发行企业债券开始于 1983 年。
- 1987 年 3 月 27 日，国务院发布了《企业债券管理暂行条例》。
- 1993 年 8 月，国务院发布了《企业债券管理条例》。
- 1993 年 12 月，通过《中华人民共和国公司法》。
- 1996 年 4 月，《关于规范企业债券的证券交易所上市交易等有关问题的通知》。
- 1998 年 4 月，《企业债券发行与转让管理办法》进一步规范了企业债券市场。
- 1998 年通过的《证券法》进一步完善了对公司债券的管理。
- 2006 年实施的经修订的《公司法》规定，发行公司债券的申请须经国务院授权的部门核准，并应当符合 2006 年实施的经修订的《证券法》规定的发行条件。

4. 公司债券▲。1993 年 12 月通过的《中华人民共和国公司法》（以下简称《公司法》）中，"公司债券"部分曾经规定只有股份有限公司、国有独资公司和两个以上国有企业及其他两个以上的国有投资主体投资设立的有限责任公司才可以发行公司债券，并详细列明了发行公司债券的条件和程序，规定国务院债券管理部门为发行公司债券的审批部门。

1998 年通过的《证券法》对公司债券的发行和上市作了特别规定，规定公司债券的发行仍采用审批制，但上市交易则采用核准制，同时对公司债券暂停上市交易、终止上市交易的情形及处理办法作了规定，进一步完善了对公司债券的管理。2006 年实施的经修订的《公司法》规定，发行公司债券的申请须经国务院授权的部门核准，并应当符合 2006 年实施的经修订的《证券法》规定的发行条件。

本书所指的公司债券，系指由符合条件的发行人按照中国证监会于 2007 年 8 月 14 日发布实施的《公司债券发行试点办法》所发行的债券。

5. 证券公司债券
- 证券公司债券：证券公司依法发行的、约定在一定期限内还本付息的有价证券。《证券公司债券管理暂行办法》特别强调，其所指的证券公司债券，不包括证券公司发行的可转换债券和次级债券。
- 证券公司短期融资券：证券公司以短期融资为目的，在银行间债券市场发行的、约定在一定期限内还本付息的金融债券。

6. 企业短期融资券。

2005 年 5 月 23 日，中国人民银行发布了《短期融资券管理办法》。

2008 年 4 月 12 日，中国人民银行颁布了《银行间债券市场非金融企业债务融资工具管理办法》，并于 4 月 15 日正式施行。

2008年4月16日，中国银行间市场交易商协会公告并施行
- 《银行间债券市场非金融企业短期融资券业务指引》；
- 《银行间债券市场非金融企业债务融资工具注册规则》；
- 《银行间债券市场非金融企业债务融资工具信息披露规则》；
- 《银行间债券市场非金融企业债务融资工具中介服务规则》；
- 《银行间债券市场非金融企业债务融资工具募集说明书指引》。

7. 中期票据：具有法人资格的非金融企业在银行间债券市场按照计划分期发行的、约定在一定期限还本付息的债务融资工具。

8. 资产支持证券：由银行业金融机构作为发起机构，将信贷资产信托给受托机构，由受托机构发行的，以该财产所产生的现金支付其收益的受益证券。受托机构以信托财产为限向投资机构承担支付资产支持证券收益的义务。

中国人民银行和中国银监会于2005年4月20日发布《信贷资产证券化管理办法》。

中国银监会于2005年11月7日发布《金融机构信贷资产证券化试点监督管理办法》。

9. 熊猫债券：2005年3月，中国人民银行发布《国际开发机构人民币债券发行管理暂行办法》。

国际开发机构是指进行开发性贷款和投资的国际开发性金融机构。

国际开发机构人民币债券是指
- 国际开发机构依法在中国境内发行的；
- 约定在一定期限内还本付息的；
- 以人民币计价的债券。

2005年10月9日，{国际金融公司；亚洲开发银行}在全国银行间债券市场分别发行人民币债券{11.3亿元；10亿元。}

↓

熊猫债券便由此诞生。

10. 中小非金融企业集合票据▲：为支持中小企业发展，根据《银行间债券市场非金融企业债务融资工具管理办法》（中国人民银行令［2008］第1号），中国银行间市场交易商协会组织市场成员制定了《银行间债券市场中小非金融企业集合票据业务指引》（［2009］第15号），于2009年11月9日发布施行。

上述所称中小非金融企业，是指国家相关法律法规及政策界定为中小企业的非金融企业；所称集合票据，则是指2个（含）以上、10个（含）以下具有法人资格的中小非金融企业，在银行间债券市场以统一产品设计、统一券种冠名、统一信用增进、统一发行注册方式共同发行的，约定在一定期限还本付息的债务融资工具。

四、《公司法》和《证券法》的修订对我国投资银行业务的意义和影响

修订后的《公司法》和《证券法》
- 通过：2005年10月27日经第十届全国人大常委会第十八次会议。
- 施行：2006年1月1日。

全面修改的内容
- 公司的注册资本制度；
- 公司治理结构；
- 股东权利保护；
- 财务会计制度；
- 合并分立制度。

增加的内容：
- 法人人格否认；
- 关联关系规范；
- 累积投票；
- 独立董事；
- 证券发行上市保荐、证券投资者保护基金、证券发行交易的预先披露等新制度。

第二节　投资银行业务资格

修订后的《证券法》于2006年1月1日实施后规定，经国务院证券监督管理机构批准，证券公司可以经营证券承销与保荐业务。

1. 经营单项证券承销与保荐业务的，注册资本最低限额：人民币1亿元。
2. 经营证券承销与保荐业务。经营证券自营、证券资产管理、其他证券业务中一项以上的——注册资本最低限额为人民币5亿元。
3. 须满足《证券发行上市保荐业务管理办法》的规定条件。

《保荐办法》所称“保荐机构”就是《证券法》第十一条所指的“保荐人”。

发行人应当就下列事项聘请具有保荐机构资格的证券公司履行保荐职责：

1. 首次公开发行股票并上市。
2. 上市公司发行新股、可转换公司债券。
3. 中国证监会认定的其他情形。

证券公司从事证券发行上市保荐业务，应依照《保荐办法》的规定向中国证监会申请保荐机构资格。

保荐机构履行保荐职责，应当指定依照《保荐办法》的规定取得保荐代表人资格的个人具体负责保荐工作。未经中国证监会核准，任何机构和个人不得从事保荐业务。

保荐机构及其保荐代表人应当遵守法律、行政法规和中国证监会的相关规定，恪守业务规则和行业规范，诚实守信，勤勉尽责，尽职推荐发行人证券发行上市，持续督导发行人履行规范运作、信守承诺、信息披露等义务。

保荐机构依法对发行人申请文件、证券发行募集文件进行核查，向中国证监会、证券交易所出具保荐意见。保荐机构应当保证所出具的文件真实、准确、完整。

1. 同次发行的证券，其发行保荐和上市保荐应当由同一保荐机构承担。
2. 证券发行规模达到一定数量的，可以采用联合保荐，但参与联合保荐的保荐机构不得超过2家。
3. 证券发行的主承销商可以由该保荐机构担任，也可以由其他具有保荐机构资格的证券公司与该保荐机构共同担任。

一、保荐机构的资格★

（一）证券公司申请保荐机构资格应当具备的条件

1. 注册资本不低于人民币1亿元，净资本不低于人民币5 000万元。
2. 具有完善的公司治理和内部控制制度，风险控制指标符合相关规定。
3. 保荐业务部门具有健全的业务规程、内部风险评估和控制系统，内部机构设置合理，具备相应的研究能力、销售能力等后台支持。
4. 具有良好的保荐业务团队且专业结构合理，从业人员不少于35人，其中最近3年从事保荐相关业务的人员不少于20人。

5. 符合保荐代表人资格条件的从业人员不少于4人。

6. 最近3年内未因重大违法违规行为受到行政处罚。

7. 中国证监会规定的其他条件。

证券公司取得保荐机构资格后，应当持续符合上述规定的条件。

(1) 保荐机构因重大违法违规行为受到行政处罚的，中国证监会撤销其保荐机构资格。

(2) 不再具备上述规定其他条件的，中国证监会可责令其限期整改，逾期仍然不符合要求的，中国证监会撤销其保荐机构资格。

（二）证券公司申请保荐机构资格应当向中国证监会提交的材料

1. 申请报告。

2. 股东（大）会和董事会关于申请保荐机构资格的决议。

3. 公司设立批准文件。

4. 营业执照复印件。

5. 公司治理和公司内部控制制度及执行情况的说明。

6. 董事、监事、高级管理人员和主要股东情况的说明。

7. 内部风险评估和控制系统及执行情况的说明。

8. 保荐业务尽职调查制度、辅导制度、内部核查制度、持续督导制度、持续培训制度和保荐工作底稿制度的建立情况。

9. 经具有证券、期货相关业务资格的会计师事务所审计的最近1年度净资本计算表、风险资本准备计算表和风险控制指标监管报表。

10. 保荐业务部门机构设置、分工及人员配置情况的说明。

11. 研究、销售等后台支持部门的情况说明。

12. 保荐业务负责人、内核负责人、保荐业务部门负责人和内核小组成员名单及其简历。

13. 证券公司指定联络人的说明。

14. 证券公司对申请文件真实性、准确性、完整性承担责任的承诺函，并应由全体董事签字。

15. 中国证监会要求的其他材料。

二、保荐代表人的资格★

（一）个人申请保荐代表人资格应当具备的条件

条件：

1. 具备3年以上保荐相关业务经历。
2. 最近3年内在境内证券发行项目（首次公开发行股票并上市、上市公司发行新股、可转换公司债券及中国证监会认定的其他情形）中担任过项目协办人。
3. 参加中国证监会认可的保荐代表人胜任能力考试且成绩合格有效。
4. 诚实守信，品行良好，无不良诚信记录，最近3年未受到中国证监会的行政处罚。
5. 未负有数额较大到期未清偿的债务。
6. 中国证监会规定的其他条件。

个人如果取得保荐代表人资格后，应当持续符合上述第4项、第5项和第6项规定的条件。

撤销资格：
1. 保荐代表人被吊销、注销证券业执业证书，或者受到中国证监会行政处罚的，中国证监会撤销其保荐代表人资格。
2. 不再符合其他条件的，中国证监会责令其限期整改，逾期仍然不符合要求的，中国证监会撤销其保荐代表人资格。

个人通过中国证监会认可的保荐代表人胜任能力考试或者取得保荐代表人资格后，应当定期参加中国证券业协会或者中国证监会认可的其他机构组织的保荐代表人年度业务培训。

保荐代表人未按要求参加保荐代表人年度业务培训的，中国证监会撤销其保荐代表人资格；通过保荐代表人胜任能力考试而未取得保荐代表人资格的个人，未按要求参加保荐代表人年度业务培训的，其保荐代表人胜任能力考试成绩不再有效。

（二）个人申请保荐代表人资格，应当通过所任职的保荐机构向中国证监会提交的材料

1. 申请报告。
2. 个人简历、身份证明文件和学历学位证书。
3. 证券业从业人员资格考试、保荐代表人胜任能力考试成绩合格的证明。
4. 证券业执业证书。
5. 从事保荐相关业务的详细情况说明，以及最近 3 年内担任《保荐办法》规定的境内证券发行项目协办人的工作情况说明。
6. 保荐机构出具的推荐函，其中应当说明申请人遵纪守法、业务水平、组织能力等情况。
7. 保荐机构对申请文件真实性、准确性、完整性承担责任的承诺函，并应由其董事长或者总经理签字。
8. 中国证监会要求的其他材料。

三、中国证监会对保荐机构和保荐代表人资格的核准

中国证监会依法受理、审查申请文件（见表 1－3）。

表 1－3　中国证监会受理、审查申请文件

申请事项	受理时限	手　续
保荐机构资格	受理之日起 45 个工作日内。	中国证监会核准或者不予核准的书面决定。
保荐代表人资格	受理之日起 20 个工作日内。	中国证监会核准或者不予核准的书面决定。
申请期间，申请文件内容发生重大变化的	自变化之日起 2 个工作日内。	向中国证监会提交更新资料。

中国证监会对保荐机构及保荐代表人违规情形的处理方式见表 1－4。

表 1－4　违规处理方式

违规处理	保荐机构资格申请文件存在虚假记载、误导性陈述或者重大遗漏。	中国证监会不予核准；已核准的，撤销其保荐机构资格。
	保荐代表人资格申请文件存在虚假记载、误导性陈述或者重大遗漏的。	中国证监会不予核准；已核准的，撤销其保荐代表人资格。对提交该申请文件的保荐机构，中国证监会自撤销之日起 6 个月内不再受理该保荐机构推荐的保荐代表人资格申请。

四、中国证监会对保荐机构和保荐代表人实行注册登记管理

（一）保荐机构的注册登记事项

1. 保荐机构名称、成立时间、注册资本、注册地址、主要办公地址和法定代表人。
2. 保荐机构的主要股东情况。
3. 保荐机构的董事、监事和高级管理人员情况。
4. 保荐机构的保荐业务负责人、内核负责人情况。
5. 保荐机构的保荐业务部门负责人情况。
6. 保荐机构的保荐业务部门机构设置、分工及人员配置情况。
7. 保荐机构的执业情况。
8. 中国证监会要求的其他事项。

（二）保荐代表人的注册登记事项

1. 保荐代表人的姓名、性别、出生日期、身份证号码。
2. 保荐代表人的联系电话、通讯地址。
3. 保荐代表人的任职机构、职务。
4. 保荐代表人的学习和工作经历。
5. 保荐代表人的执业情况。
6. 中国证监会要求的其他事项。

（三）保荐机构和保荐代表人注册登记事项的变更

保荐机构和保荐代表人的注册登记事项发生变化的，保荐机构应当自变化之日起5个工作日内向中国证监会书面报告，由中国证监会予以变更登记。

保荐代表人从原保荐机构离职，调入其他保荐机构的，应通过新任职机构向中国证监会申请变更登记，并提交下列材料：

1. 变更登记申请报告。
2. 证券业执业证书。
3. 保荐代表人出具的其在原保荐机构保荐业务交接情况的说明。
4. 新任职机构出具的接收函。
5. 新任职机构对申请文件真实性、准确性、完整性承担责任的承诺函，并应由其董事长或者总经理签字。
6. 中国证监会要求的其他材料。

（四）保荐机构的年度执业报告

保荐机构应当于每年4月份向中国证监会报送年度执业报告。年度执业报告应当包括以下内容：

1. 保荐机构、保荐代表人年度执业情况的说明。
2. 保荐机构对保荐代表人尽职调查工作日志检查情况的说明。
3. 保荐机构对保荐代表人的年度考核、评定情况。
4. 保荐机构、保荐代表人其他重大事项的说明。
5. 保荐机构对年度执业报告真实性、准确性、完整性承担责任的承诺函，并应由其法定代表人签字。

6. 中国证监会要求的其他事项。

五、国债承销业务的资格条件和资格申请

我国国债主要分为：
- 记账式国债
  - 证券交易所债券市场。
  - 全国银行间债券市场。
- 凭证式国债
  - 商业银行和邮政储蓄银行的网点。
  - 面向公众投资者发行。

财政部、中国人民银行、中国证监会于2006年7月4日审议通过了《国债承销团成员资格审批办法》，该办法规定国债承销团按照国债品种组建。

国债承销团：
- 凭证式国债承销团：中国境内商业银行等存款类金融机构和邮政储蓄银行可以申请成为凭证式国债承销团成员。原则上不超过40家。
- 记账式国债承销团
  - 甲类成员、乙类成员：中国境内商业银行等存款类金融机构、证券公司、保险公司、信托投资公司等非存款类金融机构，可以申请成为记账式国债承销团成员。
  - 原则上不超过60家，其中甲类成员不超过20家。
- 其他国债承销团
  - 成员资格有效期为3年。
  - 期满后，成员资格依照《国债承销团成员资格审批办法》再次审批。

国债承销团的组建原则：
- 公开；
- 公平；
- 公正；
- 在保持成员基本稳定的基础上实行优胜劣汰。

(一) 国债的承销业务资格

1. 承销团申请人应当具备下列基本条件：

(1) 在中国境内依法成立的金融机构。

(2) 依法开展经营活动，近3年内在经营活动中没有重大违法记录，信誉良好。

(3) 财务稳健，资本充足率、偿付能力或者净资本状况等指标达到监管标准，具基本条件有较强的风险控制能力。

(4) 具有负责国债业务的专职部门以及健全的国债投资和风险管理制度。

(5) 信息化管理程度较高。

(6) 有能力且自愿履行《国债承销团成员资格审批办法》第六章规定的各项义务。

2. 申请凭证式国债承销团成员资格的申请人除基本条件外，还须具备下列条件：

(1) 注册资本不低于人民币3亿元或者总资产在人民币100亿元以上的存款类金融机构。

(2) 营业网点在40个以上。

3. 申请记账式国债承销团乙类成员资格的申请人除基本条件外，还须具备以下条件：注册资本不低于人民币3亿元或者总资产在人民币100亿元以上的存款类金融机构，或注册资本不低于人民币8亿元的非存款类金融机构。

4. 申请记账式国债承销团甲类成员资格的申请人除应当具备乙类成员资格条件外，上一年度记账式国债业务还应当位于前25名以内。

（二）申请与审批（见表 1－5）

表 1－5 **国债的申请与审批**

国债	申请材料	资格审批	材料提交
记账式国债承销团成员	• 申请书； • 本机构概况； • 法人营业执照和金融业务许可证复印件； • 上一年度财务决算审计报告复印件； • 前两年国债承销和交易情况。	由财政部会同中国人民银行和中国证监会实施，并征求中国银监会和中国保监会的意见。	分别提交财政部和中国人民银行。
凭证式国债承销团成员		由财政部会同中国人民银行实施，并征求中国银监会的意见。	提交财政部。

第三节　投资银行业务的内部控制

一、投资银行业务内部控制的总体要求★

（一）“防火墙”原则

投资银行部门应当遵循内部“防火墙”原则，建立有关隔离制度。

（二）《证券公司内部控制指引》（2003 年 12 月 15 日）

1. 证券公司应重点防范因管理不善、权责不明、未勤勉尽责等原因导致的法律风险、财务风险及道德风险。
2. 证券公司应建立投资银行项目管理制度，完善各类投资银行项目的业务流程、作业标准和风险控制措施；加强项目的承揽立项、尽职调查、改制辅导、文件制作、内部审核、发行上市和保荐回访等环节的管理；加强项目核算和内部考核，完善项目工作底稿和档案管理制度。
3. 证券公司应建立科学、规范、统一的发行人质量评价体系，应在尽职调查的基础上，在项目实施的不同阶段分别进行立项评价、过程评价和综合评价，提高投资银行项目的整体质量水平。
4. 证券公司应建立尽职调查的工作流程，加强投资银行业务人员的尽职调查管理，贯彻勤勉尽责、诚实信用的原则，明确业务人员对尽职调查报告所承担的责任；并按照有关业务标准、道德规范要求，对业务人员尽职调查情况进行检查。
5. 证券公司应加强投资银行项目的内核工作和质量控制。证券公司投资银行业务风险（质量）控制与投资银行业务运作应适当分离，客户回访应主要由投资银行风险（质量）控制部门完成。
6. 证券公司应加强证券发行中的定价和配售等关键环节的决策管理，建立完善的承销风险评估与处理机制，通过事先评估、制订风险处置预案、建立奖惩机制等措施，有效控制包销风险。证券公司应建立对分销商分销能力的评估监测制度。
7. 证券公司应加强投资银行项目协议的管理，明确不同类别协议的签署权限；在承接投资银行项目时，应与客户签订相关业务协议，对各自的权利、义务及其他相关事项作出约定。
8. 证券公司应加强投资银行项目的集中管理和控制，对投资银行项目实施合理的项目进度跟踪、项目投入产出核算和项目利润分配等措施。

9. 证券公司应建立与投资银行项目相关的中介机构评价机制，加强同律师事务所、会计师事务所、评估机构等中介机构的协调配合。

10. 证券公司应当杜绝虚假承销行为。

二、证券公司承销业务的风险控制★

（一）证券公司应建立以净资本为核心的风险控制指标体系，加强证券公司内部控制，防范风险

净资本是指根据证券公司的业务范围和公司资产负债的流动性特点，在净资产的基础上对资产负债等项目和有关业务进行风险调整后得出的综合性风险控制指标。

（二）风险控制指标标准

1. 证券公司经营证券经纪业务的，其净资本≥人民币 2 000 万元。

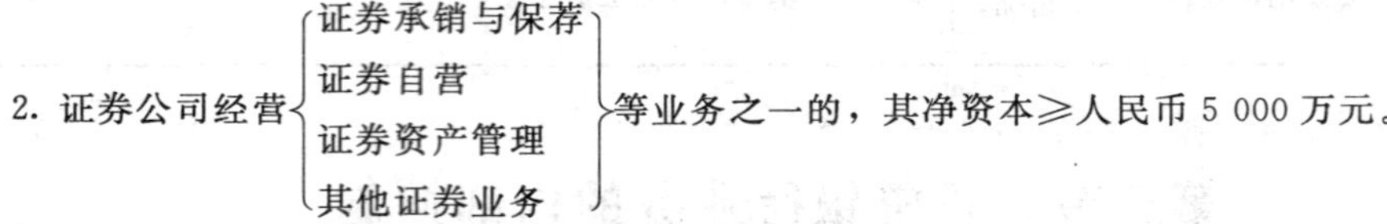

2. 证券公司经营{证券承销与保荐；证券自营；证券资产管理；其他证券业务}等业务之一的，其净资本≥人民币 5 000 万元。

3. 证券公司经营证券经纪业务＋{证券承销与保荐；证券自营；证券资产管理；其他证券业务}业务之一，净资本≥人民币 1 亿元。

4. 证券公司经营{证券承销与保荐；证券自营；证券资产管理；其他证券业务}两项及两项以上的，净资本≥人民币 2 亿元。

风险控制指标标准：
- 净资本与各项风险资本准备之和的比例≥100%；
- 净资本与净资产的比例≥40%；
- 净资本与负债的比例≥8%；
- 净资产与负债的比例≥20%。

三、股票承销业务中的不当行为及相应处罚（见表 1－6）

表 1－6　股票承销业务中的不当行为及相应处罚

单　位	行　为	处　罚
证券公司	1. 承销未经核准的证券。 2. 在承销过程中，进行虚假或误导投资者的广告或者其他宣传推介活动，以不正当手段诱使他人申购股票。 3. 在承销过程中披露的信息有虚假记载、误导性陈述或者重大遗漏。	除承担《证券法》规定的法律责任外，自中国证监会确认之日起 36 个月内不得参与证券承销。

续表

单　位	行　为	处　罚
证券公司	1. 提前泄漏证券发行信息。 2. 以不正当竞争手段招揽承销业务。 3. 在承销过程中不按规定披露信息。 4. 在承销过程中的实际操作与报送中国证监会的发行方案不一致。 5. 违反相关规定撰写或者发布投资价值研究报告。	除承担《证券法》规定的法律责任外，自中国证监会确认之日起12个月内不得参与证券承销。
发行人及其承销商	违反规定向参与认购的投资者提供财务资助或者补偿。	中国证监会可以责令改正；情节严重的，处以警告、罚款。

第四节　投资银行业务的监管

一、监管概述

1. 证券公司的投资银行业务由中国证监会负责监管。
2. 中国证监会可以定期或不定期地对证券经营机构从事投资银行业务的情况进行现场和非现场检查，并要求其报送股票承销及相关业务资料。
3. 中国证监会及其派出机构对从事投资银行业务过程中涉嫌违反政府有关法规、规章的证券经营机构，可以进行调查，并可要求提供、复制或封存有关业务文件、资料、账册、报表、凭证和其他必要的材料。
4. 证券经营机构不得以任何理由拒绝或拖延提供有关材料，或提供不真实、不准确、不完整的材料以及逃避调查。

二、核准制★

（一）核准制
- 发行人申请发行证券，要公开披露与发行证券有关的信息符合《公司法》和《证券法》中规定的条件。
- 发行人将发行申请报请证券监管部门决定的审核制度。
- 证券监管部门根据国家政策有权否决不符合实质条件的证券发行申请。
- 推行股票、转债发行核准制的重要基础是中介机构尽职尽责。

（二）核准制与行政审批制相比，具有以下特点：

1. 在选择和推荐企业方面，由保荐人培育、选择和推荐企业，增强了保荐人的责任。
2. 在企业发行股票的规模上，由企业根据资本运营的需要进行选择，以适应企业按市场规律持续成长的需要。
3. 在发行审核上，发行审核将逐步转向强制性信息披露和合规性审核，发挥发审委的独立审核功能。

4. 在股票发行定价上，由主承销商向机构投资者进行询价，充分反映投资者的需求，使发行定价真正反映公司股票的内在价值和投资风险。

三、保荐制度★

2003年12月，中国证监会推出了保荐制度。保荐制度主要包括以下几个方面的内容：

（一）保荐机构和保荐代表人的注册登记管理制度

2008年8月14日中国证监会审议通过《证券发行上市保荐业务管理办法》，自2008年12月1日起施行，《证券发行上市保荐制度暂行办法》同时废止。随着创业板的推出，《证券发行上市保荐业务管理办法》已经2009年4月14日中国证监会修改，并自2009年6月14日起施行。

《证券发行上市保荐业务管理办法》：企业发行上市"双保"要求，即企业发行上市不但要有保荐机构进行保荐，而且要具有保荐代表人资格的从业人员具体负责保荐工作。

（二）保荐期限

保荐期间分为两个阶段。从中国证监会正式受理公司申请文件到完成发行上市为尽职推荐阶段，其后为持续督导阶段。

1. 首次公开发行股票并在主板上市的，持续督导的期间为证券上市当年剩余时间及其后2个完整会计年度。
2. 主板上市公司发行新股、可转换公司债券的，持续督导的期间为证券上市当年剩余时间及其后1个完整会计年度。
3. 首次公开发行股票并在创业板上市的，持续督导的期间为证券上市当年剩余时间及其后3个完整会计年度。
4. 创业板上市公司发行新股、可转换公司债券的，持续督导的期间为证券上市当年剩余时间及其后2个完整会计年度。

- 尽职推荐阶段：从中国证监会正式受理公司申请文件到完成发行上市为尽职推荐阶段。
- 持续督导阶段
  - 证券发行上市后，首次公开发行股票的，持续督导期间为上市当年剩余时间及其后2个完整会计年度；
  - 上市公司发行新股、可转换公司债券的，持续督导期间为上市当年剩余时间及其后1个完整会计年度。

（三）保荐责任

《证券发行上市保荐业务管理办法》规定，保荐机构和保荐代表人在向中国证监会推荐企业发行上市前，要对发行人进行辅导和尽职调查；要在推荐文件中对发行人的信息披露质量、发行人的独立性和持续经营能力等作出必要的承诺。

（四）监管措施

1. 中国证监会建立保荐信用监管系统，对保荐机构和保荐代表人进行持续动态的注册登记管理，记录其执业情况、违法违规行为、其他不良行为以及对其采取的监管措施等，必要时可以将记录予以公布。
2. 保荐机构、保荐代表人、保荐业务负责人和内核负责人违反《证券发行上市保荐业务管理办法》，未诚实守信、勤勉尽责地履行相关义务的，中国证监会责令改正，并对其采取监管谈话、重点关注、责令进行业务学习、出具警示函、责令公开说明、认定为不适当人选等监管措施；依法应给予行政处罚的，依照有关规定进行处罚；情节严重涉嫌犯罪的，依法移送司法机关，追究其刑事责任。

3. 保荐机构、保荐业务负责人或者内核负责人在1个自然年度内被采取监管措施累计5次以上，中国证监会可暂停保荐机构的保荐机构资格3个月，责令保荐机构更换保荐业务负责人、内核负责人。

4. 保荐代表人在2个自然年度内被采取监管措施累计2次以上，中国证监会可在6个月内不受理相关保荐代表人具体负责的推荐。

5. 保荐代表人被暂不受理具体负责的推荐或者被撤销保荐代表人资格的，保荐业务负责人、内核负责人应承担相应的责任，对已受理的该保荐代表人具体负责推荐的项目，保荐机构应当撤回推荐；情节严重的，责令保荐机构就各项保荐业务制度限期整改，责令保荐机构更换保荐业务负责人、内核负责人，逾期仍然不符合要求的，撤销其保荐机构资格。

有关具体监管措施规定如表1-7所示。

表1-7　　监管措施

单位	违规行为	处罚
保荐机构	1. 向中国证监会、证券交易所提交的与保荐工作相关的文件存在虚假记载、误导性陈述或者重大遗漏。 2. 内部控制制度未有效执行。 3. 尽职调查制度、内部核查制度、持续督导制度、保荐工作底稿制度未有效执行。 4. 保荐工作底稿存在虚假记载、误导性陈述或者重大遗漏。 5. 唆使、协助或者参与发行人及证券服务机构提供存在虚假记载、误导性陈述或者重大遗漏的文件。 6. 唆使、协助或者参与发行人干扰中国证监会及其发行审核委员会的审核工作。 7. 通过从事保荐业务谋取不正当利益。 8. 严重违反诚实守信、勤勉尽责义务的其他情形。	中国证监会自确认之日起暂停其保荐机构资格3个月；情节严重的，暂停其保荐机构资格6个月，并可以责令保荐机构更换保荐业务负责人、内核负责人；情节特别严重的，撤销其保荐机构资格。
保荐代表人	1. 尽职调查工作日志缺失或者遗漏、隐瞒重要问题。 2. 未完成或者未参加辅导工作。 3. 未参加持续督导工作，或者持续督导工作未勤勉尽责。 4. 因保荐业务或其具体负责保荐工作的发行人在保荐期间内受到证券交易所、中国证券业协会公开谴责。 5. 唆使、协助或者参与发行人干扰中国证监会及其发行审核委员会的审核工作。 6. 严重违反诚实守信、勤勉尽责义务的其他情形。	中国证监会可根据情节轻重，自确认之日起3～12个月内不受理相关保荐代表人具体负责的推荐；情节特别严重的，撤销其保荐代表人资格。

续表

单　　位	违规行为	处　　罚
保荐代表人	1. 在与保荐工作相关文件上签字推荐发行人证券发行上市，但未参加尽职调查工作，或者尽职调查工作不彻底、不充分，明显不符合业务规则和行业规范。 2. 通过从事保荐业务谋取不正当利益。 3. 本人及其配偶持有发行人的股份。 4. 唆使、协助或者参与发行人及证券服务机构提供存在虚假记载、误导性陈述或者重大遗漏的文件。 5. 参与组织编制的与保荐工作相关文件存在虚假记载、误导性陈述或者重大遗漏。	中国证监会撤销其保荐代表人资格；情节严重的，对其采取证券市场禁人的措施。
保荐机构、保荐代表人	保荐业务涉嫌违法违规处于立案调查期间	中国证监会暂不受理该保荐机构的推荐；暂不受理相关保荐代表人具体负责的推荐。
	1. 证券发行募集文件等申请文件存在虚假记载、误导性陈述或者重大遗漏。 2. 公开发行证券上市当年即亏损。 3. 持续督导期间信息披露文件存在虚假记载、误导性陈述或者重大遗漏。	中国证监会自确认之日起暂停保荐机构的保荐资格3个月，撤销相关人员的保荐代表人资格。
发行人	1. 证券上市当年累计50%以上募集资金的用途与承诺不符。 2. 公开发行证券并在主板上市当年营业利润比上年下滑50%以上。 3. 首次公开发行股票并上市之日起12个月内控股股东或者实际控制人发生变更。 4. 首次公开发行股票并上市之日起12个月内累计50%以上资产或者主营业务发生重组。 5. 上市公司公开发行新股、可转换公司债券之日起12个月内累计50%以上资产或者主营业务发生重组，且未在证券发行募集文件中披露。 6. 实际盈利低于盈利预测达20%以上。 7. 关联交易显失公允或者程序违规，涉及金额较大。 8. 控股股东、实际控制人或其他关联方违规占用发行人资源，涉及金额较大。 9. 违规为他人提供担保，涉及金额较大。 10. 违规购买或出售资产、借款、委托资产管理等，涉及金额较大。 11. 董事、监事、高级管理人员侵占发行人利益受到行政处罚或者被追究刑事责任。 12. 违反上市公司规范运作和信息披露等有关法律法规，情节严重的。 13. 中国证监会规定的其他情形。	中国证监会可根据情节轻重，自确认之日起3～12个月内不受理相关保荐代表人具体负责的推荐；情节特别严重的，撤销相关人员的保荐代表人资格。

四、中国证监会对投资银行业务的检查

（一）中国证监会的非现场检查

非现场检查主要是通过手工或计算机系统对证券公司上报的年度报告等资料进行定期和不定期的统计分析，通过分析及时发现存在的问题。

1. 证券公司的年度报告。证券公司应向中国证监会，沪、深证券交易所，公司住所地的中国证监会派出机构，中国证券登记结算公司和中国证券业协会报送年度报告。中国证监会鼓励证券公司将年度报告对外公开披露。上市的证券公司还应当遵从关于上市公司的特别规定。
2. 董事会报告。在年度报告“董事会报告”部分，证券公司应按以下要求披露证券承销业务的经营情况：
   （1）按发行类别（如首次发行、公募增发、配股、债券发行等）分类的本年和以前年度累计担任主承销商、副主承销商和分销商的次数、承销金额以及相应的承销收入。
   （2）本年和以前年度累计上市推荐次数、项目和收入情况。
   （3）本年和以前年度累计担任财务顾问次数以及本年财务顾问收入情况。
   （4）若涉及外币，应按承销期末的汇率将外币折合成人民币。
3. 财务报表附注。在年度报告“财务报表附注”部分，证券公司应按以下内容对这两个报表项目进行注释：
   （1）代发行证券。按承销方式披露代发行证券的期初未售出数、本期承购或代销数、本期已售出数、本期转出数和期末结存数。
   （2）证券发行收入。按承销项目类别（如 A、B 股票发行收入、国债发行收入和其他债券发行收入等）披露本年数、上年数及增减百分比。
4. 与承销业务有关的自查内容：
   （1）承销业务的基本情况。
   （2）合规性自查。
   （3）存在的问题分析。
   （4）内部管理措施。

（二）中国证监会的现场检查

对承销业务的现场检查如表 1－8 所示。

表 1－8　　对承销业务的现场检查

现场检查	机构、制度与人员的检查	（1）公司是否建立了相应的制度和组织体系，以控制风险和加强对人员的管理，包括但不限于：	①投资银行部门的设置和管理架构。
			②项目的立项决策程序、操作流程、作业标准和风险防范措施。
			③是否按照“防火墙”原则，在投资银行、自营、经纪、资产管理、研究咨询等相关部门设定了物理和制度上的适当隔离；对因业务需要知悉内幕信息的人员，是否有相应的批准程序和监督机制。
			④是否设立了内核小组或风险控制委员会及相应的内核程序，内核小组是否在中国证监会备案。
			⑤是否设立了独立的内部稽核部门，定期或不定期地对投资银行部门进行检查，稽核的方式和频次如何。
			⑥是否建立了发行人质量评价体系。
			⑦是否建立了工作底稿和档案制度。
		（2）公司负责承销业务的高级管理人员及业务人员是否有相应的证券从业资格，或是否通过了从业资格考试。	

续表

	机构、制度与人员的检查	(3) 公司对其证券承销业务人员的继续培训计划和职业道德教育的方式、期限、内容。
		(4) 有无专门为承销业务提供咨询的研究部门，是如何与投资银行部门交换研究成果的。
		(5) 适应核准制的推出，公司在发行人筛选（质量评价体系）、辅导和跟踪、公司内部的风险控制和激励、提高人员素质及档案管理上做了哪些准备。
现场检查	业务的检查	(1) 是否按制定的立项决策程序、操作流程和作业标准操作，以控制风险。 (2) 有关档案资料和工作底稿的保存是否完备。 (3) 内核小组的工作是否有效，是否对承销商备案材料的合规性尽职审核。 (4) 是否按规定组织承销团，承销团中副主承销商的数量是否符合规定。 (5) 是否按规定收取包销佣金和代销佣金。 (6) 单项包销金额和同时包销总金额是否符合规定。 (7) 与发行人的关联关系是否充分披露。 (8) 是否按规定按期报送承销商备案材料和承销工作报告。 (9) 是否有公告的信息与中国证监会审定的内容不一致的情况。 (10) 作为主承销商，对发行人信息披露文件的真实性、准确性和完整性是否进行了核查，是否出现过虚假记载、误导性陈述或者有重大遗漏。 (11) 担任主承销商时，作为知情人对发行人公告前的内幕信息是否有泄露。 (12) 在承销业务中，是否有向发行人提供融资或变相融资的行为。 (13) 在首次发行、配股、增发和国有股转配中承担的承销风险大小。 (14) 是否按规定的程序承销企业债券。 (15) 承销地方企业债券是否进行了充分的市场调查与可行性分析，卖不出去时，公司自己包销的金额有多少。 (16) 已承销尚未到期的企业债券金额有多少，是否超过净资产的80%，是否跟踪，是否存在兑付风险。 (17) 代垫的到期企业债券金额有多少，是否制订了追讨方案。

股份有限公司概述

本 章 结 构

- 第一节　股份有限公司的设立
  - 设立原则、方式、条件和程序
    - 设立原则
    - 设立方式
    - 设立条件
      - 人数
      - 股本限额
      - 股份发行、筹办事项
      - 公司章程
      - 公司名称
      - 公司住所
    - 程序
      - 确定发起人，签订发起人协议
      - 制定公司章程
      - 申请名称预先核准
      - 申请与核准
      - 股份发行、认购和缴纳股款
      - 召开创立大会，并建立公司组织机构
      - 设立登记并公告
      - 发放股票
  - 发起人
    - 概念
    - 资格
      - 自然人、法人作为发起人
      - 外商投资企业作为发起人
    - 法律地位
      - 权利
      - 义务
  - 章程
    - 概述
    - 内容
    - 修改
  - 有限责任公司与股份有限公司的互为变更
    - 有限责任公司和股份有限公司的差异
    - 变更要求

- 第二节　股份有限公司的股份和公司债券
  - 股份有限公司的资本
    - 资本的含义
    - 资本"三原则"
    - 资本的增加和减少
  - 股份有限公司的股份
    - 股份的含义和特点
    - 股份的分派、收回、设质和注销
  - 股份有限公司的公司债券
- 第三节　股份有限公司的组织机构
  - 股东和股东大会
    - 股东的权利和义务
    - 控股股东和实际控制人的定义及行为规范
    - 股东大会的职权
    - 股东大会的运作和议事规则
      - 股东大会的召集
      - 股东的临时提案
      - 提议召开临时股东大会
      - 股东大会的议事规则
      - 股东大会决议的无效与撤销
    - 股东大会决议
  - 董事会
    - 资格和任免机制
    - 职权和义务
    - 董事长、董事会会议运作和议事规则
    - 董事会的职权和决议
  - 经理
    - 任职资格和聘任
    - 职权
  - 监事会
    - 监事的任职资格、任免机制和任期
    - 监事的职权、义务和责任
    - 监事会主席、会议运作和议事规则
    - 监事会的职权
    - 监事会决议
- 第四节　上市公司组织机构的特别规定
  - 股东大会的特别规定
    - 股东大会的特别职权
    - 上市公司选举董事、监事的累积投票制度
  - 董事和董事会的特别规定
    - 董事义务的特别规定
    - 上市公司设立独立董事
      - 担任独立董事的基本条件
      - 独立董事的提名、选举和更换
      - 独立董事的特别职权
      - 独立董事发表独立意见的事项
      - 独立董事开展工作应具备的条件
    - 上市公司设董事会秘书
    - 上市公司关联关系董事表决权的限制
    - 董事会的其他职权
    - 董事会专门委员会的职权
  - 经理的特别规定：《经理工作细则》
  - 监事和监事会的特别规定
    - 监事的特别义务
    - 监事会的特别职权

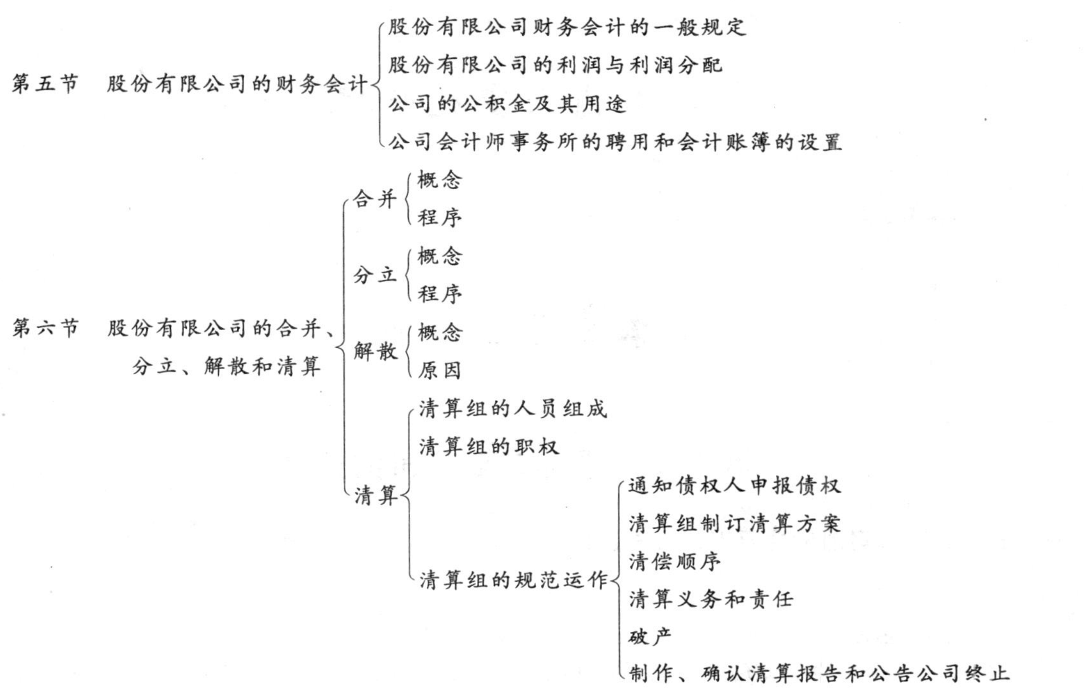

本章学习目的与要求

熟悉股份有限公司设立的原则、方式、条件和程序。了解股份有限公司发起人的概念、资格及其法律地位。熟悉股份有限公司章程的性质、内容以及章程的修改。掌握股份有限公司与有限责任公司的差异、有限责任公司和股份有限公司的变更要求和变更程序。

掌握资本的含义、资本"三原则"、资本的增加和减少。熟悉股份的含义和特点、股份的分派、收购、设质和注销。了解公司债券的含义和特点。

熟悉股份有限公司股东的权利和义务、上市公司控股股东的定义和行为规范、股东大会的职权、上市公司股东大会的运作规范和议事规则、股东大会决议程序和会议记录。掌握董事（含独立董事）的任职资格和产生程序，董事的职权、义务和责任，董事会的运作规范和议事规则，董事会及其专门委员会的职权，董事长的职权，董事会秘书的职责，董事会的决议程序。了解经理的任职资格、聘任和职权，经理的工作细则。掌握监事的任职资格和产生程序，监事的职权、义务和责任，监事会的职权和议事规则，监事会的运作规范和监事会的决议方式。了解上市公司组织机构的特别规定。

熟悉股份有限公司财务会计的一般规定、利润及其分配、公积金的提取。

熟悉股份有限公司合并和分立概念及相关程序，掌握股份有限公司解散和清算的概念及相关程序。

本章内容变化情况

本章内容无变化。

本章重点解析

第一节　股份有限公司的设立

一、股份有限公司的设立原则、方式、条件和程序★

（一）设立原则

1. 公司是有限责任公司或股份有限公司形式的企业法人。
2. 符合《公司法》规定的设立条件的，由公司登记机关分别登记为有限责任公司或者股份有限公司，但法律、行政法规规定设立公司必须报经批准的，应当在公司登记前依法办理批准手续。
3. 以募集方式设立股份有限公司公开发行股票的，还应当向公司登记机关报送国务院证券监督管理机构的核准文件。
4. 股份有限公司的公开募集设立，实行核准设立制度。

（二）设立方式

股份有限公司的设立方式：
- 发起设立：
  - 由发起人认购公司发行的全部股份而设立。
  - 发起人必须认足公司发行的全部股份，社会公众不参加股份认购。
- 募集设立：
  - 指由发起人认购公司应发行股份的一部分，其余股份向社会公开募集或者向特定对象募集而设立公司。

（三）设立条件

1. 发起人符合法定人数，必须：
   - 有 2～200 人为发起人；
   - 有过半数的发起人在中国境内有住所。
2.
   - （1）发起人认缴和社会公开募集的股本达到法定资本最低限额：500 万元。
   - （2）公司全体发起人的首次出资额≥注册资本的 20%。
   - （3）其余部分由发起人自公司成立之日起两年内缴足：
     - 投资公司可以在 5 年内缴足；
     - 在缴足前，不得向他人募集股份。
   - （4）募集设立发起人认购的股份≥公司股份总数的 35%。
3. 股份发行及筹办事项符合法律规定。
4. 发起人制定公司章程，并经创立大会通过。公司章程是公司最重要的法律文件。

5. 有公司名称：建立符合股份有限公司要求的组织机构；公司只能使用一个名称。

6. 有公司住所：经公司登记机关登记的公司住所只能有一个；公司的住所应当在其公司登记机关辖区内。公司住所的变更，须到公司登记机关办理变更登记。

（四）设立程序

1. 确定发起人，签订发起人协议。

2. 制定公司章程。

3. 向设区的市级以上工商行政管理部门申请名称预先核准。

（1）设立公司应当申请名称预先核准。

（2）按规定设立公司必须报经批准，或者公司经营范围中属于法律、行政法规或者国务院决定规定在登记前须经批准的项目的，应当在报送批准前办理公司名称预先核准，并以公司登记机关核准的公司名称报送批准；预先核准的公司名称保留期为6个月；预先核准的公司名称在保留期内，不得用于从事经营活动，不得转让。

4. 申请与核准。向社会公开募集股份设立股份公司的，应取得中国证监会的核准。

5. 股份发行、认购和缴纳股款。

（1）股份发行。

①股份的发行实行公平、公正的原则，同种类的每一股份应当具有同等权利。

②同次发行的同种类股票，每股的发行条件和价格应当相同；任何单位或者个人所认购的股份，每股应当支付相同价额。

③公司发行的股票，可以为记名股票，也可以为无记名股票。

④公司向发起人、法人发行的股票，应当为记名股票，并应当记载该发起人、法人的名称或者姓名，不得另立户名或者以代表人姓名记名。

⑤发起人的股票，应当标明"发起人股票"字样。

⑥公司发行记名股票的，应当置备股东名册，记载：股东的姓名或者名称及住所；各股东所持股份数；各股东所持股票的编号；各股东取得股份的日期。

⑦发行无记名股票的，公司应当记载其股票数量、编号及发行日期。

（2）发起人的出资方式。

①发起人可以用：货币出资；实物、知识产权、土地使用权等可以用货币估价并可以依法转让的非货币财产作价出资。

②法律、行政法规规定不得作为出资的财产除外。

③发起人以货币、实物、知识产权、土地使用权以外的其他财产出资的，其登记办法由国家工商行政管理总局会同国务院有关部门规定。

④发起人不得以劳务、信用、自然人姓名、商誉、特许经营权或者设定担保的财产等作价出资。

⑤对作为出资的非货币财产应当评估作价，核实财产，不得高估或低估作价。

⑥土地使用权的评估作价，依照法律、行政法规的规定办理。

⑦全体发起人的货币出资金额≥公司注册资本的30%。

(3) 以发起设立方式设立公司的股份认购。

①发起人应当书面认足公司章程规定其认购的股份。

②一次缴纳的，应即缴纳全部出资。

③分期缴纳的，应即缴纳首期出资。

④首次出资是非货币财产的，应当在公司设立登记时提交已办理其财产权转移手续的证明文件。

发起人首次缴纳出资后，应当选举董事会和监事会，由董事会向公司登记机关报送公司章程、由依法设定的验资机构出具的验资证明以及法律、行政法规规定的其他文件，申请设立登记。

(4) 以募集设立方式设立公司的股份认购。

第一步：发起人认购股份，并缴纳股款。

第二步：发起人向特定对象或社会公开募集股份，认股人缴纳股款。

发起人向社会公开募集股份：

- ①必须公告招股说明书，并制作认股书且载明有关事项：
  - 发起人认购的股份数；
  - 每股的票面金额和发行价格；
  - 无记名股票的发行总数；
  - 募集资金的用途；
  - 认股人的权利、义务；
  - 募股的起止期限及逾期未募足时认股人可以撤回所认股份的说明。
- ②应当同银行签订代收股款协议。代收股款的银行应当按照协议代收和保存股款，向缴纳股款的认股人出具收款单据，并负有向有关部门出具收款证明的义务。
- ③应当由依法设立的证券公司承销，签订承销协议。

认股人：

- 在认股书上填写认购股数、金额、住所，并签名、盖章。
- 按照所认购股数缴纳股款。

(5) 发行股份的股款缴足后，必须经依法设立的验资机构验资并出具证明。

6. 召开创立大会，并建立公司组织机构。

采用发起设立方式的：发起人缴付全部股款后：

- 应当召开全体发起人大会；
- 选举董事会和监事会（指股东代表监事）成员，并通过公司章程草案。

采用募集设立方式的：

- 发起人应当自股款缴足之日起30日内主持召开公司创立大会。
- 创立大会由发起人、认股人组成。

发行的股份超过招股说明书规定的截止期限尚未募足的；发行股份的股款缴足后，发起人在30日内未召开创立大会的：认股人可以按照所缴股款并加算银行同期存款利息，要求发起人返还。

发起人应当在创立大会召开15日前将会议日期通知各认股人或者予以公告。

7. 设立登记并公告。设立股份有限公司，应当由董事会向公司登记机关申请设立登记。

以募集方式设立股份有限公司的：
- (1) 应当于创立大会结束后30日内向公司登记机关申请设立登记。
- (2) 报送：
  - ①公司登记申请书。
  - ②创立大会的会议记录。
  - ③公司章程。
  - ④验资证明。
  - ⑤法定代表人、董事、监事的任职文件及其身份证明。
  - ⑥发起人的法人资格证明或者自然人身份证明。
  - ⑦公司住所证明。
- (3) 提交国务院证券监督管理机构的核准文件。

- 股份有限公司的登记机关为设区的市（地区）工商行政管理局以上的工商行政管理部门。
- 依法设立的公司，由公司登记机关发给《企业法人营业执照》。
- 公司营业执照签发日期为公司成立日期。
- 公司凭公司登记机关核发的《企业法人营业执照》刻制印章，开立银行账户，申请纳税登记。
- 设立股份有限公司的同时设立分公司的，应当就设立分公司向公司登记机关申请登记，领取营业执照。
- 公司成立后，应当进行公告。

8. 发放股票：
- (1) 公司的股份采取股票的形式。
- (2) 股票是公司签发的证明股东所持股份的凭证。
- (3) 股票采用纸面形式或者国务院证券监督管理机构规定的其他形式。
- (4) 股份有限公司成立后，即向股东正式交付股票。
- (5) 公司成立前不得向股东交付股票。

二、股份有限公司的发起人

（一）发起人的概念

1. 发起人是指依照有关法律规定订立发起人协议，提出设立公司申请，认购公司股份，并对公司设立承担责任者。

2. 发起人是：
- 股份有限公司成立的要件；
- 发起或设立行为的实施者。

（二）发起人的资格

1. 自然人、法人作为发起人。

(1) 自然人作为发起人：应有完全民事行为能力，必须可以独立承担民事责任。

(2) 法人作为发起人：

①应与营利性质相适应，如工会、国家拨款的大学不宜作为股份有限公司的发起人。

②实行企业化经营、国家不再核拨经费的事业单位和从事经营活动的科技性社会团体，具备企业法人条件的，应当先申请企业法人登记，然后才可作为发起人。

(3) 公司作为发起人：

①公司可以向其他企业投资；但是，除法律另有规定外，不得成为对所投资企业的债务承担连带责任的出资人。

②公司向其他企业投资或为他人提供担保，依照公司章程的规定，由董事会或者股东会、股东大会决议；公司章程对投资或者担保的总额及单项投资或者担保的数额有限额规定的，

不得超过规定的限额。

2. 外商投资企业作为发起人。外商投资企业作为发起人，必须符合的条件：

- 认缴出资额已经缴足；
- 已经完成原审批项目；
- 已经开始缴纳企业所得税。

外商投资企业作为公司发起人时，其在公司中所占股本的比例，按照下列规定执行：

(1) 国家鼓励外商直接投资的行业：外商投资企业所占股本比例不受限制（国家另有规定的除外）。

(2) 属于《外商投资产业指导目录》限制外商控股的或仅限于外商合资、合作的行业，不得违反《外商投资产业指导目录》的规定。

(3) 外商投资企业不得作为国家禁止外商投资行业的公司的发起人。

(4) 以公司作为组织形式的外商投资企业向其他公司投资时，依照公司章程的规定，由董事会或者股东会、股东大会决议。

(5) 公司章程对投资总额及单项投资的数额有限额规定的，不得超过规定的限额。

(6) 公司可以设立
- 子公司：具有企业法人资格，依法独立承担民事责任。
- 分公司：不具有企业法人资格，其民事责任由公司承担。

（三）发起人的法律地位

1. 发起人的权利
- (1) 参加公司筹委会。
- (2) 推荐公司董事会候选人。
- (3) 起草公司章程。
- (4) 公司成立后，享受公司股东的权利。
- (5) 公司不能成立时，在承担相应费用之后，可以收回投资款项和财产产权。

2. 发起人的义务：

(1) 公司不能成立时
- 设立行为所产生的债务和费用，由发起人负连带责任；
- 认股人已经缴纳的股款，发起人负返还股款并加算银行同期存款利息的连带责任。

(2) 在公司设立过程中，由于发起人的过失致使公司利益受到损害的，发起人应当对公司承担赔偿责任。

(3) 公司成立后
- ①发起人未按照公司章程的规定缴足出资的，应当补缴；其他发起人承担连带责任。
- ②发现作为设立公司出资的非货币财产的实际价额显著低于公司章程所定价额的，应当由交付该出资的发起人补足其差额；其他发起人承担连带责任。

(4) 不得
- ①虚假出资或者在公司成立后抽逃出资。
- ②在申请公司登记时使用虚假证明文件或采取其他欺诈手段虚报注册资本，否则，将承担相应的法律责任，严重者依据《中华人民共和国刑法》承担刑事责任。

(5) 此外，发起人持有的本公司股份，自公司成立之日起1年内不得转让。公司公开发行股份前已发行的股份，自公司股票在证券交易所上市交易之日起1年内不得转让。

三、股份有限公司的章程★

（一）公司章程概述

股份有限公司章程
- （1）是规范股份有限公司的组织及运营的基本准则，是公司的自治规范。
- （2）规定了股份有限公司的性质、宗旨、经营范围、组织机构及其产生办法、职权、议事规则、股东大会会议认为需要规定的其他事项等内容。
- （3）对公司、股东、董事、监事、高级管理人员具有约束力。
- （4）应当采取法律规定的书面形式，在公司登记机关登记注册后生效。

公司章程的效力
- 起始于公司成立；
- 终止于公司被依法核准注销。

对于以募集方式设立的股份公司，发起人拟订的章程草案须经出席创立大会的认股人所持表决权的过半数通过。

（二）公司章程的内容

章程的内容即章程记载的事项，分为必须记载的必要记载事项和由公司决定记载的任意记载事项。

公司还可以根据实际需要，在不违反法律禁止性规定的前提下，由公司章程载明需要规定的其他事项。在沪、深证券交易所上市的股份公司应当参照中国证监会于 2006 年 3 月修订的《上市公司章程指引》起草或修订章程。

（三）公司章程的修改

1. 有下列情况之一的，公司应当修改章程：

（1）《公司法》或有关法律、行政法规修改后，章程规定的事项与修改后的法律、行政法规的规定相抵触。

（2）公司的情况发生变化，与章程记载的事项不一致。

（3）股东大会决定修改章程。

2. 股份有限公司修改公司章程必须按照下列规定：

（1）必须经出席股东大会会议的股东所持表决权的 2/3 以上通过。

（2）如果公司已发行境外上市外资股，则根据《到境外上市公司章程必备条款》第七十八条至第八十五条的规定修改。

（3）如果公司章程的修改将变更或废除某类别股东的权利，则应当经股东大会以特别决议通过和经受影响的类别股东在按规定分别召集的股东会议上通过方可进行。

（4）股东大会决议通过的章程修改事项应经主管机关审批的，须报原审批的主管机关批准。

（5）涉及公司登记事项的，依法办理变更登记；章程修改事项属于法律、法规要求披露的信息，按规定应予以公告。

四、有限责任公司与股份有限公司的互为变更★

依照《公司法》的规定，有限责任公司是由 1 个以上、50 个以下股东共同出资设立的，股东以其认缴的出资额为限承担责任的法人。股份有限公司是指依照《公司法》的规定，由 2 个以上、200 个以下发起人发起的，其全部资本分为等额股份，股东以其认购的股份为限对公司承担责任，公司以其全部财产对公司的债务承担责任的法人。有限责任公司具有人合兼资合、封闭及设立程序简单的特点；股份有限公司具有资合、开放性及设立程序相对复杂的特点。

（一）有限责任公司和股份有限公司的差异（见表2－1）

表2－1　　有限责任公司和股份有限公司的差异

	成立条件和募集资金方式	股权转让难易程度	股权证明形式	公司治理结构简化程度	财务状况的公开程度
股份有限公司	股份有限公司经核准，可以公开募集股份；股份有限公司的股东人数只有最低要求（2人以上），没有最高要求。	在股份有限公司中，股东转让自己的股权比较方便，可依法自由转让。	股东的股权证明形式是股票，即股东所持有的股权是以股票的形式来体现的，股票是公司签发的证明股东所持股份的凭证，可以转让、流通。	无论公司的大小，均应设立股东大会、董事会、经理和监事会。由于股东人数没有上限，人数较多且分散，召开股东大会比较困难，股东大会的议事程序也比较复杂，所以，股东大会的权限有所限制，董事会的权限较大。	股份有限公司的财务会计报告应当在召开股东大会年会的20日前置备于本公司，供股东查阅；公开发行股票的股份有限公司必须公告其财务会计报告。
有限责任公司	有限责任公司只能由股东出资，不能向社会公开募集股份；有限责任公司的股东人数有最高要求（不超过50人）。	在有限责任公司中，股东转让自己的股权有严格的要求，受到的限制较多，比较困难。	在有限责任公司中，股东的股权证明形式是出资证明书，出资证明书不能转让、流通。	公司治理结构相对简化，人数较少和规模较小的，可以设1名执行董事，不设董事会；可以设1～2名监事，不设监事会。立法上赋予股东会的权限较大。	有限责任公司应当依照公司章程规定的期限将财务会计报告送交各股东。

（二）变更要求（见表2－2）

表2－2　　互为变更的要求

有限责任公司变更为股份有限公司	股份有限公司变更为有限责任公司
• 应当符合《公司法》规定的股份有限公司的设立条件。 • 公司变更前的债权、债务由变更后的公司承继。 • 折合的实收股本总额不得高于公司净资产额；为增加资本公开发行股份时，应当依法办理。	• 应当符合《公司法》规定的有限责任公司的设立条件。 • 公司变更前的债权、债务由变更后的公司承继。

第二节　股份有限公司的股份和公司债券

一、股份有限公司的资本★

（一）资本的含义

股份有限公司的资本：在公司登记机关登记的资本总额，即注册资本，由股东认购或公司募足的股款构成，其基本构成单位是股份，所以也可以称为股份资本或股本。

（二）资本"三原则"

1. 资本确定原则：股份有限公司的资本必须具有确定性。

2. 资本维持原则：股份有限公司在从事经营活动的过程中，应当努力保持与公司资本数额相当的实有资本。

具体保障制度：
- （1）限制股份的不适当发行与交易。
- （2）实行固定资产折旧制度。
- （3）实行公积金提取制度。
- （4）盈余分配制度。
- （5）其他保障制度。

3. 资本不变原则：除依法定程序外，股份有限公司的资本总额不得变动。

（三）资本的增加和减少

股份有限公司增加或减少资本，应当修改公司章程，须经出席股东大会的股东所持表决权的2/3以上通过。变动后，应由法定验资机构出具验资证明，并依法向公司登记机关办理变更登记（见表2-3）。

表2-3　　资本的增加和减少

<table>
<tr><td rowspan="2">增加资本</td><td>概念</td><td colspan="2">股份有限公司依照法定程序增加公司的股份总数。</td></tr>
<tr><td>方式</td><td colspan="2">（1）向社会公众发行股份；
（2）向特定对象发行股份；
（3）向现有股东配售股份；
（4）向现有股东派送红股；
（5）以公积金转增股本；
（6）公司债转换为公司股份等等。
以公开发行新股方式增资的，应当经过中国证监会的核准。</td></tr>
<tr><td rowspan="7">减少资本</td><td>概念</td><td colspan="2">股份有限公司依照法定程序减少公司的注册资本。</td></tr>
<tr><td>原因</td><td colspan="2">有的是因为公司剩余闲置资本过多，为提高资本利润率而减资；
有的是因为公司经营亏损而减资。</td></tr>
<tr><td>方法</td><td colspan="2">减少股份数额、减少每股面值，或同时减少股份数额和每股面值。</td></tr>
<tr><td rowspan="3">规定</td><td colspan="2">公司减少资本后的注册资本不得低于法定的最低限额。
减少注册资本时，必须编制资产负债表及财产清单。</td></tr>
<tr><td>公司</td><td>应当自作出减少注册资本决议之日起10日内通知债权人，并于30日内在报纸上公告。</td></tr>
<tr><td>债权人</td><td>（1）自接到通知书之日起30日内。
（2）未接到通知书的自第一次公告之日起45日内，有权要求公司清偿债务或提供相应的担保。</td></tr>
<tr><td>股份有限公司减资生效后</td><td colspan="2">• 如果是因资本过剩而减资，应当按照股东所持股份的比例向股东发还股款，或免除或减少股东缴纳股款的义务。
• 如果是因亏损而减资，则通常由公司按比例注销股份。</td></tr>
</table>

二、股份有限公司的股份★

（一）股份的含义和特点

1. 股份的含义：
   - （1）股份是股份有限公司资本的构成成分。
   - （2）股份代表了股份有限公司股东的权利与义务。
   - （3）股份可以通过股票价格的形式表现其价值。

2. 股份的特点：
   - （1）股份的金额性，股份有限公司的资本划分为股份，每一股的金额相等，即股份是一定价值的反映，并可以用货币加以度量。
   - （2）股份的平等性，即同种类的每一股份应当具有同等权利。
   - （3）股份的不可分性，即股份是公司资本最基本的构成单位，每个股份不可再分。
   - （4）股份的可转让性，即股东持有的股份可以依法转让。

（二）股份的分派、收回、设质和注销

1. 股份的分派。

（1）股份的分派：公司根据发起人和（或）其他股份认购人认购股份的情况，将股份按照一定分派方法分配给认购人。如果认购的总额超过发行的总额，还应根据一定的原则确定分派的方式。

（2）缴付股款和股份分派是同一活动的两个方面。在股份分派以后，应当将股东的姓名或名称记载在股东名册上。

2. 股份的收回。

- 无偿收回：股份有限公司无偿地收回已经分派的股份。
- 有偿收回，又称收买、回购：股份有限公司按一定的价格从股东手中买回股份。

（1）公司减少公司资本，可能会影响该公司的股票在市场上的价格。因此，《公司法》第一百四十三条规定，公司不得收购本公司股份。

下列情况除外：
- 减少公司注册资本；
- 与持有本公司股份的其他公司合并；
- 将股份奖励给本公司职工；
- 股东因对股东大会作出的公司合并、分立决议持异议，要求公司收购其股份的。

（2）公司因减少公司注册资本、与持有本公司股份的其他公司合并和将股份奖励给本公司职工等原因收购本公司股份的，应当经股东大会决议。

（3）公司收购本公司股份后：
- 属于减少公司注册资本情形的，应当自收购之日起 10 日内注销；
- 属于与持有本公司股份的其他公司合并和股东因对股东大会作出的公司合并、分立决议持异议，要求公司收购其股份情形的，应当在 6 个月内转让或者注销。

（4）公司因将股份奖励给本公司职工而收购本公司股份的，不得超过本公司已发行股份总额的 5%；收购的资金来源，应当从公司的税后利润中支出；公司收购的股份应当在 1 年内转让给职工。

3. 股份的设质。

（1）股份的设质是指将依法可以转让的股份质押，设定质权。

（2）股份设质应当订立书面合同，并在证券登记机构办理出质登记，质押合同自登记之日起生效。

（3）股份出质后不得转让，但经出质人和质权人同意的除外。

(4) 经质权人同意，出质人转让股份所得的价款应当向质权人提前清偿所担保的债权或向与质权人约定的第三人提存。但是，公司不得接受本公司的股票作为质押权的标的。

4. 股份的注销。

(1) 股份的注销是指股份有限公司依照发行程序减少公司的一部分股份。

(2) 公司股份的全部注销只有在公司解散时才发生。

(3) 通过股份的回购及与持有本公司股票的公司合并等方式，也可以达到注销股份的目的。

三、股份有限公司的公司债券

公司债券是指公司依照法定程序发行的，约定在一定期限还本付息的有价证券。

股份有限公司的公司债券与一般的公司债务的比较见表 2-4。

表 2-4　　股份有限公司的公司债券与一般的公司债务的比较

股份有限公司的公司债券	一般的公司债务
公司与不特定的社会公众形成的债权债务关系。	与金融机构或其他特定的债权人形成的债权债务关系。
一种可转让的债权债务关系。	是依法限制转让的债权债务关系。
通过债券的方式表现。	通过其他债权文书形式表现。
同次发行的公司债券的偿还期是一样的。	可以有不同的偿还期。

第三节　股份有限公司的组织机构

在我国，股份有限公司的组织机构一般为股东大会、董事会、经理和监事会。

一、股份有限公司的股东和股东大会★

股份有限公司的股东是指依法持有股份有限公司股份的自然人或法人，即公司股份的所有者。

(一) 股东的权利和义务

1. 股东的权利。股东的权利又称股东权，是股东各种权利的总称。

股份有限公司的股份认购人一旦缴清应缴股款，就取得股东资格，享有权利，并承担相应的义务和风险。股东的权利包括：

(1) 依照其所持有的股份份额获得股利和其他形式的利益分配。

(2) 依法请求、召集、主持、参加或者委派股东代理人参加股东大会，并行使相应的表决权。

(3) 对公司的经营进行监督，提出建议或者质询。

(4) 依照法律、行政法规及公司章程的规定转让、赠与或质押其所持有的股份。

(5) 查阅公司章程、股东名册、公司债券存根、股东大会会议记录、董事会会议决议、监事会会议决议、财务会计报告。

(6) 公司终止或者清算时，按其所持有的股份份额参加公司剩余财产的分配。

(7) 对股东大会作出的公司合并、分立决议持异议的股东，要求公司收购其股份。

(8) 法律、行政法规、部门规章或公司章程规定的其他权利。

2. 股东的义务。

(1) 遵守法律、行政法规和公司章程。

(2) 依其所认购的股份和入股方式缴纳股金。

(3) 除法律、法规规定的情形外，不得退股。

(4) ①不得滥用股东权利损害公司或者其他股东的利益——应当依法承担赔偿责任。
②不得滥用公司法人独立地位和股东有限责任损害公司债权人的利益。
↓
应当对公司债务承担连带责任。

(5) 法律、行政法规及公司章程规定应当承担的其他义务。

(二) 控股股东和实际控制人的定义及行为规范

1. 控股股东和实际控制人的定义。

(1) 控股股东是指其出资额占有限责任公司资本总额50%以上或者其持有的股份占股份有限公司股本总额50%以上的股东；出资额或者持有股份的比例虽然不足50%，但依其出资额或者持有的股份所享有的表决权已足以对股东会、股东大会的决议产生重大影响的股东。

(2) 实际控制人是指虽不是公司的股东，但通过投资关系、协议或者其他安排，能够实际支配公司行为的人。

2. 控股股东和实际控制人的行为规范。

(1) 关联关系，是指公司控股股东、实际控制人、董事、监事、高级管理人员与其直接或者间接控制的企业之间的关系，以及可能导致公司利益转移的其他关系。

(2) 国家控股的企业之间不仅因为同受国家控股而具有关联关系。

(3) 公司的控股股东、实际控制人、董事、监事、高级管理人员不得利用其关联关系损害公司利益。如违反此规定，给公司造成损失的，应当承担赔偿责任。

(4) 控股股东和实际控制人的行为必须依法予以规范。

(三) 股东大会的职权

股东大会是由股份有限公司全体股东组成的、表示公司最高意志的权力机构。

股东大会的职权可以概括为：决定权；审批权。

根据《公司法》的规定，股东大会行使下列职权：

1. 决定公司的经营方针和投资计划。
2. 选举和更换非由职工代表担任的董事、监事，决定有关董事、监事的报酬事项。
3. 审议批准董事会的报告。
4. 审议批准监事会或者监事的报告。
5. 审议批准公司的年度财务预算方案、决算方案。
6. 审议批准公司的利润分配方案和弥补亏损方案。
7. 对公司增加或者减少注册资本作出决议。
8. 对发行公司债券作出决议。
9. 对公司合并、分立、解散、清算或者变更公司形式作出决议。
10. 修改公司章程。
11. 对公司聘用、解聘会计师事务所作出决议。
12. 审议代表公司发行在外有表决权股份总数的3%以上的股东的提案。
13. 公司章程规定的其他职权。

股东大会选举董事、监事，可以依照公司章程的规定或者股东大会的决议，实行累积投票制。累积投票制是指股东大会选举董事或者监事时，每一股份拥有与应选董事或者监事人数相同的表决权，股东拥有的表决权可以集中使用。

（四）股东大会的运作和议事规则

1. 股东大会的召集。

（1）股东大会的主持。

股东大会会议由董事会召集，董事长主持。

董事长不能履行职务或者不履行职务的，由副董事长主持。

副董事长不能履行职务或者不履行职务的，由半数以上董事共同推举 1 名董事主持。

董事会不能履行或者不履行召集股东大会会议职责的，监事会应当及时召集和主持。

监事会不召集和主持的，连续 90 日以上单独或者合计持有公司 10%以上股份的股东可以自行召集和主持——→拥有补充召集权和补充主持权。

（2）股东大会的会议通知。

公司应当将会议召开的时间、地点和审议的事项于会议召开 20 日前通知各股东。
临时股东大会应当于会议召开 15 日前通知各股东。
发行无记名股票的，应当于会议召开 30 日前公告会议召开的时间、地点和审议事项。

禁止事项：
公司在计算会议通知的起始期限时，不应当包括会议召开当日。
股东大会不得对股东大会(包括临时股东大会)会议通知中未列明的事项作出决议。

（3）股东大会会议：
公司应当每年召开一次年会（年度股东大会）。
年会应当于上一会计年度结束之日起的 6 个月内举行，即最迟不得晚于 6 月 30 日召开。

（4）股东的出席和代理出席。

①股东：
可以亲自出席会议，
也可以委托代理人代为出席和表决，但股东应以书面形式委托代理人。
代理人应当向公司提交股东授权委托书，并在授权范围内行使表决权。
如果委托人为法人，应当加盖法人印章或由其正式委任的代理人签署。

②个人股东亲自出席会议的：
应当出示本人身份证和持股凭证；
代理他人出席会议的，应出示代理人身份证、代理委托书和持股凭证。

③法人股东应当由法定代表人或者法定代表人委托的代理人出席会议。

法定代表人出席会议的，应当出示本人身份证、能证明其具有法定代表人资格的有效证明和持股凭证；委托代理人出席会议的，代理人应当出示本人身份证、法人股东单位的法定代表人依法出具的书面委托书和持股凭证。

④无记名股票持有人出席股东大会的，应当于会议召开 5 日前至股东大会闭会时止，将股票交存于公司。

2. 股东的临时提案。《公司法》第一百零三条赋予持有一定股份的股东临时提案权：

单独或者合计持有公司 3%以上股份的股东，可以在股东大会召开 10 日前提出临时提案并书面提交董事会；
董事会应当在收到提案后 2 日内通知其他股东，并将该临时提案提交股东大会审议。

3. 提议召开临时股东大会。有下列情形之一的，应当在两个月内召开临时股东大会：

(1) 董事人数不足本法规定人数或者公司章程所定人数的2/3时。
(2) 公司未弥补的亏损达实收股本总额1/3时。
(3) 单独或者合计持有公司10%以上股份的股东请求时。
(4) 董事会认为必要时。
(5) 监事会提议召开时。
(6) 公司章程规定的其他情形。

4. 股东大会的议事规则。指股东大会开会期间必须遵守的一系列程序性规定。在议事规则里，可以规定：

(1) 股东大会如何召集、召开
(2) 职权如何行使
(3) 审议和决定事项的提案等
——系列运作细则

注：股东大会在审议有关关联交易事项时，关联股东不得参加前款规定事项的表决，其所代表的有表决权的股份数不计入有效表决权总数。

5. 股东大会决议的无效与撤销。

(1) 公司股东大会的决议内容违反法律、行政法规的无效。
(2) 股东大会的会议召集程序、表决方式违反法律、行政法规或者公司章程，或者决议内容违反公司章程的，股东可以自决议作出之日起60日内，请求人民法院撤销。
(3) 人民法院可以应公司的请求，要求提起诉讼的股东提供相应担保。
(4) 公司根据股东大会决议已办理变更登记的，人民法院宣告该决议无效或者撤销该决议后，公司应当向公司登记机关申请撤销变更登记。

(五) 股东大会决议

股东（包括股东代理人）出席股东大会会议，所持每一股份有一表决权。但是，公司持有的本公司股份没有表决权。股东大会决议分为普通决议和特别决议（见表2-5）。

表2-5　普通决议和特别决议的比较

	普通决议	特别决议
由出席股东大会会议的股东（包括股东代理人）所持表决权的	≥1/2	≥2/3
可以以决议通过的事项	(1) 董事会和监事会的工作报告。 (2) 董事会拟订的利润分配方案和弥补亏损方案。 (3) 董事会和监事会成员的任免及其报酬和支付方法。 (4) 公司年度预算方案、决算方案。 (5) 公司年度报告。 (6) 除法律、行政法规规定或者公司章程规定应当以特别决议通过以外的其他事项。	(1) 公司章程的修改。 (2) 公司增加或者减少注册资本。 (3) 公司的合并、分立和解散。 (4) 变更公司形式。 (5) 公司章程规定和股东大会以特别决议认定会对公司产生重大影响的、需要以特别决议通过的其他事项。

股东大会会议记录。股东大会应当对所议事项的决定作成会议记录，主持人、出席会议的董事应当在会议记录上签名。会议记录应当与出席股东的签名册及代理出席的委托书一并保存。

二、股份有限公司的董事会★

（一）董事的资格和任免机制

1. 董事的资格。公司董事为自然人。

有以下情形的，不得担任股份有限公司的董事：

（1）无民事行为能力或限制民事行为能力者。

（2）因贪污、贿赂、侵占财产、挪用财产罪和破坏社会主义市场经济秩序，被判处刑罚，执行期满未逾 5 年，或者因犯罪被剥夺政治权利，执行期满未逾 5 年。

（3）担任破产清算的公司、企业的董事或厂长、经理，并对该公司、企业的破产负有个人责任的，自该公司、企业破产清算完结之日起未逾 3 年。

（4）担任因违法被吊销营业执照、责令关闭的公司、企业的法定代表人，并负有个人责任的，自该公司、企业被吊销执照之日起未逾 3 年。

（5）个人所负数额较大的债务到期未清偿。公司违反上述规定选举、委派董事、监事或者聘任高级管理人员的，该选举、委派或者聘任无效。董事、监事、高级管理人员在任职期间出现上述所列情形的，公司应当解除其职务。

2. 董事的任免机制。《公司法》规定股份有限公司的董事会成员为 5～19 人。

董事会成员中可以有：
- 公司职工代表，由公司职工通过 {职工代表大会 / 职工大会 / 其他形式} 民主选举产生。
- 非职工代表董事：
  - 由股东大会选举或更换；
  - 任期由公司章程规定，但每届任期不得超过 3 年。

董事任期：
- 从股东大会决议通过之日起计算；
- 至本届董事会任期届满时止；
- 董事任期届满，连选可以连任。

（1）董事的提名办法一般由公司章程或相关办法规定。

（2）董事任期届满未及时改选或在任期内提出辞职。

①董事任期届满未及时改选，或者董事在任期内辞职导致董事会成员低于法定人数的，在改选出的董事就任前，原董事仍应当依照法律、行政法规和公司章程的规定，履行董事职务。董事辞职应当向董事会提交书面辞职报告。

②董事提出辞职或者任期届满，其对公司和股东负有的义务在其辞职报告尚未生效或者生效后的合理期间内，以及任期结束后的合理期间内，并不当然解除，其对公司商业秘密保密的义务在其任职结束后仍然有效，直至该秘密成为公开信息。其他义务的持续期间应当根据公平的原则决定，视事件发生与离任之间时间的长短，以及与公司的关系在何种情况和条件下结束而定。

③任职尚未结束的董事，对因其擅自离职使公司造成的损失，应当承担赔偿责任。

（二）董事的职权和义务

1. 董事的职权：
   - （1）出席董事会，并行使表决权。
   - （2）报酬请求权。
   - （3）签名权，此项权力同时也是义务。
   - （4）公司章程规定的其他职权。

2. 董事的义务。

（1）忠实义务：董事应当遵守法律、法规和公司章程的规定，忠实履行职责，维护公司利益，不得自营或者为他人经营与其所任职公司有竞争关系的公司或者从事损害本公司利益的活动。

（2）勤勉义务：董事、监事、高级管理人员在处理和安排公司事务时，以一个普通正常人的合理、谨慎的态度，恪尽职守，维护公司的利益。

（三）董事长、董事会会议运作和议事规则

1. 董事长和董事会会议运作。

（1）董事会是由董事组成的、对内掌管公司事务、对外代表公司的经营决策机构。

（2）董事会设董事长1人，可以设副董事长。由董事会以全体董事的过半数选举产生。

（3）董事长行使的职权：
   - ①主持股东大会和召集、主持董事会会议。
   - ②督促、检查董事会决议的执行。
   - ③董事会授予的其他职权。

（4）董事会应谨慎授予董事长职权，例行或长期授权须在章程中明确规定。

（5）副董事长协助董事长工作，董事长不能履行职务或者不履行职务的，由副董事长履行职务。

（6）副董事长不能履行职务或者不履行职务的，由半数以上董事共同推举1名董事履行职务。

（7）董事会：
   - ①每年度至少召开两次会议。
   - ②每次会议应当于会议召开10日前通知全体董事和监事。
   - ③代表1/10以上表决权的股东、1/3以上董事或者监事会，可以提议召开董事会临时会议。
   - ④董事长应当自接到提议后10日内，召集和主持董事会会议。
   - ⑤董事会召开临时会议，可以另定召集董事会的通知方式和通知时限。
   - ⑥董事会会议应当由董事本人出席；董事因故不能出席的，可以书面委托其他董事代为出席，委托书中应载明授权范围。

2. 董事会议事规则。

一般包括：
   - （1）总则；
   - （2）董事的任职资格；
   - （3）董事的行为规范；
   - （4）董事长的权利和义务；
   - （5）董事会的工作程序；
   - （6）工作费用；
   - （7）其他事项。

（四）董事会的职权和决议

1. 董事会的职权。董事会对股东大会负责。其职权主要有：

(1) 负责召集股东大会，并向股东大会报告工作。
(2) 执行股东大会的决议。
(3) 决定公司的经营计划和投资方案。
(4) 制订公司年度财务预算方案、决算方案。
(5) 制订公司的利润分配方案和弥补亏损方案。
(6) 制订公司增加或者减少注册资本以及发行公司债券的方案。
(7) 制订公司合并、分立、解散或者变更公司形式的方案。
(8) 决定公司内部管理机构的设置。
(9) 决定聘任或者解聘公司经理及其报酬事项，并根据经理的提名决定聘任或者解聘公司副经理、财务负责人及其报酬事项。
(10) 制定公司的基本管理制度。
(11) 公司章程规定的其他职权。

2. 董事会决议。

(1) 董事会会议应有过半数的董事出席方可举行。
(2) 董事会作出决议，必须经全体董事的过半数通过。
(3) 董事会决议的表决，实行一人一票。
(4) 董事会应当对会议所议事项的决定作成会议记录，出席会议的董事应当在会议记录上签名。
(5) 董事应当对董事会的决议承担责任。
(6) 董事会的决议违反法律、行政法规或者公司章程、股东大会决议，致使公司遭受严重损失的，参与决议的董事对公司负赔偿责任。但经证明在表决时曾表明异议并记载于会议记录的，该董事可以免除责任。

三、股份有限公司的经理

(一) 经理的任职资格和聘任

1. 股份有限公司设经理：
   - 经理的任职资格与董事相同；
   - 是由董事会聘任或解聘的、具体负责公司日常经营管理活动的高级管理人员；
   - 公司董事可以兼任经理。

2. 高级管理人员：公司的经理、副经理、财务负责人、上市公司董事会秘书和公司章程规定的其他人员。

(二) 经理的职权

股份有限公司的经理行使一系列职权。

此外，经理有权列席董事会会议，非董事经理在董事会上没有表决权。经理应当根据董事会或者监事会的要求，向董事会或者监事会报告公司重大合同的签订及执行情况、资金运用情况和盈亏情况。经理必须保证该报告的真实性。

四、股份有限公司的监事会★

(一) 监事的任职资格、任免机制和任期

1. 监事应具有法律、会计等方面的专业知识或工作经验。
2. 董事、高级管理人员不得兼任监事。

3. 监事会是由监事组成的、对公司业务和财务活动进行合法性监督的机构。
4. 监事会成员不得少于 3 人。
5. 监事会的人员和结构应确保监事会能够独立有效地行使对董事、经理和其他高级管理人员及公司财务的监督和检查的权力。
6. 监事会由股东代表和适当比例的公司职工代表组成，其中职工代表的比例不得低于 1/3，具体比例由公司章程规定。职工代表由公司职工通过职工代表大会、职工大会或者其他形式民主选举产生。
7. 监事的任期每届为 3 年。
8. 监事任期届满，连选可以连任。监事任期届满未及时改选，或者监事在任期内辞职导致监事会成员低于法定人数的，在改选出的监事就任前，原监事仍应当依照法律、行政法规和公司章程的规定，履行监事职务。

（二）监事的职权、义务和责任

1. 监事的职权。

（1）出席监事会，并行使表决权。

（2）报酬请求权。

（3）签字权。

（4）列席董事会的权利，并对董事会决议事项提出质询或者建议。

（5）提议召开临时监事会会议权。

2. 监事的义务和责任。

（1）遵守公司章程，执行监事会决议。

（2）监事除依照法律规定或者经股东大会同意外，不得泄漏公司秘密，不得擅自传达董事会、监事会和经理办公会会议的内容。

（3）对未能发现和制止公司违反法律、法规的经营行为承担相应的责任。

（4）监事在工作中违反法律、法规或者公司章程的规定，给公司造成损害的，应当承担相应的责任。

（5）监事应当依照法律、行政法规和公司章程的规定，忠实履行监督职责。

（三）监事会主席、会议运作和议事规则

1. 监事会主席和会议运作。

（1）监事会设主席 1 人，可以设副主席。监事会主席和副主席由全体监事过半数选举产生。

（2）监事会每 6 个月至少召开一次会议。

（3）监事可以提议召开临时监事会会议。

（4）监事会的议事方式和表决程序，除《公司法》有规定的外，由公司章程规定。

（5）监事会主席召集和主持监事会会议；监事会主席不能履行职务或者不履行职务的，由监事会副主席召集和主持监事会会议；监事会副主席不能履行职务或者不履行职务的，由半数以上监事共同推举 1 名监事召集和主持监事会会议。

2. 监事会议事规则。

（1）监事会的议事方式和表决程序由公司章程规定。

（2）公司应在公司章程中规定规范的监事会议事规则。

（3）监事会的议事规则是对公司章程关于监事会运作要求的具体化。

（四）监事会的职权

监事会行使一系列职权。

监事会行使职权所必需的费用由公司承担。

（五）监事会决议

1. 监事会作出决议，应当经半数以上监事通过。
2. 监事会应当对所议事项的决定作成会议记录，出席会议的监事应当在会议记录上签名。
3. 监事会决议致使公司、股东和员工的合法权益遭受损害的，参与决议的监事应负相应责任；但表决时曾表示异议并记载于会议记录中的，该监事免除责任。

第四节 上市公司组织机构的特别规定

上市公司是指其股票在证券交易所上市交易的股份有限公司。上市公司除应遵守《公司法》关于组织机构的一般规定外，还应遵守我国《公司法》、《上市公司章程指引》和其他相关的特别规定。

一、上市公司股东大会的特别规定

（一）股东大会的特别职权

上市公司股东大会除拥有股东大会的职权外，还拥有其他职权。

1. 审议批准如下担保事项：
   （1）本公司及本公司控股子公司的对外担保总额达到或超过最近1期经审计净资产的50%以后提供的任何担保。
   （2）公司的对外担保总额达到或超过最近1期经审计总资产的30%以后提供的任何担保。
   （3）为资产负债率超过70%的担保对象提供的担保。
   （4）单笔担保额超过最近1期经审计净资产10%的担保。
   （5）对股东、实际控制人及其关联方提供的担保。
2. 审议公司在1年内购买、出售重大资产超过公司最近1期经审计总资产30%的事项。
3. 审议批准变更募集资金用途事项。
4. 审议股权激励计划。
5. 审议法律、行政法规、部门规章或公司章程规定应当由股东大会决定的其他事项。

（二）上市公司选举董事、监事的累积投票制度

1. 股东大会就选举董事、监事进行表决时可以实行累积投票制。
2. 累积投票制是指股东大会选举董事或者监事时，每一股份拥有与应选董事或者监事人数相同的表决权，股东拥有的表决权可以集中使用。

二、上市公司董事和董事会的特别规定

（一）董事义务的特别规定

1. 忠实义务。
   （1）不得利用其关联关系损害公司利益。

(2) 法律、行政法规、部门规章及公司章程规定的其他忠实义务。董事违反此规定所得的收入应当归公司所有；给公司造成损失的，应当承担赔偿责任。

2. 勤勉义务。

(1) 应谨慎、认真、勤勉地行使公司赋予的权利，以保证公司的商业活动不超过营业执照规定的业务范围。

(2) 应公平对待所有股东。

(3) 及时了解公司业务经营管理状况。

(4) 应当对公司定期报告签署书面确认意见，保证公司所披露的信息真实、准确、完整。

(5) 应当如实向监事会提供有关情况和资料，不得妨碍监事会或者监事行使职权。

(6) 法律、行政法规、部门规章及《上市公司章程指引》规定的其他勤勉义务。

（二）上市公司设立独立董事

上市公司的独立董事是指不在公司担任除董事外的其他职务，并与其所受聘的上市公司及其主要股东不存在可能妨碍其进行独立、客观判断的关系的董事。

1. 担任独立董事的基本条件：

(1) 根据法律、行政法规及其他有关规定，具备担任上市公司董事的资格。

(2) 具有《关于在上市公司建立独立董事制度的指导意见》所要求的独立性。

(3) 具备上市公司运作的基本知识，熟悉相关法律、行政法规、规章及规则。

(4) 具有5年以上法律、经济或者其他履行独立董事职责所必需的工作经验。

(5) 公司章程规定的其他条件。

独立董事必须具有独立性，因此下列人员不得担任独立董事：

(1) 在上市公司或者其附属企业任职的人员及其直系亲属和主要社会关系。

(2) 直接或间接持有上市公司已发行股份1%以上或者是上市公司前10名股东中的自然人股东及其直系亲属。

(3) 在直接或间接持有上市公司已发行股份5%以上的股东单位或者在上市公司前5名股东单位任职的人员及其直系亲属。

(4) 最近1年内曾经具有前3项所列举情形的人员。

(5) 为上市公司或者其附属企业提供财务、法律、咨询等服务的人员。

(6) 公司章程规定的其他人员。

(7) 中国证监会认定的其他人员。

2. 独立董事的提名、选举和更换。独立董事的提名、选举和更换应当依据以下要求进行：

(1) 上市公司董事会、监事会、单独或者合并持有上市公司已发行股份1%以上的股东可以提出独立董事候选人，并经股东大会选举决定。

(2) 独立董事的提名人在提名前应当征得被提名人的同意。

(3) 在选举独立董事的股东大会召开之前，上市公司应将所有被提名人的有关材料同时报送中国证监会、公司所在地中国证监会派出机构和公司股票挂牌交易的证券交易所。上市公司董事会对被提名人的有关情况有异议的，应同时报送董事会书面意见。中国证监会在15个工作日内对独立董事的任职资格和独立性进行审核。中国证监会持有异议的被提名人，公司可将其列为公司董事候选人，但不得列为独立董事候选人。在召开股东大会选举独立董事时，上市公司董事会应对独立董事候选人是否被中国证监会提出异议的情况进行说明。

(4) 独立董事的每届任期与该上市公司其他董事的任期相同，任期届满，连选可以连任，但是，连任时间不得超过6年。

(5) 独立董事连续3次未亲自出席董事会会议的，由董事会提请股东大会予以撤换。除了出现上述情况及《公司法》中规定的不得担任董事的情形外，独立董事在任期届满前不得无故被免职。提前免职的，上市公司应将其作为特别披露事项予以披露。被免职的独立董事认为公司的免职理由不当的，可以作出公开声明。

(6) 独立董事在任期届满前可以提出辞职。

3. 独立董事的特别职权。为了充分发挥独立董事的作用，上市公司还应当赋予独立董事以下特别职权：

(1) 重大关联交易（指上市公司拟与关联人达成的总额高于300万元或高于上市公司最近经审计净资产值的5%的关联交易）应由独立董事认可后，提交董事会讨论；独立董事作出判断前，可以聘请中介机构出具独立财务顾问报告，作为其判断的依据。

(2) 向董事会提议聘用或解聘会计师事务所。

(3) 向董事会提请召开临时股东大会。

(4) 提议召开董事会。

(5) 独立聘请外部审计机构和咨询机构。

(6) 可以在股东大会召开前公开向股东征集投票权。

独立董事行使上述职权应当取得全体独立董事1/2以上同意。

4. 独立董事可就相关事项向董事会或股东大会发表独立意见。

5. 独立董事开展工作应具备的条件。为了保证独立董事有效地行使职权，上市公司应当为独立董事提供以下必要的条件：

(1) 上市公司应当保证独立董事享有与其他董事同等的知情权。

(2) 上市公司应当提供独立董事履行职责所必需的工作条件。

(3) 独立董事行使职权时，上市公司的有关人员应当积极配合，不得拒绝、阻碍或隐瞒，不得干预其独立行使职权。

(4) 独立董事聘请中介机构的费用及其他行使职权时所需的费用由上市公司承担。

(5) 上市公司应当给予独立董事适当的津贴。

（三）上市公司设董事会秘书

《公司法》第一百二十四条规定：“上市公司设董事会秘书，负责公司股东大会和董事会会议的筹备、文件保管以及公司股东资料的管理，办理信息披露事务等事宜。”

1. 上市公司的董事会秘书是公司高级管理人员，对董事会负责。

2. 董事会秘书由董事长提名，经董事会聘任或解聘。

3. 公司董事或者其他高级管理人员可以兼任公司董事会秘书。

（四）上市公司关联关系董事表决权的限制

上市公司董事与董事会会议决议事项所涉及的企业有关联关系的，不得对该项决议行使表决权，不得代理其他董事行使表决权。

关联关系是指公司控股股东、实际控制人、董事、监事、高级管理人员与其直接或者间接控制的企业之间的关系，以及可能导致公司利益转移的其他关系。但是，国家控股的企业之间不仅因为同受国家控股而具有关联关系。

（五）董事会的其他职权

1. 制订公司发行股票、债券之外其他证券的方案。
2. 制订公司证券上市方案。
3. 拟订公司重大收购及收购本公司股票的方案。
4. 在股东大会授权范围内，决定公司对外投资、收购出售资产、资产抵押、对外担保事项、委托理财、关联交易等事项。
5. 决定高级管理人员的奖惩事项。
6. 制订公司章程的修改方案。
7. 管理公司信息披露事项。
8. 向股东大会提请聘请或更换为公司审计的会计师事务所。
9. 听取公司经理的工作汇报并检查经理的工作。
10. 法律或公司章程授予的其他职权。

对于超过股东大会授权范围的事项，应当提交股东大会审议。

（六）董事会专门委员会的职权

为了进一步落实董事会的职权，上市公司董事会可以按照股东大会的有关决议，设立战略、审计、提名、薪酬与考核等专门委员会。专门委员会的成员全部由董事组成（见表 2-6）。

表 2-6　　董事会专门委员会的职权

<table>
<tr><th>审计委员会</th><th>提名委员会</th><th>薪酬与考核委员会</th><th>战略委员会</th></tr>
<tr><td colspan="3">独立董事应占多数并担任召集人。</td><td rowspan="3">对公司长期发展战略和重大投资决策进行研究，并提出建议。</td></tr>
<tr><td>至少应有 1 名独立董事是会计专业人士。</td><td rowspan="2">1. 提议聘请或更换外部审计机构。
2. 监督公司的内部审计制度及其实施。
3. 负责内部审计与外部审计之间的沟通。
4. 审核公司的财务信息及其披露。
5. 审查公司的内控制度。</td><td rowspan="2">1. 研究董事与经理人员考核的标准，进行考核并提出建议。
2. 研究和审查董事、高级管理人员的薪酬政策与方案。</td></tr>
<tr><td>主要职责：
1. 提议聘请或更换外部审计机构。
2. 监督公司的内部审计制度及其实施。
3. 负责内部审计与外部审计之间的沟通。
4. 审核公司的财务信息及其披露。
5. 审查公司的内控制度。</td></tr>
</table>

各专门委员会可以聘请中介机构提供专业意见，有关费用由公司承担。各专门委员会对董事会负责，各专门委员会的提案应提交董事会审查决定。

三、上市公司经理的特别规定

1. 为了规范经理办公会议制度，进一步强化公司的经营管理，防范经营风险，完善集体决策程序，应当制定《经理工作细则》。《经理工作细则》报董事会批准后实施。

2.《经理工作细则》包括：
- (1) 经理会议召开的条件、程序和参加的人员。
- (2) 经理及其他高级管理人员各自具体的职责及其分工。
- (3) 公司资金、资产运用，签订重大合同的权限。
- (4) 向董事会、监事会的报告制度；董事会认为必要的其他事项。

四、上市公司监事和监事会的特别规定

(一) 监事的特别义务

1. 监事应当保证公司披露的信息真实、准确、完整。
2. 监事不得利用其关联关系损害公司利益，若给公司造成损失的，应当承担赔偿责任。

(二) 监事会的特别职权

1. 对董事会编制的公司定期报告进行审核并提出书面审核意见。
2. 发现公司经营情况异常，可以进行调查；必要时，可以聘请会计师事务所、律师事务所等专业机构协助其工作，费用由公司承担。

第五节　股份有限公司的财务会计★

一、关于股份有限公司财务会计的一般规定

1. 公司应当依照法律、行政法规和国务院财政部门的规定建立本公司的财务、会计制度。
2. 公司应当在每一会计年度终了时编制财务会计报告，并依法经会计师事务所审计。
3. 上市公司在每一会计年度结束之日起4个月内向中国证监会和证券交易所报送年度财务会计报告。
4. 在每一会计年度前6个月结束之日起2个月内向中国证监会派出机构和证券交易所报送半年度财务会计报告。
5. 财务会计报告应当依照法律、行政法规和国务院财政部门的规定制作。
6. 股份有限公司的财务会计报告应当在召开股东大会年会的20日前置备于本公司，供股东查阅；公开发行股票的股份有限公司必须公告其财务会计报告。

二、股份有限公司的利润分配

利润分配是指公司将可供分配的利润（包括期初未分配利润和本期累计净利润）按照一定的原则和顺序进行分配。

1. 公司分配当年税后利润时，应当提取利润的10%列入公司法定公积金。
2. 公司法定公积金累计额为公司注册资本50%以上的，可以不再提取。
3. 公司的法定公积金不足以弥补以前年度亏损的，在依照前款规定提取法定公积金之前，应当先用当年利润弥补亏损。
4. 公司从税后利润中提取法定公积金后，经股东会或者股东大会决议，还可以从税后利润中提取任意公积金。
5. 公司弥补亏损和提取公积金后所余税后利润，股份有限公司按照股东持有的股份比例分配，但股份有限公司章程规定不按持股比例分配的除外。
6. 股东大会或者董事会违反规定，在公司弥补亏损和提取法定公积金之前向股东分配利润的，股东必须将违反规定分配的利润退还公司。

7. 公司持有的本公司股份不得分配利润。
8. 上市公司股东大会对利润分配方案作出决议后，公司董事会须在股东大会召开后2个月内完成股利（或股份）的派发事项。

三、公司的公积金及其用途

股份有限公司以超过股票票面金额的发行价格发行股份所得的溢价款以及国务院财政部门规定列入资本公积金的其他收入，应当列为公司资本公积金。

公司的公积金
- 用于
  - 弥补公司的亏损；
  - 扩大公司生产经营或者转为增加公司资本。
- 不得用于弥补公司的亏损。

法定公积金转为资本时，所留存的该项公积金不得少于转增前公司注册资本的25%。

四、公司会计师事务所的聘用和会计账簿的设置

1. 公司聘用、解聘承办公司审计业务的会计师事务所，依照公司章程的规定，由股东大会决定，董事会不得在股东大会决定前委任会计师事务所。
2. 公司股东大会就解聘会计师事务所进行表决时，应当允许会计师事务所陈述意见。
3. 公司聘用取得"从事证券相关业务资格"的会计师事务所进行会计报表审计、净资产验证及其他相关的咨询服务等业务，聘期1年，可以续聘。
4. 公司应当向聘用的会计师事务所提供真实、完整的会计凭证、会计账簿、财务会计报告及其他会计资料，不得拒绝、隐匿、谎报。
5. 公司除法定的会计账簿外，不得另立会计账簿。对公司资产，不得以任何个人名义开立账户存储。

第六节　股份有限公司的合并、分立、解散和清算

一、股份有限公司的合并和分立

（一）合并

公司合并可以采取吸收合并或者新设合并（见表2-7）。

表2-7　两种合并方式

吸收合并	新设合并
一个公司吸收其他公司	两个以上公司合并设立一个新的公司
被吸收的公司解散	合并各方解散

公司合并时，合并各方的债权、债务应当由合并后存续的公司或者新设的公司承继。

（二）分立

股份有限公司的分立是指一个股份有限公司因生产经营需要或其他原因而分开设立为两个或两个以上

公司。

股份有限公司的分立可以分为新设分立和派生分立（见表2-8）。

表2-8　　两种分立方式

新设分立	派生分立
股份有限公司将其全部财产分割为两个部分以上，另外设立两个公司。	原公司将其财产或业务的一部分分离出去设立一个或数个公司。
原公司的法人地位消失。	原公司继续存在。
公司分立，应当编制资产负债表及财产清单。	

公司合并或者分立，登记事项发生变更的，应当依法向公司登记机关办理变更登记；公司解散的，应当依法办理公司注销登记；设立新公司的，应当依法办理公司设立登记。

二、股份有限公司的解散和清算

（一）解散的概念

股份有限公司的解散是指股份有限公司法人资格的消失。公司解散时，应当进行必要的清算活动。公司解散后，也就丧失了进行业务活动的能力。

（二）解散的原因

公司有以下原因之一的，可以解散：

1. 公司章程规定的营业期限届满或者公司章程规定的其他解散事由出现。
2. 股东大会决议解散。
3. 因公司合并或者分立需要解散。
4. 依法被吊销营业执照、责令关闭或者被撤销。
5. 人民法院依照《公司法》第一百八十三条的规定予以解散。

（三）解散的清算

1. 清算组的人员组成。公司因上述“解散的原因”第1、2、4、5项而解散的，应当在解散事由出现之日起15日内成立清算组，开始清算。股份有限公司的清算组由董事或者股东大会确定的人员组成。逾期不成立清算组进行清算的，债权人可以申请人民法院指定有关人员组成清算组进行清算。人民法院应当受理该申请，并及时组织清算组进行清算。
2. 清算组的职权。清算组在清算期间可行使一系列职权。
3. 清算组的规范运作。

（1）通知债权人申报债权。

（2）清算组制订清算方案。

（3）清偿顺序。公司财产在分别支付清算费用、职工的工资、社会保险费用和法定补偿金，缴纳所欠税款，清偿公司债务后的剩余财产，按照股东持有的股份比例分配。

（4）清算义务和责任。清算组成员应当忠于职守，依法履行清算义务。

（5）破产。清算组在清理公司财产、编制资产负债表和财产清单后，发现公司财产不足以清偿债务的，应当依法向人民法院申请宣告破产。公司经人民法院裁定宣告破产后，清算组应当将清算事务移交给人民法院。公司被依法宣告破产的，依照有关企业破产的法律实施破产清算。

(6) 制作、确认清算报告和公告公司终止。

对公司而言，清算意味着一个法人实体的消亡。

第三章 企业的股份制改组

本章结构

第一节 企业股份制改组的目的、要求和程序
- 企业股份制改组的目的
  - 确立法人财产权
  - 建立规范的公司治理结构
  - 筹集资金
- 企业股份制改组的法律、法规要求
  - 改组为股份有限公司的法律、法规要求
  - 改组为拟上市的股份有限公司的法律、法规要求
- 拟发行上市公司改组的规范要求
  - 原则要求
  - 具体要求
    - 业务改组的具体要求
    - 治理规范的具体要求
    - 避免同业竞争的具体要求
    - 减少并规范关联交易的具体要求
- 企业改组为拟上市股份有限公司的程序
  - 拟订总体改组方案
  - 选聘中介机构
  - 开展改组工作
  - 发起人出资
  - 召开公司筹委会会议，发出召开创立大会通知
  - 召开创立大会及第一届董事会会议、第一届监事会会议
  - 办理工商注册登记手续

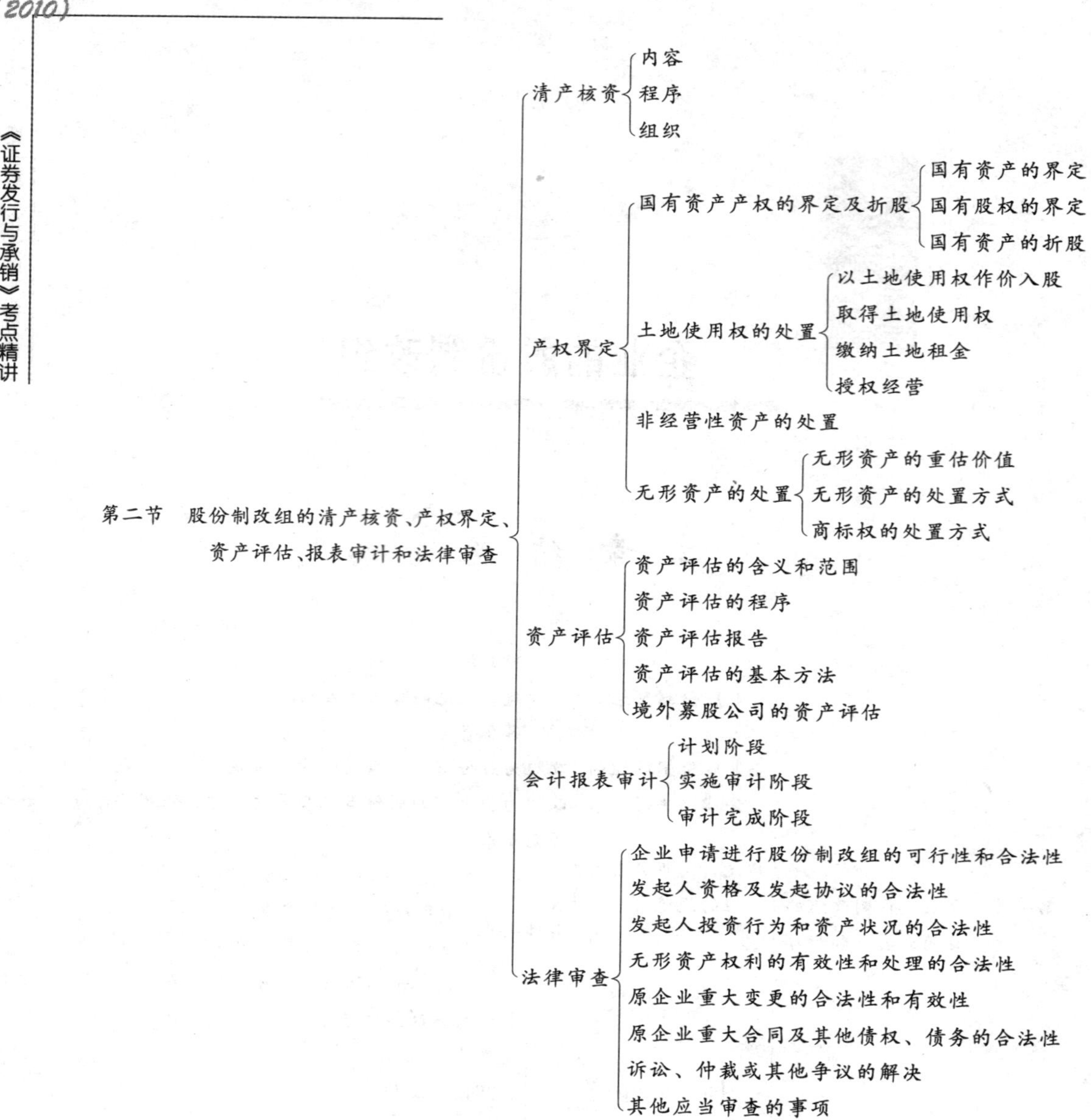

本章学习目的与要求

熟悉企业股份制改组的目的和要求。掌握拟发行上市公司改组的要求以及企业改组为拟上市的股份有限公司的程序。

熟悉股份制改组时清产核资的内容和程序，国有资产产权的界定及折股、土地使用权的处置、非经营性资产的处置和无形资产的处置，资产评估的含义和范围、资产评估的程序，会计报表审计。掌握股份制改组法律审查的具体内容。

本章内容变化情况

1. 修改了"资产评估的基本方法"的计算方法的内容。
2. 修改了"审计完成阶段""原企业重大变更的合法性和有效性"的内容。

本章重点解析

第一节　企业股份制改组的目的、要求和程序

一、企业股份制改组的目的★

（一）确立法人财产权

规范的公司能够有效地实现出资者所有权与公司法人财产权的分离。在企业改组为股份公司后，公司拥有包括各出资者投资的各种财产而形成的法人财产权。

法人财产权：
- 从法律意义上回答了资产归属问题；
- 从经济意义上回答了资产的经营问题。

公司法人财产独立性的重要地位：
- 是公司参与市场竞争的首要条件；
- 是公司作为独立民事主体存在的基础；
- 是公司作为市场生存和发展主体的必要条件。

（二）建立规范的公司治理结构

我国企业改革的根本目的：明确产权，塑造真正的市场竞争主体，以适应市场经济的要求。

公司治理结构的特征：
- 股东大会；
- 董事会；
- 监事会；
- 经理分权与制衡。

公司治理结构的目标：将公司直接置于市场的竞争与监督之中，使公司的经营情况能够迅速地反映出来，公司经营者的业绩也直接由市场加以评价，较好地建立起公司的竞争机制、激励机制和管理结构，以促进公司的发展。

（三）筹集资金

企业的三种形态：
- 独资企业；
- 合伙企业；
- 公司企业。

股份有限公司发行股票的作用：
- 在短期内将分散在社会上的闲散资金集中起来；
- 筹集到扩大生产、规模经营所需要的巨额资本；
- 增强公司的发展能力。

二、企业股份制改组的法律、法规要求★

（一）改组为股份有限公司的法律、法规要求：
- 改组为股份有限公司的法律、法规要求；
- 改组为拟上市的股份有限公司的法律、法规要求。

1. 上市公司的形成来源：
- 从形成角度分类我国目前已经在证券交易所上市的公司；
- 历史遗留问题企业；
- 股份有限公司；
- 定向募集公司；
- 有限责任公司整体变更成股份有限公司；
- 国有大中型企业通过资产重组，通过募集方式设立并上市。

（1）历史遗留问题企业：
- （1）这类公司是指1990年年底以前改制，并向社会公开发行股票的公司。
- （2）具备上市资格的只有在1993年年底前后经原国家体改委确认的90家。
- （3）这些公司经过重新规范，符合《公司法》、《股票发行与交易管理暂行条例》中有关上市公司的有关规定。
- （4）在沪、深两个证券交易所挂牌上市。

（2）定向募集公司：
- （1）公司按《公司法》规范，获得所属省、自治区、直辖市政或中央企业主管部门批准后，通过公开发行股票上市。
- （2）内部职工股待新股发行之日起满3年后，方可上市流通。
- （3）1994年7月1日《公司法》生效前成立。

（3）股份有限公司：
- （1）历史上上市情况分为两种：
  - ①不论其股东所有制性质如何，如果该公司经营期满3年，增资公开发行股票后，即可申请公开发行的股票上市交易。
  - ②新发起设立、设立时间不满3年的股份有限公司。
- （2）如国有大中型企业为其主要发起人的，经营业绩可连续计算的，公司可发行股票并上市。
- （3）2006年1月1日《公司法》修订实施前发起设立。

（4）有限责任公司整体变更成股份有限公司：
- 其过去3年业绩可连续计算；
- 通过发行股票转为上市公司。

（5）国有大中型企业通过资产重组，通过募集方式设立并上市：

①目的：为了进一步提高上市公司的质量。

②中国证监会长期以来要求在股票发行工作中实行"先改制运行，后发行上市"。

③"改组为拟上市的股份有限公司"为了申请发行股票并上市，在改组时要注意达到有关规范要求。

2.《证券法》对股份有限公司申请股票上市的要求

（1）股票经国务院证券监督管理机构核准已公开发行。

（2）公司股本总额≥人民币3 000万元。

（3）公开发行的股份达到公司股份总数的25%以上；公司股本总额超过人民币4亿元的，公开发行股份的比例为10%以上。

（4）公司最近3年无重大违法行为，财务会计报告无虚假记载。

说明：证券交易所可以规定高于上述规定的上市条件，并报国务院证券监督管理机构批准。目前交易所上市规则规定拟上市公司股本总额≥人民币5 000万元。

三、拟发行上市公司改组的规范要求

（一）原则要求

1. 突出公司主营业务，形成核心竞争力和持续发展的能力。

2. 按照《上市公司治理准则》的要求独立经营，运作规范。

3. 有效避免同业竞争，减少和规范关联交易。

（二）具体要求

1. 业务改组的具体要求。

（1）发起人以非货币性资产出资，应将开展业务所必需的固定资产、在建工程、无形资产以及其他资产完整投入拟发行上市公司。

（2）两个以上的发起人以经营性的业务和资产出资组建拟发行上市公司，业务和资产应完整投入拟发行上市公司；并且，所投入的业务应相同，或者存在生产经营的上下游纵向联系或横向联系。

（3）发起人以其持有的股权出资设立拟发行上市公司的，股权应不存在争议及潜在纠纷，发起人能够控制；且作为出资的股权所对应企业的业务应与所组建拟发行上市公司的业务基本一致。

（4）发起人以与经营性业务有关的资产出资，应同时投入与该经营性业务密切关联的商标、特许经营权、专利技术等无形资产。

（5）拟发行上市公司在改制重组工作中，应按国家有关规定安置好分流人员并妥善安置学校、医院、公安、消防、公共服务、社会保障等社会职能机构。对剥离后的社会职能以及非经营性资产，要制订完备的处置方案。

2. 治理规范的具体要求。

（1）拟发行上市公司的资产应做到独立完整。

（2）拟发行上市公司的人员应做到独立。

（3）拟发行上市公司的机构应做到独立。

（4）拟发行上市公司应做到财务独立。

3. 避免同业竞争的具体要求。

（1）针对存在的同业竞争，通过收购、委托经营等方式，将相竞争的业务集中到拟发行上市公司。

（2）竞争方将有关业务转让给无关联的第三方。

（3）拟发行上市公司放弃与竞争方存在同业竞争的业务。

（4）竞争方就解决同业竞争以及今后不再进行同业竞争作出有法律约束力的书面承诺。拟发行上市公司应在有关股东协议、公司章程等文件中规定避免同业竞争的措施，或取得有关方面的有效承诺。

4. 减少并规范关联交易的具体要求。

（1）拟发行上市公司在提出发行上市申请前存在数量较大的关联交易，应制订有针对性地减少关联交易的实施方案，并注意一系列的问题。

(2) 判断和掌握拟发行上市公司的关联方、关联关系和关联交易。

应遵循的原则：
- 按有关企业会计准则规定；
- 从严原则。

关联方主要包括：
- 控股股东；
- 其他股东；
- 控股股东及其股东控制或参股的企业；
- 对控股股东及主要股东有实质影响的法人或自然人；
- 发行人参与的合营企业；
- 发行人参与的联营企业；
- 主要投资者个人、关键管理人员、核心技术人员或与上述关系密切的人士控制的其他企业；
- 其他对发行人有实质影响的法人或自然人。

关联关系主要是指在财务和经营决策中，有能力对发行人直接或间接控制或施加重大影响的方式或途径。

关联关系主要包括：
- 关联方与发行人之间存在的股权关系；
- 人事关系；
- 管理关系及商业利益关系。

关联交易包括：
- 购销商品；
- 买卖有形或无形资产；
- 兼并或合并法人；
- 出让与受让股权；
- 提供或接受劳务；
- 代理；
- 租赁；
- 各种采取合同或非合同形式进行的委托经营等；
- 提供资金或资源；
- 协议或非协议许可；
- 担保；
- 合作研究与开发或技术项目的转移；
- 向关联方人士支付报酬；
- 合作投资设立企业；
- 合作开发项目；
- 其他对发行人有影响的重大交易。

(3)
- 无法避免的关联交易应遵循市场公开、公正、公平的原则；
- 关联交易的价格或收费，原则上应不偏离市场独立第三方的标准；
- 对于难以比较市场价格或定价受到限制的关联交易，应通过合同明确有关成本和利润的标准。

(4) 股东大会对有关关联交易进行表决时，应严格执行公司章程规定的回避制度。

四、企业改组为拟上市股份有限公司的程序

（一）拟订总体改组方案

拟改组企业应聘请具有改组和主承销商经验的证券公司作为企业股份制改组的财务顾问，并向该证券公司提供本企业的基本情况。企业及其财务顾问根据企业自身的实际情况，按照有关法规政策和中国证监会的要求，提出关于本次股份制改组及发行上市的总体方案。总体方案一般包括以下事项：

1. 发起人企业概况：
   - 历史沿革（含控股、参股企业概况）；
   - 经营范围；
   - 资产规模；
   - 经营业绩；
   - 组织结构（附图）。
2. 资产重组方案：
   - 重组目的及原则；
   - 重组的具体方案（包括业务、资产、人员、机构、财务等方面的重组安排）。
3. 改制后企业的管理与运作。
   - （1）拟上市公司的管理与运作：
     - 组织结构（附母公司结构图及股份公司结构图）；
     - 管理体制。
   - （2）非上市部分的管理与运作：
     - 剥离的非经营性资产（范围、机构及归属）；
     - 剥离的经营性业务（范围、机构及归属）；
     - 剥离的人员及离退休人员的安置情况。
   - （3）改制后上市部分与非上市部分的关系：
     - 同业竞争及处理；
     - 关联交易及处理。
4. 拟上市公司的筹资计划。
5. 其他需说明的事项。

（二）选聘中介机构

改组为拟上市的股份有限公司需要聘请的中介机构：
- 财务顾问；
- 具有从事证券相关业务资格的会计师事务所；
- 具有从事证券相关业务资格的资产评估机构；
- 律师事务所。

（三）开展改组工作

企业改组涉及国有资产的管理、国有土地使用权的处置、国有股权管理等诸多问题，都须按要求分别取得有关政府部门的批准文件。各中介机构进场后，应协助企业完成以下工作：

1. 进行资产评估及土地评估、审计等基础性工作，并由资产评估机构、土地评估机构、审计机构分别出具资产评估报告、土地评估报告、审计报告。
2. 确定发起人，签订发起人协议，并拟订公司章程草案。
3. 向工商行政管理部门办理公司名称预先核准。
4. 取得土地评估结果的确认报告书及土地使用权处置方案的批复。
5. 取得关于资产评估结果的核准或备案及国有股权管理方案的批复。

（四）发起人出资

企业设立验资账户，各发起人按发起人协议规定的出资方式、出资比例出资，以实物资产出资的应办

理完毕有关产权转移手续。资金到位后，由会计师事务所现场验资，并出具验资报告。

(五) 召开公司筹委会会议，发出召开创立大会通知

会上对公司筹备情况进行审议，初步审议公司章程草案，并确定创立大会时间，发出召开创立大会的通知。

(六) 召开创立大会及第一届董事会会议、第一届监事会会议

(七) 办理工商注册登记手续

办理工商注册登记手续，取得企业法人营业执照，这时股份有限公司才正式成立。

第二节　股份制改组的清产核资、产权界定、资产评估、报表审计和法律审查★

一、股份制改组的清产核资

(一) 清产核资的内容

清产核资主要包括：
- 账务清理；
- 资产清查；
- 价值重估；
- 损益认定；
- 资金核实和完善制度。

(二) 清产核资的程序

1. 除国家另有规定外，企业清产核资应当按照下列程序进行：

企业提出申请⟶国有资产监督管理机构批复同意立项⟶企业制订工作实施方案，并组织账务清理、资产清查等工作⟶聘请社会中介机构对清产核资结果进行专项财务审计和对有关损益提出鉴证证明⟶企业上报清产核资工作结果报告及社会中介机构专项审计报告⟶国有资产监督管理机构对资产损益进行认定，对资金核实结果进行批复⟶企业根据清产核资资金核实结果批复调账⟶企业办理相关产权变更登记和工商变更登记⟶企业完善各项规章制度。

2. 企业实施清产核资步骤。

(1) 指定内设的财务管理机构、资产管理机构或者多个部门组成清产核资临时办事机构（统称为"清产核资机构"），负责具体组织清产核资工作；

(2) 制订本企业的清产核资实施方案；

(3) 聘请符合资质条件的社会中介机构；

(4) 按照清产核资工作的内容和要求具体组织实施各项工作；

(5) 向同级国有资产监督管理机构报送由企业法人代表签字、加盖公章的清产核资工作结果申报材料。

(三) 清产核资的组织

清产核资工作按照统一规范、分级管理的原则，由同级国有资产监督管理机构组织指导和监督检查。

二、股份制改组的产权界定

（一）国有资产产权的界定及折股

1. 国有资产的界定。产权界定是指国家依法划分财产所有权和经营权等产权归属，明确各类产权形式的财产范围和管理权限的一种法律行为。产权界定应当依据"谁投资、谁拥有产权"的原则进行。

在股份制企业中，国有资产所有权界定的方法是：

（1）有权代表国家投资的机构或部门向股份制企业投资形成的股份，包括现有已投入公司的国有资产形成的股份，构成股份制企业中的国家股，界定为国有资产。

（2）具有法人资格的国有企业、事业及其他单位以其依法占用的法人资产向独立于自己的段份公司出资形成或依法定程序取得的股份，构成国有法人股，界定为国有资产。

（3）在股份制企业的公积金、公益金中，国有单位按照投资比例应当占有的份额，界定为国有资产。

（4）在股份制企业的未分配利润中，国有单位按照投资比例所占有的相应份额，界定为国有资产。

（5）占有、使用国有资产，并已取得公司法人资格或申请取得公司法人资格，包括改组为股份制企业时，应当在向工商行政管理部门办理有关工商登记事宜前，依法向国有资产管理部门申请产权登记，由国有资产管理部门依法审核，并颁发《国有资产授权占用证书》。

2. 国有股权的界定。

（1）组建股份有限公司，视投资主体和产权管理主体的不同情况，其所占用的国有资产分别构成国家股和国有法人股。

（2）国家股和国有法人股的性质均属国家所有，统称为国有股。

（3）国家股含义：是指有权代表国家投资的机构或部门向股份公司投资形成或依法定程序取得的股份。

（4）国有法人股含义：是指具有法人资格的国有企业、事业及其他单位，以其依法占用的法人资产，向独立于自己的股份公司出资形成或依法定程序取得的股份。国有企业改建为股份公司时，可整体改组，也可根据实际情况对企业资产进行重组。

设立股份公司时，股权界定应区分改组设立和新设成立两种不同情况。

3. 缴纳土地出让金，取得土地使用权。

4. 缴纳土地租金。

5. 授权经营。

6. 国有资产的折股。

（1）国有企业（指单一投资主体的企业）改组设立股份公司：

①在资产评估和产权界定后，须将净资产一并折股，股权性质不得分设。

②其股本由依法确定的国有持股单位统一持有，不得由不同的部门或机构分割持有。

（2）国有企业进行股份制改组，要按《在股份制试点工作中贯彻国家产业政策若干问题的暂行规定》，保证国家股或国有法人股（该国有法人单位应为国有独资企业或国有独资公司）的控股地位。

（3）国有资产折股时：

①不得低估作价并折股，一般应以评估确认后的净资产折为国有股股本。

②在一定的市场条件下，也允许公司净资产不完全折股，即国有资产折股的票面价值总额可

以略低于经资产评估并确认的净资产总额，但折股方案须与募股方案和预计发行价格一并考虑，折股比率（国有股股本÷发行前国有净资产）不得低于65%。股票发行溢价倍率（股票发行价格÷股票面值）应不低于折股倍数（发行前国有净资产÷国有股股本）。净资产未全部折股的差额部分应计入资本公积金，不得以任何形式将资本（净资产）转为负债。净资产折股后，股东权益等于净资产。

（二）土地使用权的处置

公司改组为上市公司时，对上市公司占用的国有土地主要采取4种方式处置（见表3-1）。

表3-1　　对国有土地的处置方式

以土地使用权作价入股	根据需要，国家可以以一定年限的国有土地使用权作价入股，经评估作价后，界定为国家股，由土地管理部门委托国家股持股单位统一持有。如果原公司已经缴纳出让金，取得了土地使用权，也可以将土地作价，以国有法人股的方式投入上市公司。
缴纳土地出让金，取得土地使用权	拟上市的股份有限公司以自己的名义与土地管理部门签订土地出让合同，缴纳出让金，直接取得土地使用权。
缴纳土地租金	国家以租赁方式将土地使用权交给股份有限公司，定期收取租金。以租赁方式取得的土地不得转让、转租和抵押。改组前的企业取得土地使用权的，可以由上市公司与原企业签订土地租赁合同，由上市公司实际占用土地。
授权经营	对于省级以上人民政府批准实行授权经营或国家控股公司试点的企业，可采用授权经营方式配置土地。其中，经国务院批准改制的企业，土地资产处置方案应报国土资源部审批，其他企业的土地资产处置方案应报土地所在省级土地行政主管部门审批。为方便与有关部门衔接，同一企业涉及在两个以上省（自治区、直辖市）审批土地资产处置的，企业可持有关省（自治区、直辖市）的处置批准文件到国土资源部转办统一的公函。

（三）非经营性资产的处置

对承担社会职能的非经营性资产的处理，可以参考以下模式（见表3-2）。

表3-2　　对非经营性资产的处理模式

模式一	将非经营性资产和经营性资产完全划分开，非经营性资产或留在原企业，或组建为新的第三产业服务性单位。该部分由国有股持股单位所分得的红利予以全部或部分支持，使其生存和发展。
模式二	完全分离经营性资产和非经营性资产，公司的社会职能分别由保险公司、教育系统、医疗系统等社会公共服务系统承担，其他非经营性资产以变卖、拍卖、赠与等方式处置。

（四）无形资产的处置

无形资产的含义：是指得到法律认可和保护，不具有实物形态，并在较长时间内（超过1年）使企业在生产经营中受益的资产。

无形资产实际上是企业拥有的一种特殊权利，给企业带来的收益具有较高的不确定性。

无形资产主要包括：
- 商标权；
- 专利权；
- 著作权；
- 专有技术；
- 土地使用权；
- 商誉；
- 特许经营权；
- 开采权等。

股份有限公司的发起人的出资方式：
- 用货币出资；
- 用实物出资；
- 工业产权出资；
- 土地使用权作价出资。

注意：对作为出资的实物、知识产权或者土地使用权，必须进行评估作价，核实财产，并折合为股份。土地使用权的评估作价依照法律、行政法规的规定办理，不得高估或低估作价。

1. 无形资产的重估价值。对占有单位的无形资产，应区别情况评定重估价值。

（1）外购的无形资产，根据购入成本以及该项资产具备的获利能力。

（2）自创的或者自身拥有的无形资产，根据其形成时发生的实际成本及该项资产具备的获利能力。

（3）自创的或者自身拥有的未单独计算成本的无形资产，根据该项资产具有的获利能力。

2. 无形资产的处置方式。一般采用的处置方式有 2 种：

（1）当企业整体改组为上市公司的时候，无形资产产权一般全部转移到上市公司，由国有股权的持股单位，即原企业的上级单位享有无形资产产权的折股。

（2）企业以分立或合并的方式改组，成立对上市公司控股的公司时：

有多种处置方式：
- ①直接作为投资折股，产权归上市公司，控股公司不再使用该无形资产。
- ②产权归上市公司，但允许控股公司或其他关联公司有偿或无偿使用该无形资产。
- ③无形资产产权由上市公司的控股公司掌握，控股公司与上市公司签订关于无形资产使用的许可协议，由上市公司有偿使用。
- ④由上市公司出资取得无形资产的产权。

3. 商标权的处置方式。

拟上市公司商标权处置方式应遵循的原则：
- （1）改制设立的股份公司，其主要产品或经营业务重组进入股份公司的，其主要产品或经营业务使用的商标权须进入股份公司。
- （2）定向募集公司应按上述要求对商标权的处置方式予以规范。
- （3）拟上市公司应在获准发行前将商标权处置相关的手续办理完毕。
- （4）对商标权以外的其他知识产权处置方式，应比照商标权的上述要求进行处理。

三、股份制改组的资产评估

（一）资产评估的含义和范围

含义：资产评估是指由专门的评估机构和人员依据国家规定和有关数据资料，根据特定的评估目的，遵循公允、法定的原则，采用适当的评估原则、程序、评价标准，运用科学的评估方法，以统一的货币单位，对被评估的资产进行评定和估算。能公正地评估公司资产的价值，确认所有者的财产和权益。

范围：
- 固定资产；
- 长期投资；
- 流动资产；
- 无形资产；
- 其他资产及负债。

资产评估根据评估范围的不同可以分为：
- (1) 单项资产评估：是指对一台机器设备、一座建筑物、一项知识产权等单项资产价值的评估。
- (2) 部分资产评估：是指对一类或几类资产的价值进行的评估。
- (3) 整体资产评估：是指对参与某种经营活动的全部资产和负债进行的评估。

（二）资产评估的程序

1. 企业国有资产评估项目实行核准或备案。经各级人民政府批准经济行为的事项涉及的资产评估项目，分别由其国有资产监督管理机构负责核准。
2. 企业有下列行为之一的，应当对相关资产进行评估：
   (1) 整体或者部分改建为有限责任公司或者股份有限公司。
   (2) 以非货币资产对外投资。
   (3) 合并、分立、破产、解散。
   (4) 非上市公司国有股东股权比例变动。
   (5) 产权转让。
   (6) 资产转让、置换。
   (7) 整体资产或者部分资产租赁给非国有单位。
   (8) 以非货币资产偿还债务。
   (9) 资产涉讼。
   (10) 收购非国有单位的资产。
   (11) 接受非国有单位以非货币资产出资。
   (12) 接受非国有单位以非货币资产抵债。
   (13) 法律、行政法规规定的其他需要进行资产评估的事项。

企业发生上述所列行为的，应当由其产权持有单位委托具有相应资质的资产评估机构进行评估。

3. 企业有下列行为之一的，可以不对相关国有资产进行评估：
   (1) 经各级人民政府或其国有资产监督管理机构批准，对企业整体或者部分资产实施无偿划转。
   (2) 国有独资企业与其下属独资企业（事业单位）之间或其下属独资企业（事业单位）之间的合并、资产（产权）置换和无偿划转。
4. 核准前的报告。凡需经核准的资产评估项目，企业在资产评估前应当向国有资产监督管理机构报告的事项：
   (1) 相关经济行为批准情况。
   (2) 评估基准日的选择情况。
   (3) 资产评估范围的确定情况。
   (4) 选择资产评估机构的条件、范围、程序及拟选定机构的资质、专业特长情况。
   (5) 资产评估的时间进度安排情况。

5. 资产评估项目的核准程序。

(1) 企业收到资产评估机构出具的评估报告后应当逐级上报初审，经初审同意后，自评估基准日起8个月内向国有资产监督管理机构提出核准申请。

(2) 国有资产监督管理机构收到核准申请后，对符合核准要求的，及时组织有关专家审核，在20个工作日内完成对评估报告的核准；对不符合核准要求的，予以退回。

企业提出资产评估项目核准申请时，应当向国有资产监督管理机构报送相关文件材料。

国有资产监督管理机构应当审核相关事项。

6. 资产评估项目的备案程序。

(1) 企业收到资产评估机构出具的评估报告后，将备案材料逐级报送给国有资产监督管理机构或其所出资企业，自评估基准日起9个月内提出备案申请。

(2) 国有资产监督管理机构或者所出资企业收到备案材料后，对材料齐全的，在20个工作日内办理备案手续，必要时可组织有关专家参与备案评审。

资产评估项目备案需报送相关文件材料。

7. 国有资产监督管理机构及所出资企业根据下列情况确定是否对资产评估项目予以备案：

(1) 资产评估所涉及的经济行为是否获得批准。

(2) 资产评估机构是否具备相应评估资质，评估人员是否具备相应执业资格。

(3) 评估基准日的选择是否适当，评估结果的使用有效期是否明示。

(4) 资产评估范围与经济行为批准文件确定的资产范围是否一致。

(5) 企业是否就所提供的资产权属证明文件、财务会计资料及生产经营管理资料的真实性、合法性和完整性作出承诺。

(6) 评估程序是否符合相关评估准则的规定。

8. 经核准或备案的资产评估结果使用有效期为自评估基准日起1年。

(三) 资产评估报告

资产评估报告是接受委托的资产评估机构在完成评估项目后，向委托方出具的关于项目评估过程及其结果等基本情况的具有公证性的工作报告，是评估机构履行评估合同的成果，也是评估机构为资产评估项目承担法律责任的证明文件。

评估报告包括：
- 正文；
- 附件。

资产评估报告的重要性：
- 是资产评估机构完成评估工作的总结；
- 是国有资产管理部门验证、确认资产评估过程和评估结果的重要依据；
- 是公众投资者得以了解公司情况的重要途径。

(四) 资产评估的基本方法◆

我国采用资产评估的方法如表3-3所示。

表 3-3　　资产评估的方法

	含　义	适用范围
收益现值法	将评估对象剩余寿命期间每年（或每月）的预期收益，用适当的折现率折现，累加得出评估基准日的现值，以此估算资产价值的方法。	通常用于有收益企业的整体评估及无形资产评估等。
重置成本法	在现时条件下，被评估资产全新状态的重置成本减去该项资产的实体性贬值、功能性贬值和经济性贬值，估算资产价值。	应根据该项资产在全新情况下的重置成本，减去按重置成本计算的已使用年限的累积折旧额，考虑功能变化、成新率等因素，评定重估价值；或根据资产的使用期限，考虑资产功能变化等因素，重新确定成新率，评定重估价值。
清算价格法	在资产评估时，应根据不同的评估目的、评估对象，选用不同的且最适当的价格标准。对不同公司投入股份有限公司的同类资产，应当采用同一价格标准评估。	采用清算价格法评估资产，应当根据公司清算时其资产可变现的价值，评定重估价值。
现行市价法和清算价格法	通过市场调查，选择一个或多个与评估对象相同或类似的资产作为比较对象，分析比较对象的成交价格和交易条件，进行对比调整，估算出资产价值。	

（五）境外募股公司的资产评估

我国公司改组为在境外募股的股份有限公司时，也需要进行资产评估。除了上述资产评估的一般过程以外，境外募股公司的资产评估还有以下不同之处：

1. 评估对象。

（1）境内评估机构应当对投入股份有限公司的全部资产和负债进行资产评估。

（2）境外评估机构根据上市地有关法律、上市规则的要求，通常仅对公司的物业和机器设备等固定资产进行评估。

2. 评估机构。境外募股公司除了需要一家国内的评估机构按国有资产管理部门的有关规定进行评估以外，一般还需要根据募股或上市地的法律或上市规则的要求，聘请一家在当地有评估资格的机构进行评估。

3. 评估结果的协调。

（1）我国国有公司改组为上市公司时，资产评估结果需要报国有资产管理部门审核确认。

（2）改组为境外募股公司时，如果有境外的会计师查验账目，结果与国有资产管理部门确认的资产评估结果不一致，需要调整时，也要由原资产评估结果确认的国有资产管理部门审核同意。

四、股份制改组的会计报表审计

会计报表审计的含义：是指从审计工作开始到审计报告完成的整个过程。

一般包括三个主要阶段：
- 计划阶段；
- 实施审计阶段；
- 审计完成阶段。

（一）计划阶段

计划阶段是整个审计工作的开始。

计划阶段的主要工作包括：
- 调查、了解被审计单位的基本情况；
- 被审计单位签订审计业务约定书；
- 执行分析程序；
- 确定重要性水平；
- 分析审计风险；
- 编制审计计划。

（二）实施审计阶段

1. 含义：根据计划阶段所确定的范围、要点、步骤和方法，进行取证、评价并形成审计结论，实现审计目标的中间过程，是审计全过程的中间环节。
2. 主要工作包括：
   - 对被审计单位内部控制制度的建立及遵守情况进行符合性测试，根据测试结果修订审计计划。
   - 对会计报表项目的数据进行实质性测试，根据测试结果进行评估和鉴定。

（三）审计完成阶段◆

审计完成阶段是实质性审计工作的结束，主要工作有：

1. 整理审计工作底稿与评价执行审计业务中收集到的各类审计证据，形成审计结论。
2. 会计师事务所注册会计师、项目经理（部门经理）、主任会计师分级复核工作底稿（签发审计报告前的审计工作底稿的复核，一般由主任会计师负责，是对整套工作底稿进行原则性复核）。
3. 审计期后事项和或有损失。
4. 完成审计报告。

会计师事务所的主任会计师进行的原则性复核包括：
- 所采用的审计程序的恰当性；
- 获取审计工作底稿的充分性；
- 审计过程中是否存在重大遗漏；
- 审计工作是否符合会计师事务所的质量要求。

五、股份制改组的法律审查

企业股份制改组与股份有限公司设立的法律审查，是指需由律师对企业改组与公司设立的文件及其相关事项的合法性进行审查。

律师一般从以下几个方面进行审查，并出具法律意见书：

（一）企业申请进行股份制改组的可行性和合法性

1. 企业进行股份制改组申请是否得到有关部门的批准。
2. 企业生产经营是否符合国家产业政策。
3. 股权结构及股份设置是否合法。

4. 其他要求。

（二）发起人资格及发起协议的合法性

我国《公司法》关于发起人资格的规定：

1. 须有过半数的发起人在中国有住所。
2. 发起人可以是自然人或法人，他们均须符合《中华人民共和国民法通则》中关于民事主体及民事行为能力的规定。
3. 发起人协议是发起人以书面形式订立的关于设立股份有限公司的协议。
4. 协议应由发起各方签字。
5. 法人作为发起人的，还应加盖法人单位的公章。

（三）发起人投资行为和资产状况的合法性

此项审查主要是对发起人投资入股是否合法、投入的资产是否拥有产权以及办理产权转移手续是否存在法律障碍等发表意见。

（四）无形资产权利的有效性和处理的合法性

国家对商标权、专利权等知识产权的保护有期限性，因此，其权利是否仍在保护期内，便是律师必须审查的内容。

关于土地使用权的处理，可入股、出让或租赁，均应依照法定要求办理有关手续。

（五）原企业重大变更的合法性和有效性

在企业股份制改组过程中，企业的资产、业务及债权、债务必然随之重组。由于原企业与新设公司属于两个主体，任何业务、资产、债权、债务的变更均有进一步完善法律手续的问题，因此，律师应当对这些变更的合法性和有效性进行法律审查，尤其是要注意对涉及企业国有产权交易行为的审查。

（六）原企业重大合同及其他债权、债务的合法性

律师应查阅改组企业签订的尚未履行完结的重要合同，审查重大合同的合法性和履行合同可能产生的负面影响或取得的权利是否存在瑕疵。

（七）诉讼、仲裁或其他争议的解决

律师应尽责了解原企业尚未完结的诉讼、仲裁或其他争议，并依法对这些诉讼、仲裁或争议的处理结果以及可能带来的经济后果发表意见。

（八）其他应当审查的事项

律师及其所在的律师事务所在履行职责时，应当按照行业公认的业务标准和道德规范，对其出具文件内容的真实性、准确性和完整性进行核查和验证。在核查和验证完毕后，对企业的申请文件是否齐全、是否符合审批的程序、是否得到充分的授权、是否满足法律规定的实质要件、法律障碍是否排除等方面进行审核、验证，并进行综合分析，从而独立地发表明确的法律意见。

第四章 公司融资

本章结构

- 第一节 公司融资概述
  - 内部融资与外部融资
  - 股权融资与债务融资
  - 直接融资与间接融资
  - 短期融资与长期融资
- 第二节 公司融资成本
  - 个别资本成本
    - 公司债券成本
    - 优先股成本
    - 普通股成本
    - 未分配利润成本
  - 加权平均资本成本
  - 边际资本成本
- 第三节 资本结构理论
  - 早期资本结构理论
    - 净收入理论
    - 净经营收入理论
  - 现代资本结构理论
    - MM定理
    - 米勒模型
    - 破产成本模型
    - 代理成本模型
- 第四节 公司融资方式选择
  - 外部筹资
    - 普通股筹资
    - 债券筹资
    - 优先股筹资
    - 可转换证券筹资
    - 认股权证筹资
  - 内部筹资
    - 利用留存收益筹资的优点
    - 利用留存收益筹资的缺点

本章学习目的与要求

了解各种公司融资方式的含义。熟悉融资成本的含义；掌握个别资本成本、加权平均资本成本和边际资本成本的含义、计算及运用。熟悉资本结构理论的内容及其发展。掌握不同融资方式的特点及融资方式选择。

本章内容变化情况

本章内容无变化。

本章重点解析

第一节　公司融资概述

一、公司融资的定义

公司融资是指公司获取资金的方式。

二、公司融资方式的分类

（一）按照融资过程中资金来源的方式
- 内部融资：来源于公司内部的融资，即公司将自己的储蓄（未分配的利润和折旧等）转化为投资的融资方式。
- 外部融资：来源于公司外部的融资，即公司吸收其他经济主体的储蓄，使之转化为自己的投资的融资方式（发行股票、发行债券、向银行借款，公司获得的商业信用、融资租赁）。

内部融资的特点
- （1）自主性：内部融资来源于自有资金，上市公司在使用时具有很大的自主性，只要股东大会或董事会批准即可，基本不受外界的制约和影响。
- （2）有限性：内部融资受上市公司盈利能力的影响，融资规模受到较大限制。
- （3）低成本性
  - 内部融资不需要直接向外部支付相关的资金使用费；同时也省却了发行股票和债券所花费的高昂的筹资费用。
  - 内部融资的成本主要是机会成本，而不表现为直接的财务成本。
- （4）低风险性
  - 一方面与其低成本性有关；
  - 另一方面它不存在支付危机。

外部融资的特点
- (1) 高效率：外部融资在规模和时间上不受单个上市公司自身积累能力的限制，能够迅速地、大规模地实现资本集中，其效率远远超过内部融资。
- (2) 高成本：外部融资依其产权关系，可分为债务融资和股权融资。对于债务融资，上市公司除需要向债权人支付利息外，还要支付各种各样的融资费用，成本较高；对于股权融资，由于股东比债权人承担更大的风险，因而比债权人要求的回报更高，同时，发行股票也需要支付高昂的发行费用。
- (3) 高风险性：对于债务融资而言，外部融资会引起上市公司无法支付到期债务的财务风险；对于股权融资而言，证券市场上的股价下跌会引发"恶意收购"的风险。

（二）按照融资过程中金融中介所起作用的不同
- 直接融资
  - 定义：是指资金盈余者与短缺者相互之间直接进行协商或者金融市场上由前者购买后者发行的有价证券，从而资金盈余者将资金的使用权让渡给资金短缺者的资金融通活动。
  - 特点：
    - (1) 直接性，即资金盈余方和短缺方不经过金融中介，而是直接在金融市场上达成协议，融通资金。
    - (2) 流动性强，即直接融资可随时到金融市场上转让变现。
- 间接融资
  - 定义：是指资金盈余者通过存款等形式，将资金首先提供给银行等金融机构，然后由这些金融机构再以贷款、贴现等形式将资金提供给资金短缺者使用的资金融通活动。
  - 特点：与直接融资恰恰相反，间接融资的特点是间接性、流动性差。

（三）按照融资过程中公司与投资者所形成的不同的产权关系
- 股权融资
  - 定义：公司以出让股份的方式向股东筹集资金，包括配股、增发新股以及股利分配中的送红股（属于内部融资的范畴）。
  - 特点：
    - (1) 公司财务风险小。
    - (2) 融资成本较高。
    - (3) 股权融资可能引起企业控制权变动。
- 债务融资
  - 定义：公司以发行债券、银行借贷方式向债权人筹集资金。
  - 特点：
    - (1) 公司财务风险较大。
    - (2) 融资成本较低。
    - (3) 与股权融资相比，债务融资一般不会产生对企业的控制权问题。

（四）按照融资期限的不同
- 长期融资
  - 定义：所融资金能为企业长期占用。所有者权益类的项目主要是长期融资。
  - 特点：对于企业负债，一般规定偿还期在1年以上的借款为长期负债。
- 短期融资
  - 定义：企业对资金的可占用期在1年内的资金筹措。
  - 特点：短期借款、短期融资券、短期应付和1年内到期的长期负债以及其他流动负债。

第二节　公司融资成本

一、融资成本的定义★

融资成本是指资本的价格。

融资成本的多角度定义
- 从投资者的角度来看：融资成本是投资者因提供资本而要求得到补偿的资本报酬率。
- 从融资者的角度来看：融资成本是公司为获得资金所必须支付的最低价格（代价）。

在不同的条件下，公司以不同的方式取得资金所付的不同成本
- 内部融资：一般是无偿使用的，它无须对外支付实际资本成本。但留存盈利意味着公司股东放弃普通股股利，其资本成本就是股东对外投资的机会成本，因此股东自然要求与直接购买普通股股票的投资者一样的收益。
- 外部融资：无论是权益性融资还是债务性融资，都必须支付资本成本，表现形式分别为股利和利息。但一般来讲，债务性融资的资本成本比权益性融资的资本成本低。这是因为权益性融资为持续终身投资，当公司破产时投资者不仅要承担减少收益的风险，还要承担破产风险，而债务出资人只是当公司破产清算后仍不能还本付息时才面临受到损失的可能。

二、个别资本成本★

（一）公司债券成本

- 从融资者的角度来看，债券的成本是公司为获得资金所支付的各项费用；
- 从投资者的角度来看，债券的成本可以看作是使投资者预期未来现金流量（利息和本金收入）的现值与目前债券的市场价格相等的一个折现率，即：

$$B_0 = \sum_{t=1}^{n} \frac{I_t}{(1+K_b)^t} + \frac{B_n}{(1+K_b)^n}$$

（二）优先股成本

公司发行优先股，要支付筹资成本，还要定期支付股利。但它和债券不同，其股利一般在税后支付，不涉及所得税扣减问题，且没有固定到期日。

其资本成本的计算公式为：

$$K_p = \frac{D}{P_0(1-F_p)}$$

式中，K_p 为优先股成本；D 为优先股股息；P_0 为优先股发行价格；F_p 为优先股筹资费率。

（三）普通股成本

根据股利法，普通股资本成本的计算公式为：

$$P_0(1-F_c) = \sum_{t=1}^{\infty} \frac{D_t}{(1+K_c)^t}$$

对于不同的股利支付模型，其资本成本也各不相同。

在零增长模型中，$D_1 = \cdots = D_t = D$，可得：

$$K_c = \frac{D}{P_0 \ (1-F_c)}$$

在不变增长模型（增长率为 g）中，$D_t = D_1 \ (1+g)^{t-1}$，可得：

$$K_c = \frac{D_1}{P_0(1-F_c)} + g$$

（四）未分配利润成本

留存收益是公司缴纳所得税后形成的，其所有权属于普通股股东。

它实质上是对公司追加投资，其成本是股东失去对外投资的机会成本，因此与普通股成本的计算基本相同。但是，由于其属于内部筹资，不存在筹资费用，因此其计算公式为：

$$K_e = \frac{D}{P_0}$$

三、加权平均资本成本

为了进行筹资决策，就要计算公司全部资本的总成本。

是以各种资本占全部资本的比重为权数，对个别资本成本进行加权平均确定的，其计算公式为：

$$K_w = \sum_{j=1}^{n} K_j W_j$$

四、边际资本成本

公司无法以某一固定的资本成本筹集无限的资金，当公司筹集的资金超过一定限度时，原来的资本成本就会增加。追加一个单位的资本增加的成本称为边际资本成本。

第三节　资本结构理论

一、早期资本结构理论

（一）净收入理论（假定）

1. 当企业融资结构变化时，企业发行债券和股票进行融资，其成本均不变，也即企业的债务融资成本和股票融资成本不随债券和股票发行量的变化而变化。
2. 债务融资的税前成本比股票融资成本低。

（二）净经营收入理论：该理论假定，不管企业财务杠杆多大，债务融资成本和企业融资总成本是不变的。但是，当企业增加债务融资时，股票融资的成本就会上升。原因在于股票融资的增加会由于额外负债的增加使企业风险增大，促使股东要求更高的回报。尽管如此，企业可以通过增加成本较低的负债融资而抵消成本较高的股权融资的影响，以减少融资的成本和风险。因此，负债比例的高低都不会影响融资总成本，也就是说，融资总成本不会随融资结构的变化而变化。

（三）传统折中理论：如果公司采取适度数量的债务筹资，影响到普通股股东可分配盈利的债务利息和股权成本不会与因债务筹资而增加的风险补偿得到同步增加，这样，公司通过提高财务杠杆来筹资，这在一定限度内将会提高公司的预期市场价值，超过该限度，股权成本的提高部分将足以抵消可供股东分配盈利的增加部分，结果导致公司市场价值降低。所以，公司的加权平均资本成本将先降后升，也就存在一个最优的资本结构。

二、现代资本结构理论

现代资本结构的几个重点理论见表 4-1。

表 4-1　现代资本结构的重点理论

（一）MM 定理	假设条件	(1) 企业的经营风险可以用 EBIT（息税前利润）衡量，有相同经营风险的企业处于同类风险等级。 (2) 现在和将来的投资者对企业未来的 EBIT 估计完全相同，即投资者对企业未来收益和这些收益风险的预期是相等的。 (3) 股票和债券在完全资本市场上进行交易，这意味着没有交易成本，投资者可同企业一样以同样利率借款。 (4) 所有债务都是无风险的，债务利率为无风险利率。 (5) 投资者预期 EBIT 固定不变，即企业的增长率为零，所有现金流量都是固定年金。
	MM 的无公司税模型	命题一：不论企业是否有负债，其价值等于公司所有资产的预期收益额除以适于该公司风险等级的报酬率。 命题二：有负债公司的权益成本（K_{S_L}）等于同一风险等级中某一无负债公司的权益成本（K_{S_U}）加上风险溢价。
	MM 的公司税模型	命题一：负债公司的价值等于相同风险等级的无负债公司的价值加上负债的节税利益，节税利益等于公司税率乘以负债额。 命题二：有负债公司的权益成本（K_{S_L}）等于同一风险等级中某一无负债公司的权益成本（K_{S_U}）加上风险溢价。
（二）米勒模型（重要含义）	考虑公司税的 MM 模型包括了公司赋税因素，但没有考虑个人所得税的影响。	
	1976 年，米勒在美国金融学会上提出了一个把公司所得税和个人所得税都包括在内的模型，来估算负债杠杆对公司价值的影响。	

续表

(三)破产成本模型	1. 当陷入财务困境企业的客户和供应商意识到企业出现问题时,他们往往不再购买本企业的产品或供应材料,从而影响企业未来现金流量能力,这可能会引起企业破产。
	2. 债权人为避免更大的财务损失,会要求企业归还债务,或为债务提供担保,这会进一步增加企业负担,使企业财务状况恶化。
	3. 当企业出现严重的财务拮据时,为解燃眉之急,管理人员往往会出现短期行为,这些短期行为均会降低企业的市场价值。
(四)代理成本模型	1. 股东与经理层之间的利益冲突。 2. 债权人与股东之间的利益冲突。 3. 公司最优资本结构的选择。

第四节 公司融资方式选择★

一、外部筹资

筹集外部资金有两种途径,一种是发行新的股票,另一种是发行债券。其中有一部分资金具有混合型特点,如优先股、认股权证、可转换证券等(见表4-2)。

表4-2 外部筹资的优点和缺点比较

筹资方式 \ 优缺点	优点	缺点
普通股筹资	1. 普通股筹资没有固定的利息负担。 2. 由于股东只承担有限责任,普通股实际上是对公司总资产的一项看涨期权。 3. 普通股没有固定的到期日,利用普通股筹集的是永久性的资金。 4. 发行普通股增加公司的权益资本,可为债权人提供较大的损失保障,提高公司的信用等级,降低债务筹资的成本,并为使用更多的债务资金提供强有力的支持。	1. 以普通股筹资会增加新股东,这可能分散公司的剩余控制权。 2. 普通股筹资的成本较高。 3. 新股东具有同老股东相同的剩余索取权,可分享发行新股前积累的盈余,这对于老股东来说就会稀释其每股收益,并可能引发股价下跌。
债券筹资	1. 债券筹资的成本较低。 2. 不仅取得一笔营运资本,而且还向债权人购得一项以公司总资产为基础资产的看跌期权,若公司的市场价值急剧下降,普通股股东具有将剩余所有权和剩余控制权转给债权人而自己承担有限责任的选择权。 3. 债券投资具有杠杆作用。不论公司盈利多少,债券持有人只收回有限的固定收入,而更多的收益则可用于股利分配和留存公司以扩大投资。	1. 债券筹资有固定的到期日,并须定期支付利息,如不能兑现承诺,则可能引起公司破产。 2. 债券筹资具有一定限度,随着财务杠杆的上升,债券筹资的成本也不断上升,会加大财务风险和经营风险,可能导致公司破产和最后清算。 3. 公司债券通常需要抵押和担保,而且有一些限制性条款,这实质上是取得一部分控制权,削弱经理控制权和股东的剩余控制权。

续表

优缺点 筹资方式	优　点	缺　点
优先股筹资	1. 优先股筹集的资本属于权益资本，通常没有到期日，因而筹资后不增加财务风险，反而使筹资能力增强，可获得更大的负债额。 2. 优先股股东一般没有投票权，不会使普通股股东的剩余控制权受到威胁。 3. 优先股的股息通常是固定的，在收益上升时期可为现有普通股股东"保存"大部分利润，具有一定的杠杆作用。	1. 优先股筹资的成本比债券高，这是由于其股息不能抵冲税前利润。 2. 有些优先股（累积优先股、参与优先股等）要求分享普通股的剩余所有权，稀释其每股收益。
认股权证筹资	具有降低筹资成本、改善公司未来资本结构的好处，这与可转换证券筹资相似。 不同之处在于认股权证的执行增加的是公司的权益资本，而不改变其负债。	1. 稀释股权。 2. 当股价大幅度上升时，导致认股权证成本过高等。
可转换证券筹资	1. 可转换证券通过出售看涨期权可降低筹资成本。大部分的可转换债券都是没有抵押的债券。 2. 有利于未来资本结构的调整，由债券或优先股转换成普通股可降低财务杠杆，为今后进一步筹资创造了条件。	1. 一个高速增长的公司在其普通股票价格大幅上升的情况下，利用可转换证券筹资的成本要高于普通股票或优先股票，因为持有者可以以被低估的转换价格成为普通股股东，获取丰厚股利。 2. 如果可转换证券持有人执行期权，将稀释每股收益和剩余控制权。 3. 若公司经营业绩不佳，则大部分可转换债券不会转换为普通股，无助于公司渡过财务困境，并将导致今后股权或债券筹资成本增加。

二、内部筹资

公司筹资的另一大来源是其内部的现金流量，它主要包括折旧和未分配利润（也即留存收益）两部分，前者主要用来弥补原有投资的成本费用，后者则是进行再投资的重要资金来源。

利用留存收益筹资利弊

- 优点
  1. 未分配利润筹资成本较低。
  2. 未分配利润筹资增加的权益资本不会稀释原有股东的每股收益和控制权，同时还可以增加公司的净资产，支持公司扩大其他方式的筹资。
  3. 未分配利润筹资可以使股东获得税收上的好处。
     （1）如果公司将税后利润全部分配给股东，则需缴纳个人所得税；
     （2）少发股利可能引发公司股价上涨，股东可出售部分股票来代替其股利收入，而所缴纳的资本利得税一般较低。
- 缺点
  1. 分配股利的比例常常会受到某些股东的限制，他们可能从其消费需求、风险偏好等因素出发，要求股利支付比率维持在一定水平上。
  2. 股利支付过少，不利于吸引股利偏好型的机构投资者。
  3. 股利支付过少，可能影响到今后的外部筹资，这是因为支付股利很少，说明公司现金可能较为紧张。

第五章 首次公开发行股票的准备和推荐核准程序

本章结构

- 第一节 首次公开发行股票申请文件的准备
  - 保荐制度
    - 保荐机构和保荐代表人
    - 开展保荐业务的基本要求
    - 保荐业务规程
    - 保荐业务协调
    - 保荐业务工作底稿
  - 首次公开发行股票申请文件
  - 招股说明书
  - 招股说明书摘要
  - 资产评估报告
    - 正文
    - 资产评估附件
    - 关于资产评估报告书的规定
  - 审计报告
    - 审计报告内容
    - 审计意见类型
  - 盈利预测审核报告（如有）
  - 法律意见书和律师工作报告
    - 法律意见书和律师工作报告概述
    - 法律意见书和律师工作报告的基本要求
    - 法律意见书和律师工作报告的必备内容
  - 辅导报告
- 第二节 首次公开发行股票的条件、辅导和推荐核准
  - 首次公开发行股票的条件
    - 在主板上市公司首次公开发行股票的条件
    - 在创业板上市公司首次公开发行股票的条件
  - 首次公开发行股票的辅导、内核和承销商备案材料
    - 首次公开发行股票的辅导及验收
    - 保荐机构的内核
    - 承销商备案材料
  - 首次公开发行股票的核准
    - 首次公开发行股票的核准程序
    - 发审委对首次公开发行股票的审核程序
  - 会后事项
  - 关于发行人报送申请文件后变更中介机构的要求
    - 更换保荐机构（主承销商）
    - 更换签字会计师或会计师事务所、签字律师或律师事务所等其他中介机构

本章学习目的与要求

掌握保荐制度；熟悉首次公开发行股票申请文件；掌握招股说明书、招股说明书验证、招股说明书摘要、资产评估报告、审计报告、盈利预测审核报告（如有）、法律意见书和律师工作报告以及辅导报告的基本要求。

掌握主板及创业板首次公开发行股票的条件、辅导要求、内核和承销商备案材料；了解首次公开发行申请文件的目录和形式要求。了解主板和创业板首次公开发行股票的核准程序、发审委对首次公开发行股票的审核工作。了解发行审核委员会会后事项。掌握发行人报送申请文件后变更中介机构的要求。

本章内容变化情况

1. 对"证券发行上市保荐业务工作底稿目录"的内容进行了简化修改。
2. 对"首次公开发行股票并上市申请文件"的内容进行了简化修改。
3. 第二节对发审委会议的内容修改了一部分。
4. 第二节删除了"关于首次公开发行股票的公司专项复核的审核要求"。

本章重点解析

第一节　首次公开发行股票申请文件的准备

一、保荐制度★

（一）保荐机构和保荐代表人开展保荐业务的基本要求

1. 原因
   - （1）规范证券发行上市保荐业务；
   - （2）提高上市公司质量和证券公司执业水平；
   - （3）保护投资者的合法权益；
   - （4）促进证券市场健康发展。

2. 我国的要求：中国证监会于2008年10月17日发布了《证券发行上市保荐业务管理办法》，要求发行人就下列事项聘请具有保荐机构资格的证券公司履行保荐职责：首次公开发行股票并上市；上市公司发行新股、可转换公司债券及中国证监会认定的其他情形。

（1）证券公司从事证券发行上市保荐业务，应依照规定向中国证监会申请保荐机构资格。

（2）保荐机构履行保荐职责应当指定依照规定取得保荐代表人资格的个人具体负责保荐工作。

（3）未经中国证监会核准，任何机构和个人不得从事保荐业务。

（4）保荐机构及其保荐代表人应当遵守法律、行政法规和中国证监会的相关规定，恪守业务规则和行业规范，诚实守信，勤勉尽责，尽职推荐发行人证券发行上市，持续督导发行人履行规范运作、信守承诺、信息披露等义务。

（5）保荐机构及其保荐代表人不得通过从事保荐业务谋取任何不正当利益。

3. 保荐代表人的要求：

（1）保荐代表人应当遵守职业道德准则，珍视和维护保荐代表人职业声誉，保持应有的职业谨慎，保持和提高专业胜任能力。

（2）保荐代表人应当维护发行人的合法利益，对从事保荐业务过程中获知的发行人信息保密。

（3）保荐代表人应当恪守独立履行职责的原则，不因迎合发行人或者满足发行人的不当要求而丧失客观、公正的立场，不得唆使、协助或者参与发行人及证券服务机构实施非法的或者具有欺诈性的行为。

（4）保荐代表人及其配偶不得以任何名义或者方式持有发行人的股份。

4. 保荐机构的要求：

（1）同次发行的证券，其发行保荐和上市保荐应当由同一保荐机构承担。

（2）保荐机构依法对发行人申请文件、证券发行募集文件进行核查，向中国证监会、证券交易所出具保荐意见。

（3）保荐机构应当保证所出具的文件真实、准确、完整。

（4）证券发行规模达到一定数量的，可以采用联合保荐，但参与联合保荐的保荐机构不得超过2家。

（5）证券发行的主承销商可以由该保荐机构担任，也可以由其他具有保荐机构资格的证券公司与该保荐机构共同担任。

（二）保荐业务规程

1. 保荐业务管理。

（1）保荐业务内部管理制度

①保荐机构应当建立健全保荐工作的内部控制体系，切实保证保荐业务负责人、内核负责人、保荐业务部门负责人、保荐代表人、项目协办人及其他保荐业务相关人员勤勉尽责，严格控制风险，提高保荐业务整体质量。

②保荐机构应当建立健全证券发行上市的尽职调查制度、辅导制度、对发行上市申请文件的内部核查制度、对发行人证券上市后的持续督导制度。保荐机构应当建立健全对保荐代表人及其他保荐业务相关人员的持续培训制度。

③保荐机构应当建立健全工作底稿制度，为每一项目建立独立的保荐工作底稿。

④保荐机构的保荐业务负责人、内核负责人负责监督、执行保荐业务各项制度并承担相应的责任。

（2）保荐代表人

①保荐代表人必须为其具体负责的每一项目建立尽职调查工作日志，作为保荐工作底稿的一部分存档备查；保荐机构应当定期对尽职调查工作日志进行检查。

②保荐工作底稿应当真实、准确、完整地反映整个保荐工作的全过程，保存期不少于10年。

2. 保荐业务规则。

（1）尽职调查。保荐机构推荐发行人证券发行上市，应当遵循诚实守信、勤勉尽责的原则，按照中国证监会对保荐机构尽职调查工作的要求，对发行人进行全面调查，充分了解发行人的经营状况及其面临的风险和问题。

(2) 推荐发行和推荐上市。

①保荐机构应当确信发行人符合法律、行政法规和中国证监会的有关规定，方可推荐其证券发行上市。保荐机构决定推荐发行人证券发行上市的，可以根据发行人的委托，组织编制申请文件并出具推荐文件。

②保荐机构推荐发行人发行证券，应当向中国证监会提交发行保荐书、保荐代表人专项授权书、发行保荐工作报告以及中国证监会要求的其他与保荐业务有关的文件。

保荐机构应在发行保荐书中对{发行人是否符合发行条件；发行人存在的主要风险；保荐机构与发行人的关联关系；保荐机构的推荐结论等事项}发表明确意见。

发行保荐书的内容具体见表 5-1。

表 5-1　　发行保荐书的内容

发行保荐书	本次证券发行基本情况	简述本次具体负责推荐的保荐代表人、本次证券发行项目协办人及其他项目组成员、发行人情况、内部审核程序和内核意见，详细说明发行人与保荐机构是否存在关联关系。
	保荐机构承诺事项	保荐机构应承诺已按照法律、行政法规和中国证监会的规定，对发行人及其控股股东、实际控制人进行了尽职调查、审慎核查，同意推荐发行人证券发行上市，并据此出具本发行保荐书；保荐机构应就《证券发行上市保荐业务管理办法》第 33 条所列事项作出承诺。
	对本次证券发行的推荐意见	1. 保荐机构应逐项说明发行人是否已就本次证券发行履行了《公司法》、《证券法》及中国证监会规定的决策程序，保荐机构应逐项说明本次证券发行是否符合《证券法》规定的发行条件。 2. 保荐机构应逐项说明本次证券发行是否符合《首次公开发行股票并上市管理办法》规定的发行条件，并载明得出每项结论的查证过程及事实依据。 3. 保荐机构应结合发行人行业地位、经营模式、产品结构、经营环境、主要客户、重要资产以及技术等影响持续盈利能力的因素，详细说明发行人存在的主要风险，并对发行人的发展前景进行简要评价。 4. 发行保荐书应由保荐机构法定代表人、保荐业务负责人、内核负责人、保荐代表人和项目协办人签字，加盖保荐机构公章并注明签署日期。

发行保荐工作报告是发行保荐书的辅助性文件。

发行保荐工作报告的必备内容{项目运作流程；项目存在问题及其解决情况}(见表 5-2)。

表 5-2　　发行保荐工作报告

发行保荐工作报告	项目运作流程	保荐机构应详细说明其内部的项目审核流程；对本次证券发行项目的立项审核主要过程，包括申请立项时间、立项评估决策机构成员构成及立项评估时间；本次证券发行项目执行的主要过程，包括项目执行成员构成、进场工作的时间、尽职调查的主要过程、保荐代表人参与尽职调查的工作时间以及主要过程等；内部核查部门审核本次证券发行项目的主要过程，包括内部核查部门的成员构成、现场核查的次数及工作时间；内核小组对发行人本次证券发行项目的审核过程，包括内核小组成员构成、内核小组会议时间、内核小组成员意见、内核小组表决结果等。	发行保荐工作报告应由保荐机构法定代表人、保荐业务负责人、内核负责人、保荐业务部门负责人、保荐代表人和项目办办人签字、加盖保荐机构公章并注明签署日期。
	项目存在问题及其解决情况	保荐机构应详细说明立项评估决策机构成员意见、立项评估决策机构成员审议情况；项目执行成员在尽职调查过程中发现和关注的主要问题以及对主要问题的研究、分析与处理情况（如协调发行人和证券服务机构召开定期会议、专题会议以及重大事项临时会议的主要内容等），重点说明对主要问题的解决情况；内部核查部门关注的主要问题，逐项说明对内部核查部门意见的具体落实情况；内核小组会议讨论的主要问题及审核意见，逐项说明对内核小组意见的具体落实情况；保荐机构应陈述核查证券服务机构出具专业意见的情况，说明证券服务机构出具专业意见与保荐机构所作判断存在的差异，对其中的重大差异，应详细说明研究并予以解决的过程。发行保荐工作报告应由保荐机构法定代表人、保荐业务负责人、内核负责人、保荐业务部门负责人、保荐代表人和项目协办人签字，加盖保荐机构公章并注明签署日期。	

保荐机构推荐发行人证券上市，应当向证券交易所提交上市保荐书以及证券交易所要求的其他与保荐业务有关的文件，并报中国证监会备案。

上市保荐书：
- 逐项说明本次证券上市是否符合《公司法》、《证券法》及证券交易所规定的上市条件；
- 对发行人证券上市后持续督导工作的具体安排；
- 保荐机构与发行人的关联关系；
- 相关承诺事项；
- 中国证监会或者证券交易所要求的其他事项。

在发行保荐书和上市保荐书中，保荐机构应当就一些事项作出承诺。

保荐机构法定代表人、保荐业务负责人、内核负责人、保荐代表人和项目协办人应当在发行保荐书上签字，保荐机构法定代表人、保荐代表人应同时在证券发行募集文件上签字。

保荐机构应将履行保荐职责时发表的意见及时告知发行人，同时在保荐工作底稿中保存，并可依照本办法规定公开发表声明、向中国证监会或者证券交易所报告。

（3）配合中国证监会审核。保荐机构提交发行保荐书后，应当配合中国证监会的审核，并承担下列工作：

①组织发行人及证券服务机构对中国证监会的意见进行答复。

②按照中国证监会的要求对涉及本次证券发行上市的特定事项进行尽职调查或者核查。

③指定保荐代表人与中国证监会职能部门进行专业沟通，保荐代表人在发行审核委员会会议上接受委员质询。

④中国证监会规定的其他工作。

（4）持续督导。保荐机构应当针对发行人的具体情况，确定证券发行上市后持续督导的内容，督导发行人履行有关上市公司规范运作、信守承诺和信息披露等义务，审阅信息披露文件及向中国证监会、证券交易所提交的其他文件，并承担相关工作。

首次公开发行股票并上市的，持续督导的期间为证券上市当年剩余时间及其后 2 个完整会计年度；上市公司发行新股、可转换公司债券的，持续督导的期间为证券上市当年剩余时间及其后 1 个完整会计年度。持续督导的期间自证券上市之日起计算。

持续督导期届满，如有尚未完结的保荐工作，保荐机构应当继续完成。

保荐机构在履行保荐职责期间未勤勉尽责的，其责任不因持续督导期届满而免除或者终止。持续督导工作结束后，保荐机构应当在发行人公告年度报告之日起的 10 个工作日内向中国证监会、证券交易所报送保荐总结报告书。

保荐机构法定代表人和保荐代表人应当在保荐总结报告书上签字。

募集资金管理情况是持续督导的一个重要内容。以上海证券交易所为例，《上海证券交易所上市公司募集资金管理规定》明确，保荐机构应当对上市公司募集资金管理事项履行保荐职责，进行持续督导工作，上市公司应当在募集资金到账后两周内与保荐机构、存放募集资金的商业银行签订募集资金专户存储三方监管协议。

保荐机构应对上市公司募集资金投资项目变更的如下情况发表意见：

①上市公司仅变更募投项目实施地点；拟变更募投项目的。

②拟将募投项目对外转让或置换的（募投项目在上市公司实施重大资产重组中已全部对外转让或置换的除外）。

保荐机构至少每半年度对上市公司募集资金的存放与使用情况进行一次现场调查。

每个会计年度结束后，保荐机构应当对上市公司年度募集资金存放与使用情况出具专项核查报告，并于上市公司披露年度报告时向交易所提交。

核查报告应当包括一些必备内容。

《深圳证券交易所上市公司募集资金管理办法》对保荐机构在募集资金管理方面的基本要求与上海证券交易所一致，个别具体规定有一定区别。

（三）保荐业务协调

1. 保荐机构及其保荐代表人与发行人。

（1）关于保荐协议。保荐机构应当与发行人签订保荐协议，明确双方的权利和义务，按照行业规范协商确定履行保荐职责的相关费用。保荐协议签订后，保荐机构应在 5 个工作日内报发行人所在地的中国证监会派出机构备案。

终止保荐协议的情况：

①刊登证券发行募集文件前终止保荐协议的，保荐机构和发行人应当自终止之日起 5 个工作日内分别向中国证监会报告，说明原因。

②刊登证券发行募集文件以后直至持续督导工作结束，保荐机构和发行人不得终止保荐协议，但存在合理理由的情形除外。

③发行人因再次申请发行证券另行聘请保荐机构、保荐机构被中国证监会撤销保荐机构资格的，应当终止保荐协议。

④终止保荐协议的，保荐机构和发行人应当自终止之日起 5 个工作日内向中国证监会、证券交易所报告，说明原因。

（2）保荐机构及其保荐代表人的权利。保荐机构及其保荐代表人履行保荐职责可对发行人行使必要的权利，要求发行人及时通报信息。

（3）发行人的义务。发行人有下列情形之一的，应当及时通知或者咨询保荐机构，并将相关文件送交保荐机构：

①变更募集资金及投资项目等承诺事项。

②发生关联交易、为他人提供担保等事项。

③履行信息披露义务或者向中国证监会、证券交易所报告有关事项。

④发生违法违规行为或者其他重大事项。

⑤中国证监会规定或者保荐协议约定的其他事项。

证券发行前，发行人不配合保荐机构履行保荐职责的，保荐机构应当发表保留意见，并在发行保荐书中予以说明；情节严重的，应当不予保荐，已保荐的应当撤销保荐。

证券发行后，保荐机构有充分理由确信发行人可能存在违法违规行为以及其他不当行为的，应当督促发行人作出说明并限期纠正；情节严重的，应当向中国证监会、证券交易所报告。

2. 保荐机构与其他证券服务机构。

（1）保荐机构应当组织协调证券服务机构及其签字人员参与证券发行上市的相关工作。

（2）保荐机构对证券服务机构及其签字人员出具的专业意见存有疑义的，应当主动与证券服务机构进行协商，并可要求其作出解释或者出具依据。

（3）保荐机构有充分理由确信证券服务机构及其签字人员出具的专业意见可能存在虚假记载、误导性陈述或重大遗漏等违法违规情形或者其他不当情形的，应当及时发表意见；情节严重的，应当向中国证监会、证券交易所报告。

（4）证券服务机构及其签字人员应当保持专业独立性，对保荐机构提出的疑义或者意见进行审慎的复核判断，并向保荐机构、发行人及时发表意见。

（四）保荐业务工作底稿

为了规范和指导保荐机构编制、管理证券发行上市保荐业务工作底稿，中国证监会于 2009 年 3 月制定了《证券发行上市保荐业务工作底稿指引》，要求保荐机构应当按照指引的要求编制工作底稿。

该指引所称工作底稿，是指保荐机构及其保荐代表人在从事保荐业务全部过程中获取和编写的、与保荐业务相关的各种重要资料和工作记录的总称。

1. 工作底稿包括一些必备内容。

2. 关于工作底稿的其他要求。

（1）工作底稿应当内容完整、格式规范、标识统一、记录清晰。

（2）保荐机构应当对招股说明书进行验证，并在验证文件与工作底稿之间建立起索引关系。

（3）工作底稿可以纸质文档、电子文档或者其他介质形式的文档留存，其中重要的工作底稿应当采用纸质文档的形式。

（4）以纸质以外的其他介质形式存在的工作底稿，应当以可独立保存的形式留存。

在项目每一阶段工作完成后，保荐机构应当及时整理工作底稿并归档，并于项目结束时对工作底稿进行统一存放和管理。保荐机构应当建立工作底稿管理制度，明确工作底稿收集整理的责任人员、归档保管流程、借阅程序与检查办法等。工作底稿应当至少保存 10 年。保荐机构及相关人员对工作底稿中未公开披露的信息负有保密责任。

3. 证券发行上市保荐业务工作底稿目录。证券发行上市保荐业务工作底稿包括三部分：第一部分保荐机构尽职调查文件，第二部分保荐机构从事保荐业务的记录，第三部分为申请文件及其他文件。

二、首次公开发行股票申请文件

（一）首次公开发行股票申请文件的要求◆

申请首次公开发行股票的公司（以下简称"发行人"）应按《公开发行证券的公司信息披露内容与格

式准则第9号——首次公开发行股票并上市申请文件》(2006年修订)的要求制作申请文件。

(二)首次公开发行股票并上市申请文件目录

首次公开发行股票并上市申请文件包括:

1. 招股说明书与发行公告。
2. 发行人关于本次发行的申请及授权文件。
3. 保荐机构关于本次发行的文件。
4. 会计师关于本次发行的文件。
5. 发行人律师关于本次发行的文件。
6. 发行人师的设立文件。
7. 关于本次发行募集资金运用的文件。
8. 与财务会计资料相关的其他文件。
9. 其他文件。
10. 定向募集公司还应提供的文件。

三、招股说明书★

招股说明书是发行人发行股票时,就发行中的有关事项向公众作出披露,并向非特定投资人提出购买或销售其股票的要约邀请性文件。

公司首次公开发行股票必须制作招股说明书。

发行人应当按照中国证监会的有关规定编制和披露招股说明书。

招股说明书内容与格式准则是信息披露的最低要求。不论准则是否有明确规定,凡是对投资者作出投资决策有重大影响的信息,均应当予以披露。申请首次公开发行股票并上市的发行人应按《公开发行证券的公司信息披露内容与格式准则第1号——招股说明书》(2006年修订)编制招股说明书及其摘要,作为向中国证监会申请首次公开发行股票的必备法律文件,并按规定披露。这是发行准备阶段的基本任务。招股说明书是发行人向中国证监会申请公开发行申报材料的必备部分。招股说明书必须对法律、法规、规章、上市规则要求的各项内容进行披露。招股说明书由发行人在保荐机构及其他中介机构的辅助下完成,由公司董事会表决通过。审核通过的招股说明书应当依法向社会公众披露。

四、招股说明书摘要★

招股说明书摘要是对招股说明书内容的概括,是由发行人编制,随招股说明书一起报送批准后,在由中国证监会指定的至少一种全国性报刊上及发行人选择的其他报刊上刊登,供公众投资者参考的关于发行事项的信息披露法律文件。

1. 招股说明书摘要应简要提供招股说明书的主要内容,但不得误导投资者。
2. 招股说明书摘要的目的仅为向公众提供有关本次发行的简要情况,无须包括招股说明书全文各部分的主要内容。
3. 招股说明书摘要内容必须忠实于招股说明书全文,不得出现与全文相矛盾之处。
4. 招股说明书摘要应尽量采用图表或其他较为直观的方式准确披露发行人的情况,做到简明扼要、通俗易懂。
5. 招股说明书摘要应当依照有关法律、法规的规定,遵循特定的格式和必要的记载事项的要求编制。
6. 发行人及全体董事、监事、高级管理人员承诺招股说明书摘要不存在虚假记载、误导性陈述或重大遗漏，并对招股说明书及其摘要的真实性、准确性、完整性承担个别和连带的法律责任。

7. 公司负责人和主管会计工作的负责人、会计机构负责人保证招股说明书摘要中财务会计资料真实、完整。

五、资产评估报告★

1. 资产评估报告的定义：资产评估报告是评估机构完成评估工作后出具的专业报告。

2. 编写资产评估报告步骤
   - (1) 分类整理评估工作底稿，最后形成分类汇总表及分类评估的文字说明。
   - (2) 讨论分析初步结论。
   - (3) 编写评估报告。

3. 正文包括的内容
   - (1) 评估机构与委托单位的名称。
   - (2) 评估目的与评估范围。
   - (3) 资产状况与产权归属。
   - (4) 评估基准日期。
   - (5) 评估原则。
   - (6) 评估依据。
   - (7) 评估方法和计价标准。
   - (8) 资产评估说明。
   - (9) 资产评估结论。
   - (10) 评估附件名称。
   - (11) 评估日期。
   - (12) 评估人员签章。

4. 资产评估附件至少应当包括
   - (1) 评估资产的汇总表与明细表。
   - (2) 评估方法说明和计算过程。
   - (3) 与评估基准日有关的会计报表。
   - (4) 被评估单位占有不动产的产权证明文件的复印件。
   - (5) 评估机构和评估人员资格证明文件的复印件。
   - (6) 其他与评估有关的文件资料。

六、审计报告★

(一) 定义

审计报告是注册会计师根据独立审计准则的要求，实施必要的审计程序后，对被审计单位的会计报表发表审计意见的书面文件。审计报告是审计工作的最终结果，具有法定的证明效力。

(二) 审计报告的内容

审计报告应当包括
- 标题；
- 收件人；
- 范围段；
- 意见段；
- 签章和会计师事务所的地址；
- 报告日期。

（三）审计意见的类型

审计报告的审计意见：
- 无保留意见；
- 保留意见；
- 否定意见；
- 拒绝表示意见。

七、盈利预测审核报告（如有）★

（一）定义

盈利预测是指发行人对未来会计期间经营成果的预计和测算。

（二）报告范围

盈利预测的数据至少应包括：会计年度营业收入、利润总额、净利润、每股盈利。

（三）预测原则

1. 如果预测是在发行人会计年度的前 6 个月作出的，则为预测时起至该会计年度结束时止的期限。
2. 如果预测是在发行人会计年度的后 6 个月作出的，则为预测时起至不超过下一个会计年度结束时止的期限。
3. 拟上市公司应当本着审慎的原则作出当年的盈利预测，并经具有证券业从业资格的注册会计师审核。
4. 如果存在影响盈利预测的不确定因素，则应作出敏感性分析与说明。
5. 如果拟上市公司不能作出盈利预测，则应在发行公告和招股说明书的显要位置作出风险警示。

八、法律意见书和律师工作报告★

（一）法律意见书和律师工作报告概述

法律意见书是律师对发行人本次发行上市的法律问题依法明确作出的结论性意见。

律师工作报告是对律师工作过程、法律意见书所涉及的事实及其发展过程、每一法律意见所依据的事实和有关法律规定作出的详尽、完整的阐述，说明律师制作法律意见书的工作过程，包括（但不限于）与发行人相互沟通的情况，对发行人提供材料的查验、走访、谈话记录、现场勘查记录、查阅文件的情况以及工作时间等。

（二）法律意见书和律师工作报告的基本要求

1. 拟首次公开发行股票公司或增发股份、配股以及发行可转换公司债券的已上市公司（以下简称"发行人"）所聘请的律师事务所及其委派的律师（下文"律师"均指签名律师及其所任职的律师事务所）应按本规则的要求出具法律意见书、律师工作报告，并制作工作底稿。
2. 本规则的部分内容不适用于增发股份、配股、发行可转换公司债券等的，发行人律师应结合实际情况，根据有关规定进行调整，并提供适当的补充法律意见。
3. 律师出具法律意见书和律师工作报告所用的语句应简洁明晰，不得使用"基本符合条件"或"除×××以外，基本符合条件"一类的措辞。对不符合有关法律、法规和中国证监会有关规定的事项，或已勤勉尽责仍不能对其法律性质或其合法性作出准确判断的事项，律师应发表保留意见，并说明相应的理由。

4. 发行人向中国证监会报送申请文件前，或在报送申请文件后且证券尚未发行前，更换为本次发行证券所聘请的律师或律师事务所的，更换后的律师或律师事务所及发行人应向中国证监会分别说明。
5. 更换后的律师或律师事务所应对原法律意见书和律师工作报告的真实性和合法性发表意见。如有保留意见，应明确说明。在此基础上，更换后的律师或律师事务所应出具新的法律意见书和律师工作报告。
6. 律师应在法律意见书和律师工作报告中承诺对发行人的行为以及本次申请的合法、合规进行了充分的核查验证，对招股说明书及其摘要进行了审慎审阅，并在招股说明书及其概要中发表声明。

（三）法律意见书和律师工作报告的必备内容

法律意见书和律师工作报告包含了一些必备内容。

九、辅导报告★

辅导报告是保荐机构对拟发行证券的公司的辅导工作结束以后，就辅导情况、效果及意见向有关主管单位出具的书面报告。

募股文件除了上述几种之外，还包括保荐机构的发行保荐书、公司章程、发行方案、资金运用可行性报告和项目批文等。

有兼并收购行为的，还应提供被收购兼并公司或项目的情况、收购兼并的可行性报告、收购兼并协议、收购兼并配套政策的落实情况、被收购兼并企业的资产评估报告、被收购兼并企业前 1 年和最近 1 期的资产负债表及损益表、审计报告。

第二节　首次公开发行股票的条件、辅导和推荐核准

一、首次公开发行股票的条件

（一）在主板上市公司首次公开发行股票的条件★

1. 主体资格。

（1）发行人应当是依法设立且合法存续的股份有限公司。

（2）发行人自股份有限公司成立后，持续经营时间应当在 3 年以上，但经国务院批准的除外。

（3）发行人的注册资本已足额缴纳，发起人或者股东用作出资的资产的财产权转移手续已办理完毕，发行人的主要资产不存在重大权属纠纷。

（4）发行人的生产经营符合法律、行政法规和公司章程的规定，符合国家产业政策。

（5）发行人最近 3 年内主营业务和董事、高级管理人员没有发生重大变化，实际控制人没有发生变更。

（6）发行人的股权清晰，控股股东和受控股股东、实际控制人支配的股东持有的发行人股份不存在重大权属纠纷。

发行人及其保荐机构和律师主张多人共同拥有公司控制权的，应当符合相关条件。

2. 独立性。

（1）发行人应当具有完整的业务体系和直接面向市场独立经营的能力。

（2）发行人的资产完整。

分两种：
- 生产型企业：
  - ①具备与生产经营有关的生产系统、辅助生产系统和配套设施。
  - ②合法拥有与生产经营有关的土地、厂房、机器设备以及商标、专利、非专利技术的所有权或者使用权。
  - ③具有独立的原料采购和产品销售系统。
- 非生产型企业：具备与经营有关的业务体系及相关资产。

（3）发行人的人员独立。

（4）发行人的财务独立。

①建立独立的财务核算体系。

②独立作出财务决策。

③具有规范的财务会计制度和对分公司、子公司的财务管理制度。

④不得与控股股东、实际控制人及其控制的其他企业共用银行账户。

（5）发行人的机构独立。

①发行人应当建立健全内部经营管理机构。

②独立行使经营管理职权。

③与控股股东、实际控制人及其控制的其他企业间不得有机构混同的情形。

（6）发行人的业务独立。

①发行人的业务应当独立于控股股东、实际控制人及其控制的其他企业。

②与控股股东、实际控制人及其控制的其他企业间不得有同业竞争或者显失公平的关联交易。

（7）发行人在独立性方面不得有其他严重缺陷。

3. 规范运行。

（1）发行人已经：
- ①依法建立健全股东大会、董事会、监事会、独立董事、董事会秘书制度。
- ②相关机构和人员能够依法履行职责。

（2）发行人的董事、监事和高级管理人员：
- ①了解与股票发行上市有关的法律法规。
- ②知悉上市公司及其董事、监事和高级管理人员的法定义务和责任。

（3）发行人的董事、监事和高级管理人员：
- ①符合法律、行政法规和规章规定的任职资格。
- ②且不得有违规情形。

（4）发行人的内部控制：
- ①制度健全且被有效执行。
- ②能够合理保证财务报告的可靠性、生产经营的合法性、营运的效率与效果。

（5）发行人不得有违规情形。

（6）发行人的公司章程中已明确对外担保的审批权限和审议程序，不存在为控股股东、实际控制人及其控制的其他企业进行违规担保的情形。

（7）发行人有严格的资金管理制度。

4. 财务与会计。

（1）发行人：
- 资产质量良好。
- 资产负债结构合理。
- 盈利能力较强。
- 现金流量正常。

(2) 发行人{内部控制在所有重大方面有效。
由注册会计师出具了无保留结论的内部控制鉴证报告。

(3) 发行人{会计基础工作规范。
财务报表的编制符合企业会计准则和相关会计制度的规定。
在所有重大方面公允地反映了发行人的财务状况、经营成果和现金流量。
由注册会计师出具了无保留意见的审计报告。

(4) 发行人{编制财务报表应以实际发生的交易或者事项为依据。
在进行会计确认、计量和报告时应当保持应有的谨慎。
对相同或者相似的经济业务，选用一致的会计政策，不得随意变更。

(5) 发行人{应完整披露关联方关系并按重要性原则恰当披露关联交易。
关联交易价格公允，不存在通过关联交易操纵利润的情形。

(6) 发行人应当符合相关条件。

(7) 发行人{依法纳税，各项税收优惠符合相关法律法规的规定。
经营成果对税收优惠不存在严重依赖。

(8) 发行人{不存在重大偿债风险。
不存在影响持续经营的担保、诉讼以及仲裁等重大和或有事项。

(9) 发行人申报文件中不得有违规情形。

(10) 发行人不得有影响持续盈利能力的情形。

5. 募集资金运用。

(1) 募集资金应当有明确的使用方向，原则上应当用于主营业务。

(2) 募集资金数额和投资项目与发行人{现有生产经营规模、财务状况}等相适应。

(3) 募集资金投资项目应当符合{技术水平和管理能力、国家产业政策、投资管理、环境保护、土地管理、法规和规章、其他法律}规定。

(4) 发行人董事会对募集资金投资项目可行性进行认真分析——→确信投资项目具有较好的市场前景和盈利能力——→有效防范投资风险——→提高募集资金使用效益。

(5) 募集资金投资项目实施后，不会产生同业竞争或者对发行人的独立性产生不利影响。

(6) 发行人应当建立募集资金专项存储制度，募集资金应当存放于董事会决定的专项账户。

此外，证券公司在提交首次公开发行股票（简称 IPO）并上市申请前，应当向中国证监会提交有关材料，申请出具监管意见书。监管意见书是证券公司申请 IPO 上市的必备文件之一。申请监管意见书的证券公司应当提交相关情况的说明材料，由公司董事长、总经理签字，加盖公司公章并附有关证明材料。

（二）在创业板上市公司首次公开发行股票的条件★

1. 基本条件。

(1) 发行人是依法设立且持续经营 3 年以上的股份有限公司。有限责任公司按原账面净资产值折股整体变更为股份有限公司的，持续经营时间可以从有限责任公司成立之日起计算。

(2) 最近 2 年连续盈利，最近 2 年净利润累计不少于 1 000 万元，且持续增长。最近 1 年盈利且净利润不少于 500 万元，最近 1 年营业收入不少于 5 000 万元，最近 2 年营业收入增长率均不低于30%。净利润以扣除非经常性损益前后孰低者为计算依据。

（3）最近1期末净资产不少于2 000万元，且不存在未弥补亏损。

（4）发行后股本总额不少于3 000万元。

2. 关于发行人持续盈利能力的要求。发行人应当具有持续盈利能力，不存在下列情形：

（1）发行人的经营模式、产品或服务的品种结构已经或者将发生重大变化，并对发行人的持续盈利能力构成重大不利影响。

（2）发行人的行业地位或发行人所处行业的经营环境已经或者将发生重大变化，并对发行人的持续盈利能力构成重大不利影响。

（3）发行人在用的商标、专利、专有技术、特许经营权等重要资产或者技术的取得或者使用存在重大不利变化的风险。

（4）发行人最近1年的营业收入或净利润对关联方或者有重大不确定性的客户存在重大依赖。

（5）发行人最近1年的净利润主要来自合并财务报表范围以外的投资收益。

（6）其他可能对发行人持续盈利能力构成重大不利影响的情形。

3. 对董事、监事和高级管理人员有要求。

4. 其他条件。

二、首次公开发行股票的辅导、内核和承销商备案材料★

（一）首次公开发行股票的辅导及验收

为了保障股票发行核准制的实施，提高首次公开发行股票公司的素质及规范运作的水平，保证从事辅导工作的保荐机构在首次公开发行股票过程中依法履行职责，中国证监会分别于2006年5月、2008年12月实施了《首次公开发行股票并上市管理办法》和《证券发行上市保荐业务管理办法》。

根据规定，保荐机构在推荐发行人首次公开发行股票并上市前，应当对发行人进行辅导。保荐机构及其保荐代表人应当遵循勤勉尽责、诚实守信的原则，认真履行审慎核查和辅导义务，并对其所出具的发行保荐书的真实性、准确性、完整性负责。中国证监会不再对辅导期限作硬性要求。保荐机构在推荐发行人首次公开发行股票并上市前，应当对发行人进行辅导，对发行人的董事、监事和高级管理人员、持有5%以上股份的股东和实际控制人（或者其法定代表人）进行系统的法规知识、证券市场知识培训，使其全面掌握发行上市、规范运作等方面的有关法律法规和规则，知悉信息披露和履行承诺等方面的责任和义务，树立进入证券市场的诚信意识、自律意识和法制意识。

保荐机构辅导工作完成后，应由发行人所在地的中国证监会派出机构进行辅导验收。

（二）保荐机构的内核

2001年3月17日中国证监会发布的《证券公司从事股票发行主承销业务有关问题的指导意见》，及《证券法》、《首次公开发行股票并上市管理办法》对保荐机构的具体规定如下：

1. 保荐机构推荐发行人发行股票，应建立发行人质量评价体系，明确推荐标准，在充分尽职调查的基础上，保证推荐内部管理良好、运作规范、未来有发展潜力的发行人发行股票。

2. 保荐机构应成立内核小组，并根据实际情况，对内核小组的职责、人员构成、工作规则等进行适当调整，形成适应核准制要求的规范、有效的内核制度，并将内核小组的工作规则、成员名单和个人简历报中国证监会职能部门备案。保荐机构内核小组应当恪尽职守，保持独立判断。

3. 保荐机构应当在内核程序结束后作出是否推荐发行的决定。决定推荐发行的，应出具发行保荐书。发行保荐书应当至少包括的内容有：明确的推荐意见及其理由、对发行人发展前景的评价、有关发行人是否符合发行上市条件及其他有关规定的说明、发行人主要问题和风险的提示、保荐机构内部审核程序简介及内核意见、参与本次发行的项目组成人员及相关经验等。发行保荐书应当由保荐机构法定代表人签名并加盖公章，注明签署日期。

4. 对于发行人的不规范行为，保荐机构应当要求其整改，并将整改情况在尽职调查报告中予以说明。因发行人不配合，使尽职调查范围受限制，导致保荐机构无法作出判断的，保荐机构不得为发行人的发行申请出具发行保荐书。

5. 保荐机构应建立保荐工作档案。工作档案至少应包括发行保荐书、尽职调查报告、内核小组工作记录、发行申请文件、对中国证监会审核反馈意见的回复。中国证监会和证券交易所可随时调阅工作档案。工作档案保留时间应符合中国证监会的有关规定。

6. 受发行人委托，保荐机构配合发行人按照有关规定制作股票发行申请文件，编制招股说明书，对申请文件及招股说明书的内容进行核查，负责报送股票发行申请文件，并与中国证监会和证券交易所进行沟通。

7. 保荐机构应严格遵守有关信息披露的规定。在申请文件报送中国证监会后，进入静默期，除已公开的信息外，不得向外界透露有关本次发行的任何信息。承销团成员的分析员作出的有关发行人的研究报告不得对外发出，直至有关本次股票发行的募集文件公开后，方可进行相关的宣传和推介活动。

8. 保荐机构应建立有效的内部控制制度。遵循内部"防火墙"原则，使投资银行部门与研究部门、经纪部门、自营部门在信息、人员、办公地点等方面相互隔离，防止内幕交易和操纵市场的行为。

9. 保荐机构应建立股票承销工作的协调机构，并指定内部独立部门负责发行期间的监控和综合协调。

10. 股票发行申请经中国证监会核准后，保荐机构应当组织发行人做好市场推介活动，在不超越公开募集文件内容的范围内向投资者介绍发行人的情况。

11. 在发行完成后的15个工作日内，保荐机构应当向中国证监会报送承销总结报告。承销总结报告至少应包括推介、定价、申购、该股票二级市场表现（如已上市交易）及发行组织工作等内容。

12. 保荐机构应当在发行完成当年及其后的1个会计年度发行人年度报告公布后的1个月内，对发行人进行回访，就其募集资金的使用情况、盈利预测实现情况、是否严格履行公开披露文件中所作出的承诺以及经营状况是否与发行保荐书相符等进行核查，出具回访报告，报送中国证监会、发行人所在地中国证监会的派出机构及发行人股票上市的证券交易所备案，并在发行人股东大会召开5个工作日之前，将回访报告在指定报刊和网站公告。

（三）承销商备案材料

1. 备案材料的要求。主承销商应当于中国证监会受理其股票发行申请材料后的3个工作日内向中国证券业协会报送承销商备案材料。备案材料应经主承销商承销业务内核小组统一进行合规性审核。主承销商的内核小组应当根据《证券法》、中国证监会规章和承销商备案材料合规性披露要点，对备案材料进行合规性审核。股票发行前，主承销商应对备案材料中发生变化的内容向中国证券业协会报送变更或补充说明材料，保证承销商备案材料与实际情况相符。

承销商备案材料包括：
- 承销说明书；
- 承销商承销资格证书复印件；
- 承销协议；
- 承销团协议。

中国证券业协会可对证券经营机构担任某只股票发行的承销商资格提出否决意见。如提出否决意见，中国证券业协会将在收到承销商备案材料的15个工作日内函告主承销商，同时抄报中国证监会。中国证券业协会自收到完整的承销备案材料的15个工作日内未提出异议的，则视为承销商备案材料得到认可。

2. 备案材料合规性审核要点。

(1) 承销商备案材料是否完备。

(2) 承销说明书的内容是否完备，承销说明书后是否附有主承销商对发行人的尽职调查报告。

(3) 是否按规定组织承销团。《证券法》第三十二条规定，向不特定对象发行的证券票面总值超过人民币5 000万元的，应由承销团承销。

(4) 承销费用的收取是否符合标准。包销佣金为包销总金额的1.5%～3%；代销佣金为实际售出股票总金额的0.5%～1.5%。

(5) 承销团各成员包销金额是否符合规定应详细披露。单项包销金额不得超过其净资本的30%，最高不超过3亿元人民币；同时包销金额不得超过其净资本的60%。包销金额以确定的新股发行价格、配股价格或增发价格区间的上限为基础计算。

(6) 发行人与承销团各成员之间的关联关系情况是否详细披露，主要应包括发行人、保荐机构(主承销商)、副主承销商的前5位股东及持有7%以上股份的股东情况，发行人与承销团各成员之间的其他关联关系。

(7) 承销团中的副主承销商数量符合规定。承销金额在3亿元以上、承销团成员在10家以上可设2～3家副主承销商。

(8) 承销商备案材料涉及的所有条款是否一致。

(9) 承销商备案材料是否在规定的时间内报送中国证券业协会。

(10) 备案材料的有关内容发生变化时，主承销商应及时进行更改，并补报备案。

3. 承销说明书。

承销说明书包括的内容：
- 承销商和发行人名称；
- 承销方式；
- 承销股票的种类、数量、金额及发行价格；
- 承销团各成员的承销份额；
- 承销期及起止日期；
- 承销费用及计算、支付方式；
- 承销团各成员的对外投资情况及持有发行人股份的情况；
- 中国证监会及中国证券业协会所要求的其他事项。

4. 承销协议与承销团协议。

证券公司承销证券应当同发行人签订包销或者代销协议，载明有关事项：
- 当事人的名称、住所及法定代表人的姓名；
- 包销、代销证券的种类、数量、金额及发行价格；
- 包销、代销的期限及起止日期；
- 包销、代销的付款方式及日期；
- 包销、代销的费用和结算办法；
- 违约责任；
- 中国证监会规定的其他事项。

参与承销团的承销商应当签订承销团协议，承销团协议应载明有关事项。

三、首次公开发行股票的核准

(一) 首次公开发行股票的核准程序

1. 在主板上市公司首次公开发行股票的核准程序：申报、受理、初审、预披露、发审委审核、决定。
2. 在创业板上市公司首次公开发行股票的核准程序。发行人董事会应当依法就首次公开发行股票并在创业板上市的具体方案、募集资金使用的可行性及其他必须明确的事项作出决议，并提请股东大会批准。

发行人应当按照中国证监会有关规定制作申请文件，由保荐机构保荐并向中国证监会申报。

中国证监会收到申请文件后，在5个工作日内作出是否受理的决定。发行人应当自中国证监会核准之日起6个月内发行股票；超过6个月未发行的，核准文件失效，须重新经中国证监会核准后方可发行。发行申请核准后至股票发行结束前发生重大事项的，发行人应当暂缓或者暂停发行，并及时报告中国证监会，同时履行信息披露义务。出现不符合发行条件事项的，中国证监会撤回核准决定。

股票发行申请未获核准的，发行人可自中国证监会作出不予核准决定之日起6个月后再次提出股票发行申请。

(二) 发审委对首次公开发行股票的审核工作

为了保证在股票发行审核工作中贯彻公开、公平、公正的原则，提高股票发行审核工作的质量和透明度，中国证监会于2006年5月发布实施了《中国证券监督管理委员会发行审核委员会办法》。按照该办法的规定，中国证监会设立发行审核委员会（简称“发审委”）。发审委审核发行人股票发行申请和可转换公司债券等中国证监会认可的其他证券的发行申请（统称“股票发行申请”）。发审委依照《证券法》、《公司法》等法律、行政法规和中国证监会的规定，对发行人的股票发行申请文件和中国证监会有关职能部门的初审报告进行审核。发审委以投票方式对股票发行申请进行表决，提出审核意见。中国证监会依照法定条件和法定程序作出予以核准或者不予核准股票发行申请的决定。发审委通过发审委工作会议（简称“发审委会议”）履行职责。

1. 发审委的组成和职责。

(1) 发审委的组成。

①发审委委员由中国证监会的专业人员和中国证监会外的有关专家组成，由中国证监会聘任。发审委委员为25名，部分发审委委员可以为专职。其中中国证监会的人员5名，中国证监会以外的人员20名。发审委设会议召集人5名。

②发审委委员每届任期1年，可以连任，但连续任期最长不超过3届。

③发审委委员应当符合相关条件。

④发审委委员有违规情形之一的，中国证监会应当予以解聘。

(2) 发审委应履行相关职责。

(3) 发审委委员的回避。

2. 发审委会议。

(1) 一般要求。发审委通过召开发审委会议进行审核工作。发审委会议表决采取记名投票方式。表决票设同意票和反对票，发审委委员不得弃权。发审委委员在投票时应当在表决票上说明理由。

(2) 普通程序。发审委会议审核发行人公开发行股票申请和可转换公司债券等中国证监会认可的其他公开发行证券申请，适用普通程序规定。

3. 对发审委审核工作的监督。中国证监会对发审委实行问责制度。发审委会议审核意见与表决结果有明显差异的，中国证监会可以要求所有参会发审委委员分别作出解释和说明。

四、会后事项

公司的首发申请通过发审会审核后，由于特殊原因未能在合理的时间内发行的，公司应在发行股票前根据《公开发行证券的公司信息披露与格式准则第 9 号——首次公开发行股票并上市申请文件》的要求，补报相关文件，并对招股说明书及摘要作相应修改，保荐机构及发行人律师、会计师应对公司在通过发审会审核后是否发生重大事项分别出具专业意见。

《关于加强对通过发审会的拟发行证券的公司会后事项监管的通知》(简称"15 号文")及《股票发行审核备忘录第 5 号》，对发审会会后事项监管及封卷工作有一系列的具体要求。

五、关于发行人报送申请文件后变更中介机构的要求★

发行人在报送申请文件后、股票未发行前更换保荐机构（主承销商）、签字会计师或会计师事务所、签字律师或律师事务所等其他中介机构的，按下列原则和要求处理：

(一) 更换保荐机构（主承销商）

发行人更换保荐机构（主承销商）应重新履行申报程序，并重新办理发行人申请文件的受理手续。更换后的保荐机构（主承销商）应重新制作发行人的申请文件，并对申请文件进行质量控制。根据《公开发行证券公司信息披露内容与格式准则第 9 号——首次公开发行股票并上市申请文件》，对需由保荐机构（主承销商）出具意见的文件，应重新核查并出具新的意见。发审会后更换保荐机构（主承销商）的，原则上应重新上发审会。

(二) 更换签字会计师或会计师事务所、签字律师或律师事务所等其他中介机构

更换后的会计师或会计师事务所应对申请首次公开发行股票公司的审计报告出具新的专业报告，更换后的律师或律师事务所应出具新的法律意见书和律师工作报告。保荐机构（主承销商）对更换后的其他中介机构出具的专业报告应重新履行核查义务。发行人在通过发审会后更换中介机构的，中国证监会视具体情况决定发行人是否需重新上发审会。

第六章 首次公开发行股票的操作

本章结构

- 第一节 新股发行体制改革的原则、内容和目标
  - 新股发行体制改革的总体原则
  - 新股发行体制改革的基本内容
  - 新股发行体制改革的预期目标
  - 新股发行体制改革的措施
    - 完善询价和申购的报价约束机制，形成进一步市场化的价格形成机制
    - 优化网上发行机制，将网下网上申购参与对象分开
    - 对网上单个申购账户设定上限
    - 加强新股认购风险提示，提示所有参与人明晰市场风险

- 第二节 首次公开发行股票的估值和询价
  - 股票的估值方法
    - 相对估值法
    - 绝对估值法
  - 投资价值研究报告的基本要求
    - 要求
    - 内容
  - 首次公开发行股票的询价与定价
    - 询价对象
    - 询价与定价

第三节　首次公开发行股票的发行方式
- 首次公开发行股票的基本原则
  - "三公"原则
  - 高效原则
  - 经济原则
- 向战略投资者配售的概念与操作
- 向参与网下配售的询价对象配售
  - 基本规定
  - 询价与申购
  - 资金的收取与划付
  - 股份登记
- 向参与网上发行的投资者配售
  - 基本规定
  - 申购流程
  - 缩短流程
- 股票发行中的其他发行方式
  - 全额预缴款、比例配售、余款即退
  - 全额预缴款、比例配售、余款转存
  - 与储蓄存款挂钩方式
  - 上网竞价方式
  - 市值配售方式
- 超额配售选择权
  - 概念
  - 实施
  - 行使
  - 披露
- 回拨机制

第四节　首次公开发行的具体操作
- 推介
- 询价与定价
- 申购
  - 上交所流程
  - 深交所流程
  - 网上与网下发行的衔接
- 发售
- 验资
- 承销

第五节　股票的上市保荐
- 股票上市的条件与审核
- 股票锁定的一般规定
- 股票的上市保荐和持续督导
- 股票上市申请和上市协议
- 剩余证券的处理
- 中小企业板块上市公司的保荐
- 创业板发行、上市、持续督导
  - 发行
  - 上市
  - 督导

本章学习目的与要求

了解新股发行体制改革的总体原则和内容。

掌握股票的估值方法，了解投资价值分析报告的基本要求。掌握首次公开发行股票的询价与定价的制度。

掌握股票发行的基本要求，掌握战略投资者配售的概念与操作，掌握超额配售选择权的概念及其实施、行使和披露。了解回拨机制。

熟悉首次公开发行的具体操作，包括推介、询价、定价、申购、发售、验资、承销总结等；掌握承销的有关规定。

掌握股票上市的条件与审核。掌握股票锁定的一般规定；掌握股票上市保荐和持续督导的一般规定；熟悉上市保荐书的内容。熟悉股票上市申请和上市协议。了解剩余证券的处理方法。

熟悉中小企业板块上市公司的保荐和持续督导的内容。

掌握创业板发行、上市、督导等操作上的特殊规定。

本章内容变化情况

1. 增加了第一节内容。
2. 第二节修改了“投资价值报告的基本要求”。
3. 修改了第三节的标题。
4. 第四节修改了部分内容。
5. 第五节增加了“创业板发行、上市、持续督导”的内容。

本章重点解析

第一节 新股发行体制改革的原则、内容和目标▲

一、新股发行体制改革的总体原则

为了进一步健全机制、提高效率，中国证监会于2009年6月10日公布了《关于进一步改革和完善新股发行体制的指导意见》，对新股发行体制进行了改革和完善，以适应市场的更大发展。新股发行体制改革遵循的改革原则：坚持市场化方向，促进新股定价进一步市场化，注重培育市场约束机制，推动发行人、投资人、承销商等市场主体归位尽责，重视中小投资人的参与意愿。

二、新股发行体制改革的基本内容

在新股定价方面，完善询价和申购的报价约束机制，淡化行政指导，形成进一步市场化的价格形成机制。在发行承销方面，增加承销与配售的灵活性，理顺承销机制，强化买方对卖方的约束力和承销商在发行活动中的责任，逐步改变完全按资金量配售股份；适时调整股份发行政策，增加可供交易股份数量；优化网上发行机制，股份分配适当向有申购意向的中小投资者倾斜，缓解巨额资金申购新股状况；完善回拨机制和中止发行机制。同时，加强新股认购风险提示，明晰发行市场的风险。

三、新股发行体制改革的预期目标

第一，市场价格发现功能得到优化，买方、卖方的内在制衡机制得以强化。

第二，提升股份配售机制的有效性，缓解巨额资金申购新股状况，提高发行的质量和效率。

第三，在风险明晰的前提下，中小投资者的参与意愿得到重视，向有意向申购新股的中小投资者适当倾斜。

第四，增强揭示风险的力度，强化一级市场风险意识。

四、新股发行体制改革的措施

新股发行体制涉及面广、影响大，为保证改革的平稳推进，拟采取分步实施、逐步完善的方式，分阶段推出各项改革措施。第一阶段主要推出如下四项措施：

（一）完善询价和申购的报价约束机制，形成进一步市场化的价格形成机制

询价对象应真实报价，询价报价与申购报价应当具有逻辑一致性，主承销商应当采取措施杜绝高报不买和低报高买。发行人及其主承销商应当根据发行规模和市场情况，合理设定每笔申购的最低申购量。对最终定价超过预期价格导致募集资金量超过项目资金需要量的，发行人应当提前在招股说明书中披露用途。

（二）优化网上发行机制，将网下网上申购参与对象分开

对每一只股票发行，任一股票配售对象只能选择网下或者网上一种方式进行新股申购，所有参与该只股票网下报价、申购、配售的股票配售对象均不再参与网上申购。

（三）对网上单个申购账户设定上限

发行人及其主承销商应当根据发行规模和市场情况，合理设定单一网上申购账户的申购上限，原则上不超过本次网上发行股数的1‰。单个投资者只能使用一个合格账户申购新股。

（四）加强新股认购风险提示，提示所有参与人明晰市场风险

发行人及其主承销商应当刊登新股投资风险特别公告，充分揭示一级市场风险，提醒投资者理性判断投资该公司的可行性。证券经营机构应当采取措施，向投资者提示新股认购风险。

其他改革措施，在统筹兼顾市场发展的速度、改革的力度和市场的承受程度的基础上，择机推出。

第二节　首次公开发行股票的估值和询价

股票的发行价格：
- 可以等于票面金额；
- 也可以超过票面金额；
- 但不得低于票面金额；
- 采取溢价发行的，其发行价格由发行人与承销的证券公司协商确定；
- 首次公开发行股票应通过询价的方式确定股票发行价格。

一、股票的估值方法★

股票的估值方法有两种：
- 相对估值法：
  - 市盈率法；
  - 市净率法。
- 绝对估值法：
  - 贴现现金流量法（DCF）；
  - 现金分红折现法（DDM）。

（一）相对估值法

相对估值法亦称可比公司法，是指对股票进行估值时，对可比较的或者代表性的公司进行分析，尤其注意有着相似业务的公司新近发行以及相似规模的其他新近首次公开发行，以获得估值基础。

在运用可比公司法时，可以采用比率指标进行比较，比率指标包括 P/E（市盈率）、P/B（市净率）、EV/EBITDA（企业价值与利息、所得税、折旧、摊销前收益的比率）等等。其中，最常用的比率指标是市盈率和市净率。

1. 市盈率法。

（1）市盈率的计算公式。市盈率（Priceto Earnings Ratio，P/E）是指股票市场价格与每股收益的比率。计算公式为：

市盈率＝股票市场价格/每股收益

每股收益通常指每股净利润。

（2）每股净利润的确定方法：
- 全面摊薄法：全年净利润除以发行后总股本
- 加权平均法：

$$\frac{\text{每股}}{\text{净利润}}=\frac{\text{全年净利润}}{\frac{\text{发行前}}{\text{总股本数}}+\frac{\text{本次公开}}{\text{发行股本数}}\times(12-\text{发行月份})\div 12}$$

《公开发行证券公司信息披露编报规则第 9 号——净资产收益率和每股收益的计算及披露》（2007 年修订）规定，公司招股说明书、年度财务报告、中期财务报告等公开披露信息中应披露基本每股收益和稀释每股收益。

基本每股收益可参照如下公式计算：

$$\text{基本每股收益}=P\div S$$

$$S=S_0+S_1+S_i\times M_i\div M_0-S_j\times M_j\div M_0-S_k$$

其中，P 为归属于公司普通股股东的净利润或扣除非经常性损益后归属于普通股股东的净利润，S 为发行在外的普通股加权平均数，S_0 为期初股份总数，S_1 为报告期因公积金转增股本或股票股利分配等增加股份数，S_i 为报告期因发行新股或债转股等增加股份数，S_j 为报告期因回购等减少股份数，S_k 为报告期缩股数，M_0 为报告期月份数，M_i 为增加股份下一月份起至报告期期末的月份数，M_j 为减少股份下一月份起至报告期期末的月份数。

公司存在稀释性潜在普通股的，应当分别调整归属于普通股股东的报告期净利润和发行在外普通股加权平均数，并据以计算稀释每股收益。

在发行可转换债券、股份期权、认股权证等稀释性潜在普通股情况下，稀释每股收益可参照如下公式计算：

稀释每股收益＝[P＋（已确认为费用的稀释性潜在普通股利息－转换费用）×（1－所得税率）]／(S_0 ＋S_1＋S_i×M_i÷M_0－S_j×M_j÷M_0－S_k＋认股权证、股份期权、可转换债券等增加的普通股加权平均数)

其中，P 为归属于公司普通股股东的净利润或扣除非经常性损益后归属于公司普通股股东的净利润。公司在计算稀释每股收益时，应考虑所有稀释性潜在普通股的影响，直至稀释每股收益达到最小。

(3) 估值。通过市盈率法估值时，首先应计算出发行人的每股收益；然后根据二级市场的平均市盈率、发行人的行业情况（同类行业公司股票的市盈率）、发行人的经营状况及其成长性等拟订估值市盈率；最后，依据估值市盈率与每股收益的乘积决定估值。

2. 市净率法。

(1) 市净率的计算公式。市净率（Priceto Bookvalue Ratio，P/B）是指股票市场价格与每股净资产的比率，计算公式为：

市净率＝股票市场价格/每股净资产

(2) 估值。通过市净率定价法估值时，首先应根据审核后的净资产计算出发行人的每股净资产；然后，根据二级市场的平均市净率、发行人的行业情况（同类行业公司股票的市净率）、发行人的经营状况及其净资产收益率等拟订估值市净率；最后，依据估值市净率与每股净资产的乘积决定估值。

相对估值法简单易用，可以迅速获得被评估资产的价值，尤其是当金融市场上有大量"可比"资产在进行交易、且市场对这些资产的定价相对稳定的时候。但用该方法估值时容易产生偏见，主要原因是："可比公司"的选择是个主观概念，世界上没有在风险和成长性方面完全相同的两个公司；同时，该方法通常忽略了决定资产最终价值的内在因素和假设前提。

另外，该方法容易将市场对"可比公司"偏离价值的定价（高估或低估）引入对目标股票的估值中。

（二）绝对估值法

绝对估值法亦称贴现法，主要包括
- 公司贴现现金流量法（DCF）；
- 现金分红折现法（DDM）。

相对估值法反映的是市场供求决定的股票价格；绝对估值法体现的是内在价值决定价格，即通过对企业估值，而后计算每股价值，从而估算股票的价值。

以下以贴现现金流量法为例介绍绝对估值法。

贴现现金流量法是通过预测公司未来的现金流量，按照一定的贴现率计算公司的整体价值，从而进行股票估值的一种方法。运用贴现现金流量法的计算步骤如下：

1. 预测公司未来的自由现金流量。
2. 预测公司的永续价值。永续价值是公司预测时期末的市场价值，可以参照公司的账面残值和当时的收益情况，选取适当的行业平均市盈率倍数或者市净率进行估算。
3. 计算加权平均资本成本。计算公式如下：

$$\mathbf{WACC=\sum K_i \cdot b_i}$$

式中，WACC 为加权平均资本成本，K_i 为各单项资本成本，b_i 为各单项资本所占的比重。

4. 计算公司的整体价值。计算公式如下：

$$\text{公司整体价值}=\sum_{t=1}^{n}=\frac{FCF_t}{(1+WACC)^t}+\frac{V_n}{(1+WACC)^n}$$

式中，FCF_t 为企业自由现金流量，V_n 为 n 时刻目标企业的终值。

5. 公司股权价值。计算公式如下：

公司股权价值＝公司整体价值－净债务值

6. 公司每股股票价值。计算公式如下：

公司每股股票价值＝公司股权价值/发行后总股本

贴现现金流量法需要比较可靠地估计未来现金流量（通常为正），同时根据现金流量的风险特性又能确定出恰当的贴现率。但实际操作中，情况往往与模型的假设条件相距甚远，影响了该方法的正确使用。在以下情况中，使用贴现现金流量法进行估值时将遇到较大困难：

(1) 陷入财务危机的公司。通常这些公司没有正的现金流量，或难以准确地估计现金流量。

(2) 收益呈周期性分布的公司。这类公司对未来现金流的估计容易产生较大偏差。

(3) 正在进行重组的公司。这类公司可能面临资产结构、资本结构以及红利政策等方面的较大变化，既影响未来现金流，又通过公司风险特性的变化影响贴现率，从而影响估值结果。

(4) 拥有某些特殊资产的公司。主要指拥有较大数量的未被利用的资产、专利或选择权资产的公司。这些资产的价值不能完全体现在公司的现金流中。

股票发行的估值和定价既有理性的计算，更有对市场供求的感性判断。如果仅仅依赖公式计算认为所计算的结果才是公司的合理价值，就过于武断。事实上，股票的价格是随着股票市场景气程度不断变化的，定价的艺术体现在定价的过程之中。主承销商在定价之前，首先要确定恰当的市场时机，因为在不恰当的情况下发行，估值结论和定价结果难以体现真正的价值，既可能影响发行人的利益，也可能损害投资者的利益。

二、投资价值研究报告的基本要求◆

主承销商应当在询价时向询价对象提供投资价值研究报告。发行人、主承销商和询价对象不得以任何形式公开披露投资价值研究报告的内容。投资价值研究报告应当由承销商的研究人员独立撰写并署名，承销商不得提供承销团以外的机构撰写的投资价值研究报告。出具投资价值研究报告的承销商应当建立完善的投资价值研究报告质量控制制度，撰写投资价值研究报告的人员应当遵守证券公司内部控制制度。

撰写投资价值研究报告的要求：
- 独立、审慎、客观；
- 引用的资料真实、准确、完整、权威并须注明来源；
- 对发行人所在行业的评估具有一致性和连贯性；
- 无虚假记载、误导性陈述或者重大遗漏。

投资价值研究报告应当对影响发行人投资价值的因素进行全面分析。在上述分析的基础上，运用行业公认的估值方法对发行人股票的合理投资价值进行预测。

三、首次公开发行股票的询价与定价★

首次公开发行股票，应当通过向特定机构投资者（简称“询价对象”）询价的方式确定股票发行价格。发行人及其主承销商应当在刊登首次公开发行股票招股意向书和发行公告后向询价对象进行推介和询价，并通过互联网向公众投资者进行推介。

询价分为初步询价和累计投标询价。

发行人及其主承销商应当通过初步询价确定发行价格区间，在发行价格区间内通过累计投标询价确定发行价格。

首次发行的股票在中小企业板上市的，发行人及其主承销商可以根据初步询价结果确定发行价格，不再进行累计投标询价。

(一) 询价对象

询价对象是指符合《证券发行与承销管理办法》规定条件的证券投资基金管理公司、证券公司、信托投资公司、财务公司、保险机构投资者、合格境外机构投资者，以及经中国证监会认可的其他机构投资者。

(二) 询价与定价

初步询价期间，每一个询价对象可以为其管理的每一配售对象填报多个拟申购价格，每拟申购价格对应一个拟申购数量。主承销商可实时查询有关报价情况。

在累计投标询价报价阶段，询价对象管理的每个配售对象可以多次申报，一经申报不得撤销或者修改。每个配售对象多次申报的累计申购股数不得少于落在发行价格区间之内及区间上限之上的初步询价报价所对应的“拟申购数量”总和，不得超过主承销商确定的申购数量上限，且不得超过网下发行股票总量。

第三节 首次公开发行股票的发行方式◆

首次公开发行股票可以采取：
- 向战略投资者配售；
- 向参与网下配售的询价对象配售；
- 向参与网上发行的投资者配售等。

一、首次公开发行股票的基本原则★

(一) 公开、公平、公正原则

1. 公开。发行人和主承销商按有关精神和规定，公开本次股票的认购办法、认购地点、认购时间等，利用公共传播媒介进行宣传。
2. 公平。发行人和主承销商给每一位投资者提供认购股票的机会。
3. 公正。发行人和主承销商采取各种措施坚决杜绝各种营私舞弊行为。

(二) 高效原则

在整个发行过程中，发行人和主承销商应周密计划发行方案和发行方式，灵活组织、严格管理、认真实施，保证社会秩序的稳定。

(三) 经济原则

发行过程中，发行人和主承销商采取各种措施，最大限度地降低发行成本。

股票承销活动中违反以上原则出现重大问题时，主承销商应立即向中国证监会报告。

如果承销商在承销过程中违反有关法规、规章，中国证监会将依据情节轻重给予处罚，直至取消股票承销资格。

二、向战略投资者配售的概念与操作★

首次公开发行股票数量在 4 亿股以上的，可以向战略投资者配售股票。

发行人应当与战略投资者事先签署配售协议，并报中国证监会备案。

发行人及其主承销商应当在发行公告中披露战略投资者的选择标准、向战略投资者配售的股票总量、占本次发行股票的比例以及持有期限制等。

战略投资者不得参与首次公开发行股票的初步询价和累计投标询价，并应当承诺获得本次配售的股票持有期限不少于 12 个月，持有期自本次公开发行的股票上市之日起计算。

三、向参与网下配售的询价对象配售

1. 发行人及其主承销商应当向参与网下配售的询价对象配售股票，并应当与网上发行同时进行。
2. 公开发行股票数量少于 4 亿股的，配售数量不超过本次发行总量的 20%；
   公开发行股票数量在 4 亿股以上的，配售数量不超过向战略投资者配售后剩余发行数量的 50%。
3. 询价对象应当承诺获得本次网下配售的股票持有期限不少于 3 个月，持有期自本次公开发行的股票上市之日起计算。
4. 本次发行的股票向战略投资者配售的，发行完成后无持有期限制的股票数量不得低于本次发行股票数量的 25%。
5. 股票配售对象限于下列类别
   (1) 经批准募集的证券投资基金；
   (2) 全国社会保障基金；
   (3) 证券公司证券自营账户；
   (4) 经批准设立的证券公司集合资产管理计划；
   (5) 信托投资公司证券自营账户；
   (6) 信托投资公司设立并已向相关监管部门履行报告程序的集合信托计划；
   (7) 财务公司证券自营账户；
   (8) 经批准的保险公司或者保险资产管理公司证券投资账户；
   (9) 合格境外机构投资者管理的证券投资账户；
   (10) 在相关监管部门备案的企业年金基金；
   (11) 经中国证监会认可的其他证券投资产品。
6. 询价对象应当为其管理的股票配售对象分别指定资金账户和证券账户，专门用于累计投标询价和网下配售。指定账户应当在中国证监会、中国证券业协会和证券登记结算机构登记备案。
7. 股票配售对象参与累计投标询价和网下配售应当全额缴付申购资金，单一指定证券账户的累计申购数量不得超过本次向询价对象配售的股票总量。
8. 发行人及其主承销商通过累计投标询价确定发行价格的，当发行价格以上的有效申购总量大于网下配售数量时，应当对发行价格以上的全部有效申购进行同比例配售。
9. 初步询价后定价发行的，当网下有效申购总量大于网下配售数量时，应当对全部有效申购进行同比例配售。
10. 主承销商应当对询价对象和股票配售对象的登记备案情况进行核查。
11. 为规范首次公开发行股票，提高首次公开发行股票网下申购及资金结算效率，中国证监会要求网下部分通过证券交易所进行电子化发行。

四、向参与网上发行的投资者配售

向参与网上发行的投资者配售方式是指通过交易所交易系统公开发行股票。投资者参与网上发行应当遵守证券交易所和证券登记结算机构的相关规定。网上发行时发行价格尚未确定的，参与网上发行的投资者应当按价格区间上限申购，如最终确定的发行价格低于价格区间上限，差价部分应当退还给投资者。

下面以上海证券交易所为例，介绍以上网资金申购方式公开发行股票的办法。

（一）上网资金申购的基本规定

《证券发行与承销管理办法》规定，发行人及其主承销商网下配售股票，应当与网上发行同时进行。投资者参与网上发行，应当按价格区间上限进行申购，如最终确定的发行价格低于价格区间上限，差价部分退还给投资者。发行人和主承销商必须在资金解冻前将确定的发行价格进行公告。投资者具体申购流程如下：

1. 申购时间。沪市投资者可以使用其所持的上海证券交易所账户在申购日（简称"T 日"）向上海证券交易所申购在上海证券交易所发行的新股，申购时间为 T 日上午 9:30～11:30 和下午 1:00～3:00。
2. 申购单位及上限。
   （1）每一申购单位为 1 000 股，申购数量不少于 1 000 股，超过 1 000 股的必须是 1 000 股的整数倍，但最高不得超过当次社会公众股上网发行总量的 1‰，且不得超过 9 999.9 万股。
   （2）除法规规定的证券账户外，每一个证券账户只能申购 1 次，重复申购和资金不实的申购一律视为无效申购。
   （3）重复申购除第 1 次申购为有效申购外，其余申购由上海证券交易所交易系统自动剔除。
3. 申购配号。
   （1）申购委托前，投资者应把申购款全额存入与上海证券交易所联网的证券营业部指定的资金账户。
   （2）上网申购期内，投资者按委托买入股票的方式，以发行价格填写委托单。
   （3）一经申报，不得撤单。申购配号根据实际有效申购进行，每一有效申购单位配 1 个号，对所有有效申购单位按时间顺序连续配号。
4. 资金交收及透支申购的处理。中国证券登记结算有限责任公司上海分公司（简称"中国结算上海分公司"）负责申购资金的结算。

（二）上网发行资金申购流程

1. 投资者申购。申购当日（T 日），投资者在规定的申购时间内通过与上海证券交易所联网的证券营业部，根据发行人发行公告规定的价格区间上限和申购数量缴足申购款，进行申购委托。

   上网申购期内，投资者按委托买入股票的方式，以价格区间上限填写委托单。一经申报，不得撤单。已开立资金账户但没有足够资金的投资者，必须在申购日之前（含该日），根据自己的申购量存入足额的申购资金；尚未开立资金账户的投资者，必须在申购日之前（含该日）在与上海证券交易所联网的证券营业部开立资金账户，并根据申购量存入足额的申购资金。
2. 资金冻结。申购日后的第 1 天（T+1 日），由中国结算上海分公司将申购资金冻结。确因银行汇划原因而造成申购资金不能及时入账的，应在 T+1 日提供划款银行的划款凭证，并确保 T+2 日上午申购资金入账，同时缴纳 1 天申购资金应冻结利息。
3. 验资及配号。申购日后的第 2 天（T+2 日），中国结算上海分公司配合上海证券交易所指定的具备资格的会计师事务所对申购资金进行验资，并由会计师事务所出具验资报告，以实际到位资金作为有效申购。发行人和主承销商应在T+2日前（含T+2日）提供确定的发行价格。

4. 摇号抽签、中签处理。申购日后的第3天（T+3日），发行人和主承销商公布确定的发行价格和中签率，并进行摇号抽签、中签处理。中国结算上海分公司对申购的投资人按确定的新股发行价格予以扣款。

5. 资金解冻。申购日后的第4天（T+4日），发行人和主承销商公布中签结果，中国结算上海分公司对未中签部分的申购款予以解冻，如发行价格低于价格区间上限，差价部分退还给投资者。新股认购款由中国结算上海分公司划付给主承销商。

（三）上网发行资金申购的缩短流程

上海证券交易所上网发行资金申购的时间一般为4个交易日，根据发行人和主承销商的申请，可以缩短1个交易日，申购流程如下：

1. 投资者申购（T日）。申购当日（T日），按《发行公告》和申购办法等规定进行申购。

2. 资金冻结、验资及配号（T+1日）。申购日后的第1天（T+1日），由中国结算上海分公司将申购资金冻结。16:00前，申购资金须全部到位，中国结算上海分公司配合上海证券交易所指定的具备资格的会计师事务所对申购资金进行验资，并由会计师事务所出具验资报告，上海证券交易所以实际到位资金作为有效申购进行配号（即16:00后按相关规定进行验资，确认有效申购和配号）。

3. 摇号抽签、中签处理（T+2日）。申购日后的第2天（T+2日），公布确定的发行价格和中签率，并按相关规定进行摇号抽签、中签处理。

4. 资金解冻（T+3日）。申购日后的第3天（T+3日）公布中签结果，并按相关规定进行资金解冻和新股认购款划付。

深圳证券交易所资金申购上网实施办法与上海证券交易所略有不同。

五、股票发行中的其他发行方式

（一）全额预缴款方式

1. “全额预缴款、比例配售、余款即退”：指投资者在规定的申购时间内，将全额申购款存入主承销商在收款银行设立的专户中；申购结束后，转存银行专户进行冻结，在对到账资金进行验资和确定有效申购后，根据股票发行量和申购总量计算配售比例，进行股票配售，余款返还投资者的股票发行方式。

2. “全额预缴款、比例配售、余款转存”：处理方式同上，但申购余款转为存款，利息按同期银行存款利率计算。该存款为专项存款，不得提前存取。

（二）“与储蓄存款挂钩”方式 { 专项存单方式 / 全额存款方式 }

在规定期限内无限量发售专项定期定额存单，根据存单发售数量、批准发行股票数量及每张中签存单可认购股份数量的多少确定中签率，通过公开摇号抽签方式决定中签者，中签者按规定的要求办理缴款手续的新股发行方式。

（三）上网竞价方式

上网竞价方式指利用证券交易所的交易系统，主承销商作为新股的唯一卖方，以发行人宣布的发行底价为最低价格，以新股实际发行量为总的卖出数，由投资者在指定的时间内竞价委托申购。确认投资者的有效申购后，就可以确定发行价格。

1. 当有效申购量等于或小于发行量时，发行底价就是最终的发行价格。
2. 当有效申购量大于发行量时，主承销商可以采用比例配售或者抽签的方式，确定每个有效申购实际应配售的新股数量。

（四）市值配售方式

该方式是指在新股发行时，将一定比例的新股由上网公开发行改为向二级市场投资者配售，投资者根据其持有上市流通证券的市值和折算的申购限量，自愿申购新股。

六、超额配售选择权★

首次公开发行股票数量在4亿股以上的，发行人及其主承销商可以在发行方案中采用超额配售选择权。超额配售选择权的实施应当遵守中国证监会、证券交易所和证券登记结算机构的规定。

（一）概念

超额配售选择权是发行人授予主承销商的一项选择权，获此授权的主承销商按同一发行价格超额发售不超过包销数额15％的股份，即主承销商按不超过包销数额115％的股份向投资者发售。

（二）超额配售选择权的实施

1. 发行人计划实施超额配售选择权的，应当提请股东大会批准，因行使超额配售选择权而发行的新股为本次发行的一部分。
2. 发行人应当披露因行使超额配售选择权而可能增发股票所募集资金的用途，并提请股东大会批准。
3. 主承销商与发行人签订的承销协议应当明确发行人对主承销商行使超额配售选择权的授权，以及主承销商包销和行使超额配售选择权的责任（有关超额配售选择权的实施方案应当在招股意向书和招股说明书中予以披露）。
4. 在发行前，主承销商应当向证券登记结算公司申请开立专门用于行使超额配售选择权的账户，并向证券交易所和证券登记结算公司提交授权委托书及授权代表的有效签字样本。

（三）超额配售选择权的行使

1. 主承销商在决定行使超额配售选择权时：
   （1）应保证仅对参与本次发行申购且与本次发行无特殊利益关系的机构投资者作出延期交付股份的安排。
   （2）在上述投资者预先付款并同意推迟股份交收的情况下，主承销商可以在征集认购意向时，与其达成预售拟行使超额配售选择权所对应股份的协议，并将该协议报证券登记结算公司备案。
2. 在超额配售选择权行使期内，主承销商应根据不同情况分别处理。

（四）超额配售选择权的披露

1. 在包销数额内的新股发行完成后，发行人应当发布股份变动公告。在实施超额配售选择权所涉及的股票发行验资工作完成后的3个工作日内，发行人应当再次发布股份变动公告。在全部发行工作完成后，发行人还应当按照有关规定办理相关的工商变更登记手续。

2. 在超额配售选择权行使完成后的 3 个工作日内，主承销商应当在中国证监会指定报刊披露有关超额配售选择权的行使情况。

3. 主承销商应当保留行使超额配售选择权的完整记录。

4. 在全部发行工作完成后 15 个工作日内，主承销商应当将超额配售选择权的行使情况及其内部监察报告报中国证监会和证券交易所备案。

七、回拨机制

（一）定义

回拨机制是指在同一次发行中采取两种发行方式时，例如上网定价发行和网下向机构投资者配售，为了保证发行成功和公平对待不同类型的投资者，先人为设定不同发行方式下的发行数量，然后根据认购结果，按照预先公布的规则在两者之间适当调整发行数量。

（二）建立

首次公开发行股票达到一定规模的，发行人及其主承销商应当在网下配售和网上发行之间建立回拨机制，根据申购情况调整网下配售和网上发行的比例。

第四节 首次公开发行的具体操作

一、推介

发行申请经中国证监会核准后，承销商及发行人应做好相关发行准备。

1. 承销商实施证券承销前，应当向中国证监会报送发行与承销方案。

承销商承销证券采用包销或者代销方式。

（1）上市公司非公开发行股票未采用自行销售方式或者上市公司配股的，应当采用代销方式。

（2）股票发行采用代销方式的，应当在发行公告中披露发行失败后的处理措施。发行失败后，主承销商应当协助发行人按照发行价并加算银行同期存款利息返还股票认购人。

2. 证券发行依照法律、行政法规的规定应当由承销团承销的，组成承销团的承销商应签订承销团协议，由主承销商负责组织承销工作。

3. 主承销商应当设立专门的部门或者机构，协调公司投资银行、研究、销售等部门共同完成信息披露、推介、簿记、定价、配售和资金清算等工作。承销商在承销过程中，不得以提供透支、回扣或者中国证监会认定的其他不正当手段诱使他人申购股票。

二、询价与定价

具体内容参见本章第二节的内容。

三、申购◆

（一）上海证券交易所上网发行资金申购流程

T 日投资者申购；T＋1 日资金冻结；T＋2 日验资及配号；T＋3 日公布中签率，组织摇号抽签；T＋4 日公布中签号；未中签部分资金解冻；T＋4 日后，主承销商依据承销协议，将新股认购款扣除承销费用后划转到发行人指定的银行账户。

（二）深圳证券交易所上网发行资金申购流程

T 日投资者申购；T＋1 日资金冻结、验资及配号；T＋2 日组织摇号抽签，公布中签结果；T＋3 日资金解冻。

（三）网上发行与网下发行的衔接

1. 发行公告的刊登。发行人和主承销商应在网上发行申购日之前一个交易日刊登网上发行公告，网上发行公告与网下发行公告可以合并刊登。
2. 网下发行参与对象不得参与网上发行。
3. 网上发行与网下发行的回拨。发行人可以根据申购情况进行网上发行数量与网下发行数量的回拨，最终确定对机构投资者和对公众投资者的股票分配数量。

四、发售◆

首次公开发行发售阶段涉及的向战略投资者配售、向参与网下配售的询价对象配售、向参与网上发行的投资者配售、超额配售和回拨机制等内容和规定具体参照本章第三节"首次公开发行股票的发行方式"的相关内容。

五、验资◆

投资者申购缴款结束后，主承销商应当聘请具有证券相关业务资格的会计师事务所（简称"会计师事务所"）对申购资金进行验证，并出具验资报告；首次公开发行股票的，还应当聘请律师事务所对向战略投资者、询价对象的询价和配售行为是否符合法律、行政法规及《证券发行与承销管理办法》的规定等进行鉴证，并出具专项法律意见书。

六、承销◆

证券公司实施证券承销前，应当向中国证监会报送发行与承销方案。

证券公司承销证券，应当依照《中华人民共和国证券法》第二十八条的规定采用包销或者代销方式。

证券发行依照法律、行政法规的规定应当由承销团承销的，组成承销团的承销商应当签订承销团协议，由主承销商负责组织承销工作。证券发行由两家以上证券公司联合主承销的，所有担任主承销商的证券公司应当共同承担主承销责任，履行相关义务。承销团由 3 家以上承销商组成的，可以设副主承销商，协助主承销商组织承销活动。

首次公开发行股票数量在 4 亿股以上的，发行人及其主承销商可以在发行方案中采用超额配售选择权。超额配售选择权的实施应当遵守中国证监会、证券交易所和证券登记结算机构的规定。

公开发行证券的，主承销商应当在证券上市后 10 日内向中国证监会报备承销总结报告，总结说明发行期间的基本情况及新股上市后的表现，并提供相关文件。

第五节 股票的上市保荐

一、股票上市的条件★

股票上市：经核准同意股票在证券交易所挂牌交易。

上市条件：
- (1) 股票经中国证监会核准已公开发行。
- (2) 公司股本总额不少于人民币 5 000 万元。
- (3) 公开发行的股份达到公司股份总数的 25%以上；公司股本总额超过人民币 4 亿元的，公开发行股份的比例为 10%以上。
- (4) 公司最近 3 年无重大违法行为，财务会计报告无虚假记载。
- (5) 交易所要求的其他条件。

上市审核由证券交易所上市审核委员会负责。

二、股票锁定的一般规定★

发行人首次公开发行股票前已发行的股份，自发行人股票上市之日起 1 年内不得转让。发行人向证券交易所申请其首次公开发行股票上市时，控股股东和实际控制人应当承诺：自发行人股票上市之日起 36 个月内，不转让或者委托他人管理其直接和间接持有的发行人首次公开发行股票前已发行股份，也不由发行人回购该部分股份。发行人应当在上市公告书中披露上述承诺。

三、股票的上市保荐和持续督导★

（一）实行制度

股票和可转换公司债券（含分离交易的可转换公司债券）的上市保荐制度。

（二）保荐机构保荐范围及资格

1. 范围：
   - (1) 发行人（上市公司）申请其首次公开发行的股票。
   - (2) 上市后发行的新股和可转换公司债券上市。
   - (3) 公司股票被暂停上市后申请恢复上市的。

2. 资格：
   - (1) 经中国证监会注册登记并列入保荐机构名单。
   - (2) 具有交易所会员资格的证券经营机构。
   - (3) 恢复上市保荐机构还应当具有中国证券业协会《证券公司从事代办股份转让主办券商业务资格管理办法（试行）》中规定的从事代办股份转让主办券商业务资格。

（三）保荐协议及保荐书★

1. 内容：
   - (1) 明确双方在发行人申请上市期间、申请恢复上市期间和持续督导期间的权利和义务。
   - (2) 约定保荐机构审阅发行人信息披露文件的时点。

2. 保荐工作：保荐机构应当在签订保荐协议时指定两名保荐代表人具体负责保荐工作，并作为保荐机构与交易所之间的指定联络人。保荐代表人应当为经中国证监会注册登记并列入保荐代表人名单的自然人。

3. 提交文件：上市保荐书、保荐协议、保荐机构和相关保荐代表人已经中国证监会注册登记并列入保荐机构和保荐代表人名单的证明文件、保荐机构向保荐代表人出具的由保荐机构法定代表人签名的授权书，以及与上市保荐工作有关的其他文件（股票恢复上市除外）。

4. 内容（上市保荐书）
(1) 发行股票、可转换公司债券的公司概况。
(2) 申请上市的股票、可转换公司债券的发行情况。
(3) 保荐机构是否存在可能影响其公正履行保荐职责的情形的说明。
(4) 保荐机构按照有关规定应当承诺的事项。
(5) 对公司持续督导工作的安排。
(6) 保荐机构和相关保荐代表人的联系地址、电话和其他通讯方式。
(7) 保荐机构认为应当说明的其他事项，交易所要求的其他内容。

注意：上市保荐书应当由保荐机构的法定代表人（或者授权代表）和相关保荐代表人签字，注明日期并加盖保荐机构公章。

（四）保荐机构相关内容

1. 权利义务
(1) 保荐机构应当督导发行人按照上市规则的规定履行信息披露及其他相关义务，督导发行人及其董事、监事和高级管理人员遵守上市规则并履行向交易所作出的承诺，审阅发行人信息披露文件和向交易所提交的其他文件，并保证向交易所提交的与保荐工作相关的文件真实、准确、完整。
(2) 保荐机构应当在发行人向交易所报送信息披露文件及其他文件之前，或者履行信息披露义务后5个交易日内，完成对有关文件的审阅工作，督促发行人及时更正审阅中发现的问题，并向交易所报告。
(3) 保荐机构履行保荐职责发表的意见应当及时告知发行人，记录于保荐工作档案。发行人应当配合保荐机构和保荐代表人的工作。保荐机构应当督促发行人作出说明并限期纠正；情节严重的，应当向交易所报告。
(4) 保荐机构对发行人违法违规事项公开发表声明的，于披露前向交易所报告，经交易所审核后在指定媒体上公告（交易所对公告进行形式审核，对其内容的真实性不承担责任）。
(5) 保荐机构对可能存在虚假记载、误导性陈述或重大遗漏等违法违规情形或者其他不当情形的，应当及时发表意见；情节严重的，应当向交易所报告。
(6) 保荐机构应当自持续督导工作结束后10个交易日内向交易所报送保荐总结报告书。
(7) 保荐机构、相关保荐代表人和保荐工作其他参与人员不得利用从事保荐工作期间获得的发行人尚未披露的信息进行内幕交易，为自己或者他人谋取利益。

2. 保荐机构
(1) 保荐机构更换保荐代表人的，应当通知发行人，并及时向交易所报告，说明原因并提供新更换的保荐代表人的相关资料。发行人应当在收到通知后及时披露保荐代表人变更事宜。
(2) 保荐机构和发行人终止保荐协议的，应当及时向交易所报告，说明原因并由发行人发布公告。
(3) 发行人另行聘请保荐机构的，应当及时向交易所报告并公告。新聘请的保荐机构应当及时向交易所提交有关文件。

四、股票上市申请和上市协议★

前提：经中国证监会核准发行的股票发行结束后，发行人方可向证券交易所申请其股票上市（按照中国证监会有关规定编制上市公告书）。

股票上市提交文件：
(1) 上市申请书。
(2) 中国证监会核准其股票首次公开发行的文件。
(3) 有关本次发行上市事宜的董事会和股东大会决议。
(4) 营业执照复印件。
(5) 公司章程。
(6) 经具有执行证券、期货相关业务资格的会计师事务所审计的发行人最近3年的财务会计报告。
(7) 首次公开发行结束后，发行人全部股票已经中国证券登记结算有限责任公司托管的证明文件。
(8) 首次公开发行结束后，具有执行证券、期货相关业务资格的会计师事务所出具的验资报告。
(9) 关于董事、监事和高级管理人员持有本公司股份的情况说明和《董事(监事、高级管理人员）声明及承诺书》。
(10) 发行人拟聘任或者已聘任的董事会秘书的有关资料。
(11) 首次公开发行后至上市前，按规定新增的财务资料和有关重大事项的说明。
(12) 首次公开发行前已发行股份持有人，自发行股票上市之日起1年内持股锁定证明。
(13) 控股股东和实际控制人关于限售的承诺函。
(14) 最近一次的招股说明书和经中国证监会审核的全套发行申报材料。
(15) 按照有关规定编制的上市公告书。
(16) 保荐协议和保荐机构出具的上市保荐书。
(17) 律师事务所出具的法律意见书。
(18) 交易所要求的其他文件。

发行人及其董事、监事、高级管理人员应当保证向交易所提交的上市申请文件真实、准确、完整，不存在虚假记载、误导性陈述或者重大遗漏。

五、剩余证券的处理

（一）通常情况

承销商可以在证券上市后，通过证券交易所的交易系统逐步卖出自行购入的剩余证券。

（二）证券交易所推出大宗交易制度

承销商可以通过大宗交易的方式卖出剩余证券，这是一个快速、大量处理剩余证券的新途径。

六、中小企业板块上市公司的保荐▲

（一）中小企业板块

1. 定义：

(1) 是在深圳证券交易所主板市场中设立的一个运行独立、监察独立、代码独立、指数独立的板块，集中安排符合主板发行上市条件的企业中规模较小的企业上市。

(2) 是现有主板市场的一个板块，其适用的基本制度规范与现有市场完全相同，适用的发行上市标准也与现有主板市场完全相同，必须满足信息披露、发行上市辅导、财务指标、盈利能力、股本规模、公众持股比例等各方面的要求。

2. 保荐机构和保荐代表人义务：

(1) 应当遵守法律、行政法规、中国证监会以及深圳证券交易所的规定和行业规范，诚实守信，勤勉尽责，尽职推荐发行人证券上市，持续督导发行人履行相关义务。

(2) 保荐机构和保荐代表人应当保证向深圳证券交易所出具的文件真实、准确、完整。保荐机构应当在发行人证券上市前与深圳证券交易所签订《深圳证券交易所中小企业板块上市推荐与持续督导协议》，明确双方的权利、义务和有关事项。

3. 保荐机构考察。依据《中小企业板上市公司保荐工作评价办法》，深圳证券交易所每年对中小企业板上市公司保荐机构、保荐代表人的保荐工作进行评价，评价期间与对中小企业板上市公司信息披露工作考核期间一致。

（二）弹性保荐制度

中小企业板上市公司试行弹性保荐制度。

1. 上市公司及相关当事人发生以下事项：

(1) 上市公司或其实际控制人、董事、监事、高级管理人员受到中国证监会公开批评或者交易所公开谴责的。

(2) 最近两年经深圳证券交易所考评信息披露不合格的。

(3) 深圳证券交易所认定的其他情形。

2. 解决方案：

(1) 深圳证券交易所除要求保荐代表人（如有）参加致歉活动外，鼓励上市公司及时重新聘请保荐机构进行持续督导，持续督导时间直至相关违规行为已经得到纠正、重大风险已经消除，且不少于相关情形发生当年剩余时间及其后一个完整的会计年度。

(2) 若上市公司出现上述情形时仍处于持续督导期，但持续督导剩余时间少于前款所要求时间的，深圳证券交易所鼓励上市公司顺延现有持续督导期。

3. 上市公司实际控制人发生变化的，深圳证券交易所也鼓励上市公司重新聘请保荐机构进行持续督导，持续督导的期间为实际控制人发生变更当年剩余时间及其后一个完整的会计年度。

七、创业板发行、上市、持续督导★

（一）创业板发行

发行人申请首次公开发行股票应当符合下列条件：

1. 发行人是依法设立且持续经营 3 年以上的股份有限公司。有限责任公司按原账面净资产值折股整体变更为股份有限公司的，持续经营时间可以从有限责任公司成立之日起计算。

2. 最近两年连续盈利，最近两年净利润累计不少于 1 000 万元，且持续增长；
或者最近 1 年盈利，且净利润不少于 500 万元，最近 1 年营业收入不少于 5 000 万元，最近两年营业收入增长率均不低于 30%。净利润以扣除非经常性损益前后孰低者为计算依据。

3. 最近 1 期末净资产不少于 2 000 万元，且不存在未弥补亏损。

4. 发行后股本总额不少于 3 000 万元。

根据《深圳证券交易所创业板股票上市规则》，上市公司向深圳证券交易所申请办理新股发行事宜时，应当提交下列文件：

(1) 中国证监会的核准文件；

(2) 经中国证监会审核的全部发行申报材料；

(3) 发行的预计时间安排；

(4) 发行具体实施方案和发行公告；

(5) 相关招股意向书或者募集说明书；

(6) 深圳证券交易所要求的其他文件。

上市公司应当按照中国证监会有关规定，编制并及时披露涉及新股发行的相关公告。发行完成后，上市公司可以向深圳证券交易所申请新股上市。

（二）创业板上市

发行人申请股票在深圳证券交易所上市，应当符合下列条件：

(1) 股票已公开发行。

(2) 公司股本总额不少于 3 000 万元。

(3) 公开发行的股份达到公司股份总数的 25%以上；公司股本总额超过 4 亿元的，公开发行股份的比例为 10%以上。

(4) 公司股东人数不少于 200 人。

(5) 公司最近 3 年无重大违法行为，财务会计报告无虚假记载。

(6) 深圳证券交易所要求的其他条件。

第 (1) ～ (5) 项条件为在深圳证券交易所上市的必要条件，深圳证券交易所并不保证发行人符合上述条件时，其上市申请一定能够获得同意。

发行人向深圳证券交易所申请其首次公开发行的股票上市时，应当按照有关规定编制上市公告书。

发行人向深圳证券交易所申请其首次公开发行的股票上市，应当提交的文件参照前文要求。

发行人及其董事、监事和高级管理人员应当保证向深圳证券交易所提交的上市申请文件内容真实、准确、完整，不存在虚假记载、误导性陈述或者重大遗漏。

发行人公开发行股票前已发行的股份，自发行人股票上市之日起 1 年内不得转让。

发行人向深圳证券交易所提出其首次公开发行的股票上市申请时，控股股东和实际控制人应当承诺：自发行人股票上市之日起 36 个月内，不转让或者委托他人管理其直接或者间接持有的发行人公开发行股票前已发行的股份，也不由发行人回购其直接或者间接持有的发行人公开发行股票前已发行的股份。发行人应当在上市公告书中公告上述承诺。

自发行人股票上市之日起 1 年后，出现下列情形之一的，经控股股东和实际控制人申请并经深圳证券交易所同意，可豁免遵守上述承诺：

(1) 转让双方存在实际控制关系，或者均受同一控制人控制的。

(2) 深圳证券交易所认定的其他情形。

如发行人在向中国证监会提交其首次公开发行股票申请前 6 个月内（以中国证监会正式受理日为基准日）进行过增资扩股的，新增股份的持有人除需遵守 1 年内不得转让的规定外，还需在发行人向深圳证券交易所提出其公开发行股票上市申请时承诺：自发行人股票上市之日起 24 个月内，转让的上述新增股份不超过其所持有该新增股份总额的 50%。

深圳证券交易所在收到全套上市申请文件后 7 个交易日内，作出是否同意上市的决定。出现特殊情况的，深圳证券交易所可以暂缓作出决定。

深圳证券交易所设立上市委员会对上市申请进行审议，作出独立的专业判断并形成审核意见，深圳证券交易所上市委员会作出是否同意上市的决定。

首次公开发行的股票上市申请获得深圳证券交易所审核同意后，发行人应当于其股票上市前 5 个交易日内，在指定网站上披露下列文件：上市公告书；公司章程；申请股票上市的股东大会决议；法律意见书；上市保荐书。

上述文件应当置备于公司住所，供公众查阅。

发行人在提出上市申请期间，未经深圳证券交易所同意，不得擅自披露与上市有关的信息。

刊登招股说明书后，发行人应持续关注公共媒体（包括报纸、网站、股票论坛等）对公司的相关报道或传闻，及时向有关方面了解真实情况，发现存在虚假记载、误导性陈述或应披露而未披露重大事项等可能对公司股票及其衍生品种交易价格产生较大影响的，应当在上市首日刊登风险提示公告，对相关问题进行澄清并提示公司存在的主要风险。

（三）创业板督导

保荐机构应当与发行人签订保荐协议，明确双方在公司申请上市期间、申请恢复上市期间和持续督导期间的权利和义务。保荐协议应当约定保荐机构审阅发行人信息披露文件的时点。

首次公开发行股票的，持续督导期间为股票上市当年剩余时间及其后3个完整会计年度；上市后发行新股的，持续督导期间为股票上市当年剩余时间及其后两个完整会计年度；申请恢复上市的，持续督导期间为股票恢复上市当年剩余时间及其后1个完整会计年度。持续督导期间自股票上市或者恢复上市之日起计算。

对于在信息披露、规范运作、公司治理、内部控制等方面存在重大缺陷或违规行为，或者实际控制人、董事会、管理层发生重大变化等监管风险较大的公司，在法定持续督导期结束后，深圳证券交易所可以视情况要求保荐机构延长持续督导期，直至相关问题解决或风险消除。

保荐机构应当督导发行人建立健全并有效执行公司治理制度、财务内控制度和信息披露制度，以及督导发行人按照《深圳证券交易所创业板股票上市规则》的规定履行信息披露及其他相关义务，审阅信息披露文件及其他相关文件，并保证向深圳证券交易所提交的与保荐工作相关的文件真实、准确、完整，没有虚假记载、误导性陈述或者重大遗漏。

保荐机构和保荐代表人应当督导发行人的董事、监事、高级管理人员、控股股东和实际控制人遵守《深圳证券交易所创业板股票上市规则》及深圳证券交易所相关规定，并履行其所作出的承诺。

持续督导期内，保荐机构应当自发行人披露年度报告、中期报告后15个工作日内在指定网站披露跟踪报告，对《证券发行上市保荐业务管理办法》第三十五条所涉及事项进行分析并发表独立意见。保荐机构应当对上市公司进行必要的现场检查，以保证前款所发表的独立意见不存在虚假记载、误导性陈述或重大遗漏。

保荐机构应当自持续督导工作结束后10个交易日内向深圳证券交易所报送保荐总结报告书。

第七章 首次公开发行股票的信息披露

本章结构

- 第一节 信息披露概述
  - 信息披露的制度规定
  - 信息披露的方式
  - 信息披露的原则
    - 真实性
    - 准确性
    - 完整性
    - 及时性
  - 信息披露的事务管理

第二节 首次公开发行股票招股说明书及其摘要

- 招股说明书的编制和披露的规定
  - 要求
  - 原则
  - 有效期及相关事项
  - 预先披露
  - 一般要求
  - 摘要的一般要求
  - 刊登和报送
  - 其他备查文件
- 招股说明书的一般内容与格式
  - 封面、书脊、扉页、目录和释义
  - 董事会声明与发行人提示
  - 招股说明书概览
  - 本次发行概况
  - 风险因素
  - 发行人的基本情况
  - 业务和技术
  - 同业竞争与关联交易
  - 董事、监事、高级管理人员与核心技术人员
  - 公司治理
  - 财务会计信息
  - 管理层讨论与分析
  - 业务发展目标
  - 募股资金运用
  - 股利分配政策
  - 其他重要事项
  - 董事、监事、高级管理人员及有关中介机构声明
  - 备查文件
- 招股说明书摘要的一般内容与格式

第三节 股票发行公告及发行过程中的有关公告

- 发行公告的披露
- 发行公告的内容
- 新股投资风险特别公告
- 询价区间公告、发行结果公告

- 第四节 股票上市公告书
  - 股票上市公告书编制和披露的要求
    - 《指引》的规定是对发行人上市公告书信息披露的最低要求
    - 上市公告书的一般要求
    - 披露上市公告书
    - 报送上市公告书
    - 上市公告书应真实、准确、完整
  - 股票上市公告书的内容与格式
    - 重要声明与提示
    - 股票上市情况
    - 发行人、股东和实际控制人情况
    - 股票发行情况
    - 其他重要事项
    - 上市保荐机构及其意见
- 第五节 创业板信息披露方面的特殊要求
  - 首次公开发行股票并在创业板上市投资风险特别公告
  - 创业板招股说明书的编制和披露的特殊规定
    - 风险提示
    - 一般内容与格式的主要差异
  - 上市公告书的特殊披露要求

本章学习目的与要求

掌握信息披露的制度规定、信息披露方式、信息披露的原则和信息披露的事务管理。

熟悉招股说明书的编制、预披露和披露要求及其保证与责任，了解招股说明书的摘要刊登、有关招股说明书及其摘要信息的散发。掌握招股说明书的一般内容与格式。

熟悉询价区间公告、发行结果公告的基本内容。

熟悉股票上市公告书的编制和披露要求，股票上市公告书的内容与格式。

掌握创业板上市招股书及其备查文件的披露、发行公告、投资风险特别公告等信息披露方面的特殊要求。

本章内容变化情况

1. 第二节“募股资金运用”部分，增加了“根据《关于进一步改革和完善新股发行体制的指导意见》，对最终定价超过预期价格导致募集资金量超过项目资金需要量的，发行人应当提前在招股说明书中披露用途。”

2. 第三节标题改为“股票发行公告及发行过程中的有关公告”，并增加了“三、新股投资风险特别公告”和“四、询价区间公告、发行结果公告”。

3. 增加了“第五节 创业板信息披露方面的特殊要求”。

本章重点解析

第一节 信息披露概述

一、信息披露的制度规定★

（一）股份有限公司公开发行股票并上市，必须同时向所有投资者公开信息披露

依法披露的信息必须真实、准确、完整，不得有虚假记载、误导性陈述或者重大遗漏。违反以上规定致使投资者在证券交易中遭受损失的：

1. 发行人应当承担赔偿责任。
2. 发行人的董事、监事、高级管理人员和其他直接责任人员以及保荐机构、承销的证券公司，应当与发行人承担连带赔偿责任，但是能够证明自己没有过错的除外。
3. 发行人的控股股东、实际控制人有过错的，应当与发行人、上市公司承担连带赔偿责任。依法必须披露的信息，应当在国务院证券监督管理机构指定的媒体发布，同时将其置备于公司住所、证券交易所，供社会公众查阅。

（二）在境内外市场发行证券及其衍生品种并上市的公司在境外市场披露的信息，应当同时在境内市场披露，且内容应当保持一致

根据《中国证监会现行规章、规范性文件目录》，

公开发行证券的公司信息披露规范包括：
- 内容与格式准则；
- 编报规则；
- 规范问答。

（三）首次公开发行股票的信息披露应遵守相关规范

首次公开发行股票的信息披露文件主要包括：
- 招股说明书及其附录和备查文件；
- 招股说明书摘要；
- 发行公告；
- 上市公告书。

发行人和主承销商在发行过程中，应当按照中国证监会规定的程序、内容和格式，编制信息披露文件，履行信息披露义务。

二、信息披露的方式★

信息披露的方式主要包括：发行人及其主承销商应当将发行过程中披露的信息刊登在至少一种中国证监会指定的报刊，同时将其刊登在中国证监会指定的互联网网站，并置备于中国证监会指定的场所，供公众查阅。

信息披露文件应当采用中文文本。同时采用外文文本的，信息披露义务人应当保证两种文本的内容一

致。两种文本发生歧义时，以中文文本为准。

三、信息披露的原则★

信息披露义务人应当真实、准确、完整、及时地披露信息，不得有虚假记载、误导性陈述或者重大遗漏。

信息披露义务人应当同时向所有投资者公开披露信息。

信息披露的原则：
- 真实性原则：信息披露义务人所公开的情况不得有任何虚假成分，必须与自身的客观实际相符。
- 准确性原则：信息披露义务人公开的信息必须尽可能详尽、具体、准确。
- 完整性原则：信息披露义务人必须把能够提供给投资者判断证券投资价值的情况全部公开。
- 及时性原则：信息披露义务人在依照法律、法规、规章及其他规定要求的时间内，以指定的方式披露。

四、信息披露的事务管理★

（一）信息披露事务管理制度

上市公司应当制定信息披露事务管理制度。

上市公司信息披露事务管理制度应当经公司董事会审议通过，报注册地证监局和证券交易所备案。

（二）上市公司应当设立董事会秘书，作为公司与交易所之间的指定联络人

1. 上市公司在履行信息披露义务时，应当指派董事会秘书、证券事务代表或者代行董事会秘书职责的人员负责与交易所联系，办理信息披露与股权管理事务。

2. 董事会秘书：
   - （1）为上市公司高级管理人员，对公司和董事会负责。
   - （2）负责组织和协调公司信息披露事务，汇集上市公司应予披露的信息并报告董事会，持续关注媒体对公司的报道并主动求证报道的真实情况。
   - （3）有权参加股东大会、董事会会议、监事会会议和高级管理人员相关会议，有权了解公司的财务和经营情况，查阅涉及信息披露事宜的所有文件。
   - （4）负责办理上市公司信息对外公布等相关事宜。

   除监事会公告外，上市公司披露的信息应当以董事会公告的形式发布。董事、监事、高级管理人员非经董事会书面授权，不得对外发布上市公司未披露信息。

3. 上市公司董事会秘书空缺期间，董事会应当指定1名董事或高级管理人员代行董事会秘书的职责，并报交易所备案，同时尽快确定董事会秘书人选。

   公司指定代行董事会秘书职责的人员之前，由董事长代行董事会秘书职责。

   董事会秘书空缺期间超过3个月之后，董事长应当代行董事会秘书职责，直至公司正式聘任董事会秘书。

   上市公司在聘任董事会秘书的同时，还应当聘任证券事务代表，协助董事会秘书履行职责。

   在董事会秘书不能履行职责时，由证券事务代表行使其权利并履行其职责。在此期间，并不当然免除董事会秘书对公司信息披露事务所负有的责任。证券事务代表应当经过交易所的董事会秘书资格培训并取得董事会秘书资格证书。

   上市公司董事会正式聘任董事会秘书、证券事务代表后，应当及时向交易所提交相关资料并公告聘任情况。

（三）信息披露的监督管理和法律责任（见表7-1）

表7-1 信息披露的监督管理和法律责任

单位	责任
中国证监会	1. 依法对信息披露文件及公告的情况、信息披露事务管理活动进行监督，对上市公司控股股东、实际控制人和信息披露义务人的行为进行监督。 2. 对金融、房地产等特殊行业上市公司的信息披露作出特别规定。 3. 要求上市公司及其他信息披露义务人或者其董事、监事、高级管理人员对有关信息披露问题作出解释、说明或者提供相关资料，并要求上市公司提供保荐机构或者证券服务机构的专业意见。 4. 对保荐机构和证券服务机构出具的文件的真实性、准确性、完整性有疑义的，可以要求相关机构作出解释、补充，并调阅其工作底稿。
证券交易所	应当对上市公司及其他信息披露义务人披露信息进行监督，督促其依法及时、准确地披露信息，对证券及其衍生品种交易实行实时监控。
上市公司及其他信息披露义务人、保荐机构和证券服务机构	1. 应当及时作出回复，并配合中国证监会的检查、调查。 2. 信息披露义务人未在规定期限内履行信息披露义务，或者所披露的信息有虚假记载、误导性陈述或者重大遗漏的，中国证监会按照《证券法》第一百九十三条处罚。 3. 违反《证券法》、行政法规和中国证监会的规定，由中国证监会依法采取责令改正、监管谈话、出具警示函、记入诚信档案等监管措施；应当给予行政处罚的，中国证监会依法处罚。 4. 违反信息披露的相关规定，情节严重的，中国证监会可以对有关责任人员采取证券市场禁入的措施；涉嫌犯罪的，依法移送司法机关，追究刑事责任。
上市公司董事、监事、高级管理人员	应当对公司信息披露的真实性、准确性、完整性、及时性、公平性负责，但有充分证据表明其已经履行勤勉尽责义务的除外。

第二节 首次公开发行股票招股说明书及其摘要

一、招股说明书的编制和披露的规定★

所有申请拟在中华人民共和国境内首次公开发行股票并上市的公司（即发行人），均应按第1号准则的要求编制和披露招股说明书及其摘要，作为向中国证监会申请首次公开发行股票的必备法律文件，并按规定披露。

发行人披露的招股意向书除不含发行价格、筹资金额以外，其内容与格式应当与招股说明书一致，并与招股说明书具有同等法律效力。

（一）招股说明书信息披露的要求

第1号准则的规定是对招股说明书信息披露的最低要求。

在不影响信息披露的完整性和不致引起阅读不便的前提下，发行人可采用相互引证的方法，对各相关部分的内容进行适当的技术处理，以避免重复，保持文字简洁。

（二）招股说明书及其摘要披露的原则

1. 发行人在招股说明书及其摘要中披露的所有信息应真实、准确、完整。

2. 发行人报送申请文件后，在中国证监会核准前，发生应予披露事项的，应向中国证监会书面说明情况，并及时修改招股说明书及其摘要。

3. 发行人公开发行股票的申请经中国证监会核准后，发生应予披露事项的，应向中国证监会书面说明情况，并经中国证监会同意后相应修改招股说明书及其摘要。必要时发行人公开发行股票的申请应重新经过中国证监会核准。

4. 发行人及其全体董事、监事和高级管理人员应当在招股说明书上签字、盖章，保证招股说明书的内容真实、准确、完整。

5. 招股说明书应当加盖发行人公章。

6. 保荐机构及其保荐代表人应当对招股说明书的真实性、准确性、完整性进行核查，并在核查意见上签字、盖章。

7. 发行人在招股说明书及其摘要中披露的财务会计资料应有充分的依据，所引用的发行人的财务报表、盈利预测报告（如有）应由具有证券、期货相关业务资格的会计师事务所审计或审核。

（三）招股说明书及其引用的财务报告的有效期及相关事项

招股说明书中引用的财务报告在其最近1期截止日后6个月内有效。特殊情况下，发行人可申请适当延长，但至多不超过1个月。

财务报告应当以年度末、半年度末或者季度末为截止日。招股说明书的有效期为6个月，自中国证监会核准发行申请前招股说明书最后1次签署之日起计算。

（四）招股说明书的预先披露

在申请文件受理后、发行审核委员会审核前，发行人应当将招股说明书（申报稿）在中国证监会网站预先披露。

自2008年7月1日起，对所有新受理首次公开发行申请，中国证监会发行监管部将在发行人和保荐机构按照反馈意见修改申请文件后的5个工作日内在网上公开招股说明书（申报稿）。发行人可以将招股说明书（申报稿）刊登于其公司网站，但披露内容应当完全一致，且不得早于在中国证监会网站的披露时间。发行人及其全体董事、监事和高级管理人员应当保证预先披露的招股说明书（申报稿）的内容真实、准确、完整。

（五）招股说明书的一般要求

1. 引用的数据应有充分、客观的依据，并注明资料来源。

2. 引用的数字应采用阿拉伯数字，货币金额除特别说明外，应指人民币金额，并以元、千元或万元为单位。

3. 发行人可根据有关规定或其他需求，编制招股说明书外文译本，但应保证中、外文文本的一致性，并在外文文本上注明"本招股说明书分别以中、英（或日、法等）文编制，在对中外文本的理解上发生歧义时，以中文文本为准"；在境内外同时发行股票的，应按照从严原则编制招股说明书，并保证披露内容的一致性。

4. 招股说明书全文文本应采用质地良好的纸张印刷，幅面为209毫米×295毫米（相当于标准的A4纸规格）。

5. 招股说明书应使用事实描述性语言，保证其内容简明扼要、通俗易懂，突出事件实质，不得有祝贺性、广告性、恭维性或诋毁性的词句。

（六）招股说明书摘要的一般要求

1. 招股说明书摘要的目的仅为向公众提供有关本次发行的简要情况，无须包括招股说明书全文各部分的主要内容。
2. 招股说明书摘要内容必须忠实于招股说明书全文，不得出现与全文相矛盾之处。
3. 招股说明书摘要应尽量采用图表或其他较为直观的方式准确披露发行人的情况，做到简明扼要、通俗易懂。
4. 在中国证监会指定的信息披露报刊刊登的招股说明书摘要最小字号为标准小 5 号字，最小行距为 0.35 毫米。

（七）招股说明书及其摘要的刊登和报送

发行人应当在发行前将招股说明书摘要刊登于至少一种中国证监会指定的报刊，同时将招股说明书全文刊登于中国证监会指定的网站，并将招股说明书全文置备于发行人住所、拟上市证券交易所、保荐机构、主承销商和其他承销机构的住所，以备公众查阅。

发行人可以将招股说明书摘要、招股说明书全文、有关备查文件刊登于其他报刊和网站，但披露内容应当完全一致，且不得早于在中国证监会指定报刊和网站的披露时间。

证券发行申请经中国证监会核准后至发行结束前发生重要事项的，发行人应当向中国证监会书面说明，并经中国证监会同意后，修改招股说明书或者作相应的补充公告。

发行人应在招股说明书及其摘要披露后 10 日内，将正式印刷的招股说明书全文文本一式五份，分别报送中国证监会及其在发行人注册地的派出机构。

（八）其他备查文件

1. 保荐机构出具的发行保荐书、证券服务机构出具的有关文件应当作为招股说明书的备查文件，在中国证监会指定的网站上披露，并置备于发行人住所、拟上市证券交易所、保荐机构、主承销商和其他承销机构的住所，以备公众查阅。
2. 招股说明书及其摘要引用保荐机构、证券服务机构的专业意见或者报告的，相关内容应当与保荐机构、证券服务机构出具的文件内容一致，确保引用保荐机构、证券服务机构的意见不会产生误导。

二、招股说明书的一般内容与格式★

（一）招股说明书的封面、书脊、扉页、目录和释义

招股说明书全文文本：
1. 封面应标有"×××公司首次公开发行股票招股说明书"字样，并载明发行人、保荐机构、主承销商的名称和住所。
2. 书脊应标明"×××公司首次公开发行股票招股说明书"字样。
3. 扉页应载有相关内容。

发行境外上市外资股的公司还应披露在境内上市流通的股份数量和在境外上市流通的股份数量。

发行人应当针对实际情况在招股说明书首页作"重大事项提示"，提醒投资者给予特别关注。

招股说明书及其摘要的目录应标明各章、节的标题及相应的页码，内容编排也应符合通行的中文惯例。

发行人应对可能造成投资者理解障碍及有特定含义的术语作出释义。招股说明书及其摘要的释义应在目录次页排印。

（二）董事会声明与发行人提示

1. 招股说明书的扉页应刊登发行人董事会的声明。
2. 首次公开发行股票并在创业板上市的发行人应当在招股说明书显要位置作提示。
3. 发行人及其全体董事、监事和高级管理人员应当在招股说明书上签名、盖章，保证招股说明书内容真实、准确、完整。
4. 保荐机构及其保荐代表人应当对招股说明书的真实性、准确性、完整性进行核查，并在核查意见上签名、盖章。发行人的控股股东、实际控制人应当对招股说明书出具确认意见，并签名、盖章。

（三）招股说明书概览

发行人应设置招股说明书概览，并在本部分起首声明："本概览仅对招股说明书全文作扼要提示。投资者作出投资决策前，应认真阅读招股说明书全文。"此外，发行人应在招股说明书概览中披露发行人及其控股股东、实际控制人的简要情况，发行人的主要财务数据及主要财务指标，本次发行情况及募集资金用途等。

（四）本次发行概况

1. 本次发行的基本情况。发行人应披露本次发行的基本情况，主要包括 12 种情形。
2. 本次发行的发行人和有关的中介机构。发行人应披露相关机构的名称、法定代表人、住所、联系电话、传真；同时，应披露有关经办人员的姓名。

   此外，招股说明书应披露发行人及与本次发行有关的中介机构及其负责人、高级管理人员及经办人员之间存在的直接或间接的股权关系或其他权益关系。
3. 本次发行至上市前的重要日期。发行人应针对不同的发行方式，披露预计发行上市的重要日期，主要包括：询价推介时间、定价公告刊登日期、申购日期和缴款日期和股票上市日期。

（五）风险因素

1. 披露风险因素的要求。发行人应当遵循重要性原则，按顺序披露可能直接或间接对发行人生产经营状况、财务状况和持续盈利能力产生重大不利影响的所有因素。

   同时，针对自身的实际情况，充分、准确、具体地描述相关风险因素。对披露的风险因素应作定量分析；无法进行定量分析的，应有针对性地作出定性描述。

   有关风险因素可能对发行人生产经营状况、财务状况和持续盈利能力有严重不利影响的，应作"重大事项提示"。
2. 发行人应披露的风险因素包括但不限于下列内容：

   （1）产品或服务的市场前景、行业经营环境的变化、商业周期或产品生命周期的影响、市场饱和或市场分割、过度依赖单一市场、市场占有率下降等；

   （2）经营模式发生变化，经营业绩不稳定，主要产品或主要原材料价格波动，过度依赖某一重要原材料、产品或服务，经营场所过度集中或分散等；

   （3）内部控制有效性不足导致的风险、资产周转能力较差导致的流动性风险、现金流状况不佳或债务结构不合理导致的偿债风险、主要资产减值准备计提不足的风险、主要资产价值大幅波动的风险、非经常性损益或合并财务报表范围以外的投资收益金额较大导致净利润大幅波动的风险、重大担保或诉讼、仲裁等或有事项导致的风险；

(4) 技术不成熟、技术尚未产业化、技术缺乏有效保护或保护期限短、缺乏核心技术或核心技术依赖他人、产品或技术面临被淘汰等；

(5) 投资项目在市场前景、技术保障、产业政策、环境保护、土地使用、融资安排、与他人合作等方面存在的问题，因营业规模、营业范围扩大或者业务转型而导致的管理风险、业务转型风险，因固定资产折旧大量增加而导致的利润下滑风险，以及因产能扩大而导致的产品销售风险等；

(6) 由于财政、金融、税收、土地使用、产业政策、行业管理、环境保护等方面法律、法规、政策变化引致的风险；

(7) 可能严重影响公司持续经营的其他因素，如自然灾害、安全生产、汇率变化、外贸环境等。

(六) 发行人的基本情况

1. 发行人的基本情况：注册中、英文名称，注册资本，法定代表人，成立日期，住所和邮政编码，电话、传真号码，互联网网址和电子信箱。

2. 发行人的改制重组情况。发行人应详细披露改制重组的情况。

发行人应详细披露与控股股东、实际控制人及其控制的其他企业在资产、人员、财务、机构、业务方面的分开情况，说明是否具有完整的业务体系及面向市场独立经营的能力。

3. 发行人的股本变化情况。发行人应详细披露设立以来股本的形成及其变化和重大资产重组情况，包括其具体内容、所履行的法定程序以及对发行人业务、管理层、实际控制人及经营业绩的影响。同时，发行人应简要披露设立时发起人或股东出资及设立后历次股本变化的验资情况，披露设立时发起人投入资产的计量属性。

4. 发行人关联方情况。发行人应采用方框图或其他有效形式，全面披露发起人、持有发行人5%以上股份的主要股东、实际控制人，控股股东、实际控制人所控制的其他企业，发行人的职能部门、分公司、控股子公司、参股子公司以及其他有重要影响的关联方。

发行人应披露其控股子公司、参股子公司的简要情况，包括成立时间、注册资本、实收资本、注册地和主要生产经营地、股东构成及控制情况、主营业务、最近1年及1期的总资产、净资产、净利润，并标明有关财务数据是否经过审计及审计机构名称。

发行人应披露发起人、持有发行人5%以上股份的主要股东及实际控制人的基本情况。

5. 如发行过内部职工股，发行人应披露以下情况（见表7-2）：

表7-2　　内部职工股的披露情况

内部职工股的审批及发行情况	审批机关； 审批日期； 发行数量； 发行方式； 发行范围； 发行缴款及验资情况。

续表

本次发行前的内部职工股托管情况	托管单位； 前10名自然人股东名单； 持股数量及比例； 应托管数量； 实际托管数量； 托管完成时间； 未托管股票数额及原因； 未托管股票的处理办法； 省级人民政府对发行人内部职工股托管情况及真实性的确认情况。
发生过的违法违规情况	超范围和超比例发行的情况； 以增发、配股、国家股和法人股转配等形式变相增加内部职工股的情况； 内部职工股转让和交易中的违法违规情况； 法人股个人化的情况； 这些违法违规行为的纠正情况及省级人民政府对清理、纠正情况的确认意见。
对尚存在内部职工股潜在问题和风险隐患的，应披露有关责任的承担主体等。	

6. 若曾存在工会持股、职工持股会持股、信托持股、委托持股或股东数量超过200人的情况，发行人应详细披露有关股份的形成原因及演变情况；进行过清理的，应当说明是否存在潜在问题和风险隐患，以及有关责任的承担主体等。
7. 发行人员工简介及其社会保障情况。发行人应简要披露员工及其社会保障情况。
8. 重要承诺及其履行情况。发行人应披露持有5%以上股份的主要股东以及作为股东的董事、监事、高级管理人员作出的重要承诺及其履行情况。

（七）业务和技术

1. 行业情况。发行人应披露其所处行业的基本情况。
2. 业务情况。发行人应披露其主营业务、主要产品（或服务）及设立以来的变化情况。发行人从事多种业务和产品（或服务）生产经营的，业务和产品（或服务）分类的口径应前后一致。若发行人主营业务和产品（或服务）分属不同行业，则应按不同行业分别披露相关信息。同时，发行人应根据重要性原则披露主营业务的具体情况。
3. 资产情况。发行人应列表披露与其业务相关的主要固定资产及无形资产情况。
4. 特许经营权情况。发行人应披露拥有的特许经营权的情况，主要包括特许经营权的取得，特许经营权的期限、费用标准，对发行人持续生产经营的影响等。
5. 生产技术及科研情况。发行人应披露主要产品生产技术所处的阶段；披露正在从事的研发项目及进展情况、拟达到的目标，最近3年及1期研发费用占营业收入的比例等；与其他单位合作研发的，还需说明合作协议的主要内容、研究成果的分配方案及采取的保密措施等；发行人应披露保持技术不断创新的机制、技术储备及技术创新的安排等。
6. 境外业务活动情况。发行人若在中华人民共和国境外进行生产经营，应对有关业务活动进行地域性分析；若发行人在境外拥有资产，应详细披露该资产的具体内容、资产规模、所在地、经营管理和盈利情况等。

7. 质量控制情况。发行人应披露主要产品和服务的质量控制情况，包括质量控制标准、质量控制措施、出现的质量纠纷等。
8. 发行人名称冠有"高科技"或"科技"字样的，应说明冠以此名的依据。

（八）同业竞争与关联交易

1. 同业竞争。发行人应披露是否存在与控股股东、实际控制人及其控制的其他企业从事相同、相似业务的情况。对存在相同、相似业务的，发行人应对是否存在同业竞争作出合理解释。发行人应披露控股股东、实际控制人作出的避免同业竞争的承诺。
2. 关联交易。
   (1) 关联方、关联关系及关联交易的确定：发行人应根据《公司法》和《企业会计准则》的相关规定披露关联方、关联关系和关联交易。
   (2) 关联交易的分类：发行人应根据交易的性质和频率，按照经常性和偶发性分类披露关联交易及关联交易对其财务状况和经营成果的影响。
   (3) 经常性关联交易的披露内容：对于购销商品、提供劳务等经常性的关联交易，应分别披露最近3年及1期关联交易方名称、交易内容、交易金额、交易价格的确定方法、占当期营业收入或营业成本的比重、占当期同类型交易的比重以及关联交易增减变化的趋势，与交易相关应收应付款项的余额及增减变化的原因，以及上述关联交易是否仍将持续进行等。
   (4) 偶发性的关联交易的披露内容：对于偶发性关联交易，应披露关联交易方名称、交易时间、交易内容、交易金额、交易价格的确定方法、资金的结算情况、交易产生的利润及对发行人当期经营成果的影响、交易对公司主营业务的影响等。
   (5) 规范关联交易。

（九）董事、监事、高级管理人员与核心技术人员

1. 发行人应披露董事、监事、高级管理人员及核心技术人员的简要情况。
   对核心技术人员，还应披露其主要成果及获得的奖项。
   对董事、监事，应披露其提名人，并披露上述人员的选聘情况。
2. 发行人应列表披露董事、监事、高级管理人员、核心技术人员及其近亲属以任何方式直接或间接持有发行人股份的情况，并应列出持有人姓名，近3年所持股份的增减变动以及所持股份的质押或冻结情况。
3. 发行人应披露董事、监事、高级管理人员及核心技术人员的其他对外投资情况。
4. 发行人应披露董事、监事、高级管理人员及核心技术人员最近1年从发行人及其关联企业领取收入的情况，以及所享受的其他待遇和退休金计划等。
5. 发行人应披露董事、监事、高级管理人员及核心技术人员的兼职情况及所兼职单位与发行人的关联关系。没有兼职的，应予以声明。
6. 发行人应披露董事、监事、高级管理人员及核心技术人员相互之间存在的亲属关系。
7. 发行人应披露与董事、监事、高级管理人员及核心技术人员所签订的协议，董事、监事、高级管理人员及核心技术人员作出的重要承诺，以及有关协议或承诺的履行情况。
8. 发行人应披露董事、监事、高级管理人员是否符合法律法规规定的任职资格；发行人董事、监事、高级管理人员在近3年内曾发生变动的，应披露变动情况和原因。

（十）公司治理

1. 机制设立。发行人应披露股东大会、董事会、监事会、独立董事、董事会秘书制度的建立健全

及运行情况，说明上述机构和人员履行职责的情况。同时，披露战略、审计、提名、薪酬与考核等各专门委员会的设置情况。

2. 违规情况。发行人应披露近3年内是否存在违法违规行为，若存在违法违规行为，应披露违规事实和受到处罚的情况，并说明对发行人的影响。若不存在违法违规行为，应明确声明。

3. 资金占用和对外担保情况。发行人应披露近3年内是否存在资金被控股股东、实际控制人及其控制的其他企业占用的情况，或者为控股股东、实际控制人及其控制的其他企业担保的情况。若不存在资金占用和对外担保，应明确声明。

4. 内部控制的评估和鉴证情况。发行人应披露公司管理层对内部控制完整性、合理性及有效性的自我评估意见以及注册会计师对公司内部控制的鉴证意见。注册会计师指出公司内部控制存在缺陷的，应予披露并说明改进措施。

（十一）财务会计信息

1. 报表披露。发行人运行3年以上的，应披露最近3年及1期的资产负债表、利润表和现金流量表；运行不足3年的，应披露最近3年及1期的利润表以及设立后各年及最近1期的资产负债表和现金流量表。

发行人编制合并财务报表的，应同时披露合并财务报表和母公司财务报表。

同时，发行人应披露财务报表的编制基础、合并财务报表范围及变化情况。发行人运行不足3年的，应披露设立前利润表编制的会计主体及确定方法；存在剥离调整的，还应披露剥离调整的原则、方法和具体剥离情况。

2. 审计意见披露。发行人应披露会计师事务所的审计意见类型。财务报表被出具带强调事项段的无保留审计意见的，应全文披露审计报告正文以及董事会、监事会及注册会计师对强调事项的详细说明。

3. 会计政策和会计估计披露。发行人应结合业务特点充分披露报告期内采用的主要会计政策和会计估计。

4. 分部信息披露。

5. 收购兼并信息披露。

(1) 发行人最近1年及1期内收购兼并其他企业资产（或股权），且被收购企业资产总额或营业收入或净利润超过收购前发行人相应项目20％（含）的，应披露被收购企业收购前1年利润表。

(2) 如果发行人报告期内存在对同一公司控制权人下相同、类似或相关业务进行重组，且重组符合《〈首次公开发行股票并上市管理办法〉第十二条——发行人最近3年内主营业务没有发生重大变化的适用意见——证券期货法律适用意见第3号》所规定的主营业务没有发生重大变化的条件，被重组方重组前一个会计年度末的资产总额或前一个会计年度的营业收入或利润总额达到或超过重组前发行人相应项目20％的，申报财务报表至少须包含重组完成后的最近1期资产负债表。

(3) 如果上述重组属于《企业会计准则第20号——企业合并》中同一控制下的企业合并事项的，被重组方合并前的净损益应计入非经常性损益，并在申报财务报表中单独列示；如果上述重组属于同一公司控制权人下的非企业合并事项，但被重组方重组前一个会计年度末的资产总额或前一个会计年度的营业收入或利润总额达到或超过重组前发行人相应项目20％的，在编制发行人最近3年及1期备考利润表时，应假定重组后的公司架构在申报报表期初即已存在，并由申报会计师出具意见。

6. 非经常性损益情况披露。发行人应依据经注册会计师核验的非经常性损益明细表，以合并财务报表的数据为基础，披露最近3年及1期非经常性损益的具体内容、金额及对当期经营成果的影响，并计算最近3年及1期扣除非经常性损益后的净利润金额。
7. 固定资产和对外投资情况披露。发行人应扼要披露最近1期末主要固定资产类别、折旧年限、原价、净值；对外投资项目及各项投资的投资期限、初始投资额、期末投资额、股权投资占被投资方的股权比例及会计核算方法，编制合并报表时采用成本法核算的长期股权投资按照权益法进行调整的方法及影响金额。
8. 无形资产情况披露。发行人应扼要披露最近1期末主要无形资产的取得方式、初始金额、摊销年限及确定依据、摊余价值及剩余摊销年限。无形资产的原始价值以评估值作为入账依据的，还应披露资产评估机构名称及主要评估方法。
9. 债项披露。发行人应扼要披露最近1期末的主要债项，包括主要的银行借款，对内部人员和关联方的负债，主要合同承诺的债务、或有债项的金额、期限、成本，票据贴现、抵押及担保等形成的或有负债情况。有逾期未偿还债项的，应说明其金额、利率、贷款资金用途、未按期偿还的原因、预计还款期等。
10. 所有者权益情况披露。发行人应披露所有者权益变动表，扼要披露报告期内各期末股东权益的情况，包括股本、资本公积、盈余公积、未分配利润和少数股东权益的情况。
11. 现金流情况披露。发行人应扼要披露报告期内各期经营活动产生的现金流量、投资活动产生的现金流量、筹资活动产生的现金流量的基本情况及不涉及现金收支的重大投资和筹资活动及其影响。
12. 其他。发行人应扼要披露会计报表附注中的期后事项、或有事项及其他重要事项。
13. 主要财务指标。除特别指出外，财务指标应以合并财务报表的数据为基础进行计算。其中，净资产收益率和每股收益的计算应执行财政部、中国证监会的有关规定。
14. 盈利预测的披露。
15. 境内外披露差异。发行境外上市外资股的发行人，由于在境内外披露的财务会计资料所采用的会计准则不同，导致净资产或净利润存在差异的，发行人应披露财务报表差异调节表，并注明境外会计师事务所的名称。

    境内外会计师事务所的审计意见类型存在差异的，还应披露境外会计师事务所的审计意见类型及差异原因。
16. 资产评估及验资报告。

（十二）管理层讨论与分析

发行人应主要依据最近3年及1期的合并财务报表分析披露发行人财务状况、盈利能力及现金流量的报告期内情况及未来趋势。讨论与分析不应仅限于财务因素，还应包括非财务因素；不应仅以引述方式重复财务报表的内容，还应选择使用逐年比较、与同行业对比分析等便于理解的形式进行分析。

（十三）业务发展目标

1. 发行人应披露发行当年和未来两年的发展计划，包括提高竞争能力、市场和业务开拓、筹资等方面的计划。
2. 发行人披露的发展计划应当具体。
3. 发行人应披露上述业务发展计划与现有业务的关系。
4. 发行人可对其产品、服务或者业务的发展趋势进行预测，但应采取审慎态度，并披露有关的假设基准等。涉及盈利预测的，应遵循盈利预测的相关规定。

（十四）募股资金运用（见表7-3）

表7-3 募股资金的运用

用于扩大现有产品产能	发行人应结合现有各类产品在报告期内的产能、产量、销量、产销率、销售区域，项目达产后各类产品新增的产能、产量以及本行业的发展趋势、有关产品的市场容量、主要竞争对手等情况，对项目的市场前景进行详细的分析论证。
用于新产品开发生产	发行人应结合新产品的市场容量、主要竞争对手、行业发展趋势、技术保障、项目投产后新增产能情况，对项目的市场前景进行详细的分析论证。
投入导致发行人生产经营模式发生变化的	发行人应结合其在新模式下的经营管理能力、技术准备情况、产品市场开拓情况等，对项目的可行性进行分析。
本次募集资金将大规模增加固定资产投资或研发支出	应充分说明固定资产变化与产能变动的匹配关系，并充分披露新增固定资产折旧、研发支出对发行人未来经营成果的影响。
直接投资于固定资产项目的	发行人可视实际情况并根据重要性原则披露相关内容： （1）投资概算情况，预计投资规模，募集资金的具体用途，包括用于购置设备、土地、技术以及补充流动资金等方面的具体支出； （2）产品的质量标准和技术水平，生产方法、工艺流程和生产技术选择，主要设备选择，核心技术及其取得方式； （3）主要原材料、辅助材料及燃料的供应情况； （4）投资项目的竣工时间、产量、产品销售方式及营销措施； （5）投资项目可能存在的环保问题、采取的措施及资金投入情况； （6）投资项目的选址，拟占用土地的面积、取得方式及土地用途； （7）项目的组织方式、项目的实施进展情况。
拟用于合资经营或合作经营的	除需披露上述内容外，还应披露： （1）合资或合作方的基本情况，包括名称、法定代表人、住所、注册资本、实收资本、主要股东、主营业务，与发行人是否存在关联关系；投资规模及各方投资比例；合资或合作方的出资方式；合资或合作协议的主要条款以及可能对发行人不利的条款； （2）拟组建的企业法人的基本情况，包括设立、注册资本、主营业务、组织管理和控制情况；不组建企业法人的，应详细披露合作模式。
拟用于向其他企业增资或收购其他企业股份的	应披露： （1）拟增资或收购的企业的基本情况及最近1年及1期经具有证券、期货相关业务资格的会计师事务所审计的资产负债表和利润表； （2）增资资金折合股份或收购股份的评估、定价情况； （3）增资或收购前后持股比例及控制情况； （4）增资或收购行为与发行人业务发展规划的关系。

续表

拟用于收购资产的	应披露： (1) 拟收购资产的内容； (2) 拟收购资产的评估、定价情况； (3) 拟收购资产与发行人主营业务的关系； (4) 若收购的资产为在建工程的，还应披露在建工程的已投资情况、尚需投资的金额、负债情况、建设进度、计划完成时间等。
拟投入其他用途的	应披露具体的用途。

根据《关于进一步改革和完善新股发行体制的指导意见》，对最终定价超过预期价格导致募集资金量超过项目资金需要量的，发行人应当提前在招股说明书中披露用途。▲

（十五）股利分配政策

1. 发行人应披露最近3年股利分配政策、实际股利分配情况以及发行后的股利分配政策。
2. 发行人应披露本次发行完成前滚存利润的分配安排和已履行的决策程序。若发行前的滚存利润归发行前的股东享有，应披露滚存利润的审计和实际派发情况，同时在招股说明书首页对滚存利润中由发行前股东单独享有的金额以及是否派发完毕作"重大事项提示"。
3. 发行人已发行境外上市外资股的，应披露股利分配的上限为按中国会计准则和制度与上市地会计准则确定的未分配利润数字中较低者。

（十六）其他重要事项

1. 发行人应披露有关信息披露和投资者关系的负责部门、负责人、电话号码等。
2. 发行人应披露交易金额在500万元以上或者虽未达到前述标准但对生产经营活动、未来发展或财务状况具有重要影响的合同内容。
3. 发行人应披露对外担保的有关情况。
4. 发行人应披露对财务状况、经营成果、声誉、业务活动、未来前景等可能产生较大影响的诉讼或仲裁事项。
5. 发行人应披露控股股东或实际控制人、控股子公司，发行人董事、监事、高级管理人员和核心技术人员作为一方当事人的重大诉讼或仲裁事项。
6. 发行人应披露董事、监事、高级管理人员和核心技术人员涉及刑事诉讼的情况。

（十七）董事、监事、高级管理人员及有关中介机构声明（见表7-4）

表7-4　　相关声明

机构	声明	后续
发行人全体董事、监事、高级管理人员	"本公司全体董事、监事、高级管理人员承诺本招股说明书及其摘要不存在虚假记载、误导性陈述或重大遗漏，并对其真实性、准确性、完整性承担个别和连带的法律责任。"	声明应由全体董事、监事、高级管理人员签名，并由发行人加盖公章。

续表

机构	声明	后续
保荐机构（主承销商）	"本公司已对招股说明书及其摘要进行了核查，确认不存在虚假记载、误导性陈述或重大遗漏，并对其真实性、准确性和完整性承担相应的法律责任。"	声明应由法定代表人、保荐代表人、项目协办人签名，并由保荐机构（主承销商）加盖公章。
发行人律师	"本所及经办律师已阅读招股说明书及其摘要，确认招股说明书及其摘要与本所出具的法律意见书和律师工作报告无矛盾之处。本所及经办律师对发行人在招股说明书及其摘要中引用的法律意见书和律师工作报告的内容无异议，确认招股说明书不致因上述内容而出现虚假记载、误导性陈述或重大遗漏，并对其真实性、准确性和完整性承担相应的法律责任。"	声明应由经办律师及所在律师事务所负责人签名，并由律师事务所加盖公章。
承担审计业务的会计师事务所	"本所及签字注册会计师已阅读招股说明书及其摘要，确认招股说明书及其摘要与本所出具的审计报告、盈利预测审核报告（如有）、内部控制鉴证报告及经本所核验的非经常性损益明细表无矛盾之处。本所及签字注册会计师对发行人在招股说明书及其摘要中引用的审计报告、盈利预测审核报告（如有）、内部控制鉴证报告及经本所核验的非经常性损益明细表的内容无异议，确认招股说明书不致因上述内容而出现虚假记载、误导性陈述或重大遗漏，并对其真实性、准确性和完整性承担相应的法律责任。"	声明应由签字注册会计师及所在会计师事务所负责人签名，并由会计师事务所加盖公章。
承担评估业务的资产评估机构	"本机构及签字注册资产评估师已阅读招股说明书及其摘要，确认招股说明书及其摘要与本机构出具的资产评估报告无矛盾之处。本机构及签字注册资产评估师对发行人在招股说明书及其摘要中引用的资产评估报告的内容无异议，确认招股说明书不致因上述内容而出现虚假记载、误导性陈述或重大遗漏，并对其真实性、准确性和完整性承担相应的法律责任。"	声明应由签字注册资产评估师及所在资产评估机构负责人签名，并由资产评估机构加盖公章。
承担验资业务的机构	"本机构及签字注册会计师已阅读招股说明书及其摘要，确认招股说明书及其摘要与本机构出具的验资报告无矛盾之处。本机构及签字注册会计师对发行人在招股说明书及其摘要中引用的验资报告的内容无异议，确认招股说明书不致因上述内容而出现虚假记载、误导性陈述或重大遗漏，并对其真实性、准确性和完整性承担相应的法律责任。"	声明应由签字注册会计师及所在验资机构负责人签名，并由验资机构加盖公章。

第1号准则要求有关人员的签名下方应以印刷体形式注明其姓名。

（十八）备查文件

招股说明书结尾应列明备查文件，并在指定网站上披露。备查文件包括：

1. 发行保荐书。
2. 财务报表及审计报告。

3. 盈利预测报告及审核报告（如有）。
4. 内部控制鉴证报告。
5. 经注册会计师核验的非经常性损益明细表。
6. 法律意见书及律师工作报告。
7. 公司章程（草案）。
8. 中国证监会核准本次发行的文件。
9. 其他与本次发行有关的重要文件。

三、招股说明书摘要的一般内容与格式

招股说明书摘要应包括以下内容：

1. 发行人应在招股说明书摘要的显要位置作出声明。
2. 重大事项提示。
3. 本次发行概况。
4. 发行人基本情况。
5. 募集资金运用。
6. 风险因素和其他重要事项。
7. 本次发行各方当事人和发行时间安排。
8. 备查文件。

第三节　股票发行公告及发行过程中的有关公告◆

一、发行公告的披露

1. 发行人及其主承销商应当在刊登招股意向书或者招股说明书摘要的同时刊登发行公告，对发行方案进行详细说明。
2. 发行人及其主承销商公告发行价格和发行市盈率时，每股收益应当按发行前一年经会计师事务所审计的、扣除非经常性损益前后孰低的净利润除以发行后总股本计算。提供盈利预测的发行人还应当补充披露基于盈利预测的发行市盈率。每股收益按发行当年经会计师事务所审核的、扣除非经常性损益前后孰低的净利润预测数除以发行后总股本计算。
3. 发行人还可以同时披露市净率等反映发行人所在行业特点的发行价格指标。首次公开发行股票向战略投资者配售股票的，发行人及其主承销商应当在网下配售结果公告中披露战略投资者的名称、认购数量及承诺持有期等情况。

二、发行公告的内容

发行公告是承销商对公众投资人作出的事实通知，其主要内容如下：

1. 提示
   - （1）本次发行股票及其发行方案已获得中国证监会具体文件的核准。
   - （2）本公告仅对认购发行公司股票的有关事项和规定向社会公众作简要说明。投资者欲了解发行公司股票的一般情况，应详细阅读招股说明书概要或招股意向书。
   - （3）其他需要在提示中说明的情况。
2. 发行额度、面值与价格。

3. 发行方式。
4. 发行对象。
5. 发行时间和范围。
6. 认购股数的规定。
7. 认购原则。
8. 认购程序。
9. 承销机构。

三、新股投资风险特别公告▲

根据《关于进一步改革和完善新股发行体制的指导意见》，为加强新股认购风险提示，提示所有参与人明晰市场风险，发行人及其主承销商应当刊登新股投资风险特别公告，充分揭示一级市场风险，提醒投资者理性判断投资该公司的可行性。证券经营机构应当采取措施，向投资者提示新股认购风险。

四、询价区间公告、发行结果公告▲★

1. 招股意向书公告的同时，发行人及其保荐机构应刊登初步询价公告，披露参加初步询价的询价对象数量及结构。初步询价公告还应包括核准文号、招股意向书刊登的时间及报刊名称、拟发行股数、向询价对象发行数量及比例、初步询价时间安排等信息。
2. 发行价格区间向中国证监会发行部报备后，发行人及其保荐机构应刊登初步询价结果公告。
3. 股票配售完成后，发行人及其保荐机构应刊登定价公告和网下配售结果公告。

第四节　股票上市公告书

一、股票上市公告书编制和披露的要求★

上市公告书是发行人在股票上市前向公众公告发行与上市有关事项的信息披露文件。

在中华人民共和国境内首次公开发行股票，并申请在经国务院批准设立的证券交易所上市的公司，在股票上市前，应按《公司法》、《证券法》、《首次公开发行股票并上市管理办法》以及核准其挂牌交易的证券交易场所《上市规则》和《股票上市公告书内容与格式指引》(简称《指引》) 中的有关要求编制上市公告书，并经证券交易所审核同意后公告。

(一)《指引》的规定是对发行人上市公告书信息披露的最低要求

不论《指引》是否有明确规定，凡在招股说明书披露日至上市公告书刊登日期间所发生的对投资者作出投资决策有重大影响的信息，均应披露。

《指引》的某些具体要求对发行人确实不适用的，发行人可根据实际情况，在不影响披露内容完整性的前提下作适当修改，但应作书面说明。

发行人未披露《指引》规定内容的，应以书面形式报告证券交易所同意。由于商业秘密等特殊原因致使某些信息确实不便披露的，发行人可向证券交易所申请豁免。在不影响信息披露的完整性和不致引起阅读不便的前提下，发行人可采用相互引证的方法，对各相关部分的内容进行适当的技术处理，以避免重复，保持文字简洁。

发行人在上市公告书中披露的所有信息应真实、准确、完整。

（二）上市公告书的一般要求

1. 引用的数据应有充分、客观的依据，并注明资料来源。
2. 引用的数字应采用阿拉伯数字，货币金额除特别说明外，应指人民币金额，并以元、千元或万元为单位。
3. 发行人可根据有关规定或其他需求，编制上市公告书外文译本，但应保证中、外文文本的一致性，并在外文文本上注明："本上市公告书分别以中、英（或日、法等）文编制，在对中外文本的理解上发生歧义时，以中文文本为准。"
4. 上市公告书应采用质地良好的纸张印刷，幅面为209毫米×295毫米（相当于标准的A4纸规格）。
5. 上市公告书封面应载明发行人的名称、"上市公告书"的字样、公告日期等，可载有发行人的英文名称、徽章或其他标记、图案等。
6. 上市公告书应使用事实描述性语言，保证其内容简明扼要、通俗易懂，不得有祝贺性、广告性、恭维性或诋毁性的词句。

（三）披露上市公告书

发行人应在其股票上市前，将上市公告书全文刊登在至少一种由中国证监会指定的报刊及中国证监会指定的网站上，并将上市公告书文本置备于发行人住所、拟上市的证券交易所住所、有关证券经营机构住所及其营业网点，以供公众查阅。

发行人可将上市公告书刊载于其他报刊和网站，但其披露时间不得早于在中国证监会指定报刊和网站的披露时间。上市公告书在披露前，任何当事人不得泄露有关信息，或利用这些信息谋取利益。

（四）报送上市公告书

发行人应在披露上市公告书后10日内，将上市公告书文本一式五份分别报送发行人注册地的中国证监会派出机构、上市的证券交易所。

（五）上市公告书应真实、准确、完整

发行人及其全体董事、监事、高级管理人员应当对上市公告书签署书面确认意见，保证上市公告书所披露信息的真实性、准确性、完整性，承诺其中不存在虚假记载、误导性陈述或重大遗漏，并承担个别和连带的法律责任。

上市公告书应当加盖发行人公章。上市公告书引用保荐机构、证券服务机构的专业意见或者报告的，相关内容应当与保荐机构、证券服务机构出具的文件内容一致，确保引用保荐机构、证券服务机构的意见不会产生误导。

二、股票上市公告书的内容与格式★

（一）重要声明与提示

1. 发行人应在上市公告书显要位置作重要声明与提示。
2. 发行人应披露董事、监事、高级管理人员就上市而作出的相关承诺。

（二）股票上市情况

1. 发行人应披露
   - （1）编制上市公告书的法律依据。
   - （2）股票发行的核准部门和文号。
   - （3）股票上市的核准单位和文号。

2. 发行人应披露股票上市的相关信息。

（三）发行人、股东和实际控制人情况

1. 发行人应披露其基本情况。
2. 发行人应披露控股股东及实际控制人的名称或姓名，前10名股东的名称或姓名、持股数量及持股比例。

（四）股票发行情况

发行人应披露本次股票上市前首次公开发行股票的情况。

（五）其他重要事项

发行人应披露招股说明书刊登日至上市公告书刊登前已发生的可能对发行人有较大影响的其他重要事项。

（六）上市保荐机构及其意见

1. 发行人应披露保荐机构的有关情况。
2. 发行人应披露保荐机构的推荐意见。

第五节　创业板信息披露方面的特殊要求▲★

一、首次公开发行股票并在创业板上市投资风险特别公告

创业板上市投资风险特别提示包括如下内容：

本次发行后拟在创业板市场上市，该市场具有较高的投资风险。

创业板公司具有业绩不稳定、经营风险高、退市风险大等特点，投资者面临较大的市场风险。投资者应充分了解创业板市场的投资风险及发行人所披露的风险因素，审慎作出投资决定。

创业板市场在制度与规则方面与主板市场存在一定差异，包括但不限于上市条件、信息披露、退市制度设计等，这些差异若认知不到位，可能给投资者造成投资风险。

二、创业板招股说明书的编制和披露的特殊规定

为规范首次公开发行股票的信息披露行为，保护投资者合法权益，中国证监会于2009年7月20日发布了《公开发行证券的公司信息披露内容与格式准则第28号——创业板公司招股说明书》（以下简称“第28号准则”），所有申请在中华人民共和国境内首次公开发行股票并在创业板上市的公司（即发行人），均应按第28号准则编制招股说明书，作为向中国证监会申请首次公开发行股票的必备法律文件，并按规定进行披露。

第 28 号准则与第 1 号准则相比，编制和披露的主要差异包括：

(1) 创业板投资风险提示：发行人应在招股说明书显要位置提示创业板投资风险。

(2) 招股说明书的一般内容与格式。

三、上市公告书的特殊披露要求

增加对创业板上市的重要声明与提示：

“本公司股票将在深圳证券交易所创业板市场上市，该市场具有较高的投资风险。创业板公司具有业绩不稳定、经营风险高、退市风险大等特点，投资者面临较大的市场风险。投资者应充分了解创业板市场的投资风险及本公司所披露的风险因素，审慎作出投资决定 。”其他方面的信息披露与主板的上市公告书披露要求类似。

上市公司发行新股

本 章 结 构

- 第一节　上市公司发行新股的准备工作
  - 上市公司公开发行新股的法定条件及关注事项
    - 基本条件
    - 一般规定
    - 配股的特别规定
    - 公开增发的特别规定
  - 非公开发行股票的条件
    - 非公开发行股票的特定对象应当符合的规定
    - 上市公司非公开发行股票的规定
    - 上市公司不得非公开发行股票的情形
  - 新股发行的申请程序
    - 聘请保荐机构（主承销商）
    - 董事会作出决议
    - 股东大会批准
    - 编制和提交申请文件
    - 重大事项的持续关注
  - 保荐机构（主承销商）的尽职调查
    - 提交发行申请文件前的尽职调查
    - 持续尽职调查责任的履行
  - 新股发行的申请文件
    - 申请文件编制和申报的基本原则
    - 申请文件的形式要求
    - 上市公司公开发行证券申请文件目录
    - 上市公司非公开发行证券申请文件目录
- 第二节　上市公司发行新股的推荐核准程序
  - 保荐机构（主承销商）的推荐
    - 内核
    - 出具发行保荐书和发行保荐工作报告
    - 对承销商备案材料的合规性审核
  - 中国证监会的核准
    - 受理申请文件
    - 初审
    - 发行审核委员会审核
    - 核准发行

第三节 发行新股的发行方式和发行上市操作程序
- 增发的发行方式
  - 网上定价发行与网下询价配售相结合
  - 网下网上同时定价发行
  - 中国证监会认可的其他形式
- 配股的发行方式
  - 增发及上市业务操作流程
  - 配股及上市业务操作流程
- 新股发行、上市操作程序
  - 增发及上市业务操作流程
  - 配股及上市业务操作流程

第四节 与上市公司发行新股有关的信息披露
- 申请过程中的信息披露
- 上市公司发行新股信息披露的一般要求
- 增发和配股过程中的信息披露
  - 通过证券交易所网站
  - 通过中国证监会指定报刊
- 上市公司发行新股时招股说明书的编制和披露

本章学习目的与要求

掌握新股公开发行和非公开发行的基本条件、一般规定、配股的特别规定、增发的特别规定。熟悉新股公开发行和非公开发行的申请程序。掌握主承销商尽职调查的工作内容。掌握新股发行申请文件的编制和申报的基本原则、申请文件的形式要求以及文件目录。

熟悉主承销商的保荐过程和中国证监会的核准程序。

掌握增发的发行方式、配股的发行方式。熟悉增发及上市业务操作流程、配股及上市业务操作流程。

熟悉新股发行申请过程中信息披露的规定及各项内容。了解上市公司发行新股时招股说明书的编制和披露。

本章内容变化情况

本章内容无变化。

本章重点解析

上市公司发行新股，可以公开发行，也可以非公开发行。

上市公司公开发行新股是指上市公司向不特定对象发行新股，包括向原股东配售股份（简称"配股"）和向不特定对象公开募集股份（简称"增发"）。

上市公司非公开发行新股是指向特定对象发行股票，《证券法》第十三条规定："上市公司非公开发行新股，应当符合经国务院批准的国务院证券监督管理机构规定的条件，并报国务院证券监督管理机构核准。"

第一节　上市公司发行新股的准备工作

一、上市公司公开发行新股的法定条件及关注事项★

（一）上市公司公开发行新股

1. 基本前提：保荐机构和上市公司必须首先判断发行主体是否符合公开发行新股的法定条件。

2. 基本条件
   - （1）具备健全且运行良好的组织机构。
   - （2）具有持续盈利能力，财务状况良好。
   - （3）最近3年财务会计无虚假记载，无其他重大违法行为。
   - （4）其他条件。

3. 其他要求："公开发行股票所募集资金，必须按照招股说明书所列资金用途使用。改变招股说明书所列资金用途，必须经股东大会作出决议。擅自改变用途而未作纠正的，或者未经股东大会认可的，不得公开发行新股。"

（二）具体要求

1. 组织机构健全，符合要求。
2. 盈利能力具有可持续性，符合规定。
3. 财务状况良好，符合规定。
4. 最近36个月内财务会计文件无虚假记载，无重大违法行为。
5. 募集资金的数额和使用符合规定。
6. 存在违规情形的，不得公开发行证券。

（三）配股的特别规定

向原股东配股应符合规定：

1. 拟配股数量不超过本次配股前股本总额的30%。
2. 控股股东应当在股东大会召开前公开承诺认配股份的数量。
3. 采用《证券法》规定的代销方式发行。

控股股东不履行认配股份的承诺，或者代销期限届满，原股东认购股票的数量未达到拟配售数量70%的，发行人应当按照发行价并加算银行同期存款利息返还已经认购的股东。

（四）公开增发的特别规定

向不特定对象公开募集股份，除符合上述一般规定外，还应当符合下列规定：

1. 最近3个会计年度加权平均净资产收益率平均不低于6%。扣除非经常性损益后的净利润与扣除前的净利润相比，以低者作为加权平均净资产收益率的计算依据。
2. 除金融类企业外，最近1期末不存在持有金额较大的交易性金融资产和可供出售的金融资产、借予他人款项、委托理财等财务性投资的情形。
3. 发行价格应不低于公告招股意向书前20个交易日公司股票均价或前1个交易日的均价。

二、非公开发行股票的条件★

非公开发行股票是指上市公司采用非公开方式，向特定对象发行股票的行为。

1. 特定对象的规定
 - (1) 特定对象符合股东大会决议规定的条件。
 - (2) 发行对象不超过10名。发行对象为境外战略投资者的，应当经批准。

2. 上市公司非公开发行股票的规定
 - (1) 价格不低于定价基准日前20个交易日股价的90%。
 - (2) 关于发行股份的限售期规定。
 - (3) 募集资金使用符合规定。
 - (4) 发行将导致控制权变化的，应当符合相关规定。

3. 上市公司不得非公开发行股票的情形
 - (1) 申请文件有虚假记载、误导性陈述或重大遗漏。
 - (2) 公司权益被严重损害且尚未消除。
 - (3) 上市公司及其附属公司违规对外提供担保且尚未解除。
 - (4) 现任董事、高级管理人员最近36个月内受到过中国证监会的行政处罚，或者最近12个月内受到过证券交易所的公开谴责。
 - (5) 上市公司或其现任董事、高级管理人员因涉嫌犯罪正被司法机关立案侦查，或涉嫌违法违规正被中国证监会立案调查。
 - (6) 最近1年及1期财务报表被出具非标准审计报告；非标准意见所涉及事项的重大影响已经消除或者本次发行涉及重大重组的除外。
 - (7) 严重损害投资者和社会公共利益的其他情形。

三、新股发行的申请程序★

根据《上市公司证券发行管理办法》，上市公司发行新股的申请程序如下：

（一）聘请保荐机构（主承销商）

1. 股票
 - (1) 公开发行：证券公司承销。
 - (2) 非公开发行：如发行对象均属于原前10名股东的，则可以自行销售。

2. 证券：公开或非公开发行新股，都应由保荐机构推荐，并向中国证监会申报。

（二）董事会作出决议

1. 新股发行的方案。
2. 本次募集资金使用的可行性报告。
3. 前次募集资金使用的报告。
4. 其他必须明确的事项，并提请股东大会批准。

（三）股东大会批准

股东大会对发行证券的种类和数量、发行方式、发行对象及向原股东配售的安排、定价方式或价格区间、募集资金用途、决议的有效期、对董事会办理本次发行具体事宜的授权、其他必须明确的事项进行逐项表决。

股东大会就发行证券事项作出决议，必须经出席会议的股东所持表决权的2/3以上通过。向本公司特定的股东及其关联人发行证券的，股东大会就发行方案进行表决时，关联股东应当回避。

上市公司就发行证券事项召开股东大会，应当提供网络或者其他方式为股东参加股东大会提供便利。上市公司发行新股决议1年有效；决议失效后仍决定继续实施发行新股的，须重新提请股东大会表决。

（四）编制和提交申请文件

保荐机构应当按照中国证监会的有关规定编制和报送发行申请文件。

（五）重大事项的持续关注

上市公司发行证券前发生重大事项的，应暂缓发行，并及时报告中国证监会。该事项对本次发行条件构成重大影响的，发行证券的申请应重新经过中国证监会核准。

四、保荐机构（主承销商）的尽职调查★

尽职调查是保荐机构（主承销商）透彻了解发行人各方面情况、设计发行方案、成功销售股票以及明确保荐机构（主承销商）责任范围的基础和前提，对保荐机构（主承销商）和发行人均具有非常重要的意义。与首次公开发行股票一样，在上市公司新股发行过程中，保荐机构（主承销商）对上市公司的尽职调查贯穿始终。

（一）提交发行申请文件前的尽职调查

尽职调查的绝大部分工作集中于这一阶段。保荐机构（主承销商）必须至少达到3个目的：

1. 充分了解发行人的经营情况及面临的风险和问题。
2. 有充分理由确信发行人符合《证券法》等法律法规及中国证监会规定的发行条件。
3. 确信发行人申请文件和公开募集文件真实、准确、完整。

（二）持续尽职调查责任的履行

提交发行新股申请文件并经受理后，上市公司新股发行申请进入核准阶段，但此时保荐机构（主承销商）的尽职调查责任并未终止，仍应遵循勤勉尽责、诚实信用的原则，继续认真履行尽职调查义务。

1. 发审会前重大事项的调查。在发行申请提交发审会前，如果发生对发行人发行新股法定条件产生重大影响，或对发行人股票价格可能产生重大影响，以及对投资者作出投资决策可能产生重大影响的重大事项，保荐机构（主承销商）应当在两个工作日内向中国证监会书面说明，并对招股说明书或招股意向书作出修改或进行补充披露并发表专业意见，同时督促相关专业中介机构对该等重大事项发表专业意见。
2. 发审会后重大事项的调查。
   （1）申请公开发行证券的再融资公司会后事项的相关要求。
   （2）申请非公开发行股票的再融资公司会后事项的相关要求。
3. 招股说明书刊登前一个工作日的核查验证事项。拟发行公司在刊登招股说明书或招股意向书的前一个工作日，应向中国证监会说明拟刊登的招股说明书或招股意向书与招股说明书或招股意向书（封卷稿）之间是否存在差异，保荐机构（主承销商）及相关专业中介机构应出具声明和承诺。保荐机构（主承销商）应督促发行人律师出具补充法律意见书，说明已对所有与本次发行上市有关的事项进行了充分的核查验证，保证不存在虚假记载、误导性陈述及重大遗漏。中国证监会同时将上述文件归档。
4. 上市前重大事项的调查。招股说明书或招股意向书刊登后至获准上市前，拟发行公司发生重大事项的，应于该事项发生后第1个工作日向中国证监会提交书面说明，保荐机构（主承销商）和相关专业中介机构应出具专业意见。
5. 持续督导。上市公司发行新股的，持续督导的期间为证券上市当年剩余时间及其后1个完整会计年度。持续督导的期间自证券上市之日起计算。持续督导期届满，如有尚未完结的保荐工作，保荐机构应当继续完成。保荐机构应当自持续督导工作结束后10个工作日内向中国证监会、证券交易所报送"保荐总结报告书"。持续督导的具体要求与首发相同。

五、新股发行的申请文件★

（一）申请文件编制和申报的基本原则

1. 申请文件是上市公司为发行新股向中国证监会报送的必备文件。申请文件目录要求提供的某些材料对发行人确实不适用的，可不必提供，但应向中国证监会作出书面说明。

   发行申请文件一经受理，未经中国证监会同意不得随意增加、撤回或更换。

2. 上市公司全体董事、监事、高级管理人员应当在公开募集证券说明书上签字，保证不存在虚假记载、误导性陈述或者重大遗漏，并声明承担个别和连带的法律责任。

   保荐机构及保荐代表人应当对公开募集证券说明书的内容进行尽职调查并签字，确认不存在虚假记载、误导性陈述或者重大遗漏，并声明承担相应的法律责任。

   为证券发行出具专项文件的注册会计师、资产评估人员、资信评级人员、律师及其所在机构，应当按照本行业公认的业务标准和道德规范出具文件，并声明对所出具文件的真实性、准确性和完整性承担责任。发行人、保荐机构（主承销商）应履行其对发行申请文件质量控制的义务，按有关规定对申请文件进行核查并出具内核意见。

3. 公开募集证券说明书所引用的审计报告、盈利预测审核报告、资产评估报告、资信评级报告，应当由有资格的证券服务机构出具，并由至少两名有从业资格的人员签署。
4. 发行人应根据中国证监会对发行申请文件的审核反馈意见提供补充材料。
5. 对未按规定要求制作和报送发行申请文件的，中国证监会可不予受理。

（二）申请文件的形式要求

1. 发行人和保荐机构报送发行申请文件，初次应提交原件1份，复印件2份；在提交发审委审核之前，根据中国证监会要求的书面文件份数补报申请文件。
2. 纳入发行申请文件原件的文件，均应为原始文本。发行人不能提供有关文件的原始文本的，应由发行人律师提供鉴证意见，或由出文单位盖章，以保证与原始文件一致。如原出文单位不再存续，由承继其职权的单位或作出撤销决定的单位出文证明文件的真实性。所有需要签名处，均应为签名人亲笔签名，不得以名章、签名章等代替。
3. 发行申请文件的纸张应采用幅面为209毫米×295毫米规格的纸张（相当于标准A4纸张规格），双面印刷（须提供原件的历史文件除外）。
4. 申请文件的封面和侧面应标明"×××公司配股/增发/可转换公司债券/分离交易的可转换公司债券申请文件"字样。
5. 发行申请文件的扉页应附发行人董事会秘书及有关中介机构项目负责人的姓名、电话、传真及其他有效的联系方式。
6. 发行申请文件章与章之间、节与节之间应有明显的分隔标识。申请文件中的页码必须与目录中的页码相符。
7. 在每次报送书面文件的同时，发行人应报送两份相应的电子文件（应为标准.doc或.rtf文件）。发行结束后，发行人应将募集说明书的电子文件及历次报送的电子文件汇总报送中国证监会备案。

（三）上市公司公开发行证券申请文件目录

包括本次证券发行的募集文件、发行人关于本次证券发行的申请与授权文件、保荐机构关于本次证券发行的文件、发行人律师关于本次证券发行的文件、关于本次证券发行募集资金运用的文件，以及其他文件等。

第二节 上市公司发行新股的推荐核准程序

上市公司公开发行新股的推荐核准，包括由保荐机构（主承销商）进行的内核、出具发行保荐书、对承销商备案材料的合规性审核，以及由中国证监会进行的受理文件、初审、发行审核委员会审核、核准发行等。

一、保荐机构（主承销商）的推荐★

（一）内核

1. 所谓的内核是指保荐机构（主承销商）的内核小组对拟向中国证监会报送的发行申请材料进行核查，确保证券发行不存在重大法律和政策障碍以及发行申请材料具有较高质量的行为。
2. 内核小组通常由8～15名专业人士组成，这些人员要保持稳定性和独立性；公司主管投资银行业务的负责人及投资银行部门的负责人通常为内核小组的成员。
3. 内核小组成员中应有熟悉法律、财务的专业人员。
4. 为了做好内核工作，保荐机构（主承销商）必须建立和健全以尽职调查为基础的发行申请文件的质量控制体系；建立健全尽职调查工作流程，明确调查要点；形成调查报告；建立科学的项目决策体系；建立和完善内核工作会议程序和规则。

（二）出具发行保荐书和发行保荐工作报告

保荐机构（主承销商）应当在内核程序结束后作出是否推荐发行的决定。决定推荐发行的，应出具发行保荐书和发行保荐工作报告。

（三）对承销商备案材料的合规性审核

中国证券业协会对承销商备案材料的要求与首次公开发行股票的要求大致相同。

二、中国证监会的核准★

（一）受理申请文件

1. 发行申请人按照中国证监会颁布的《公开发行证券的公司信息披露内容与格式准则》制作申请文件，由保荐机构（主承销商）推荐，并向中国证监会申报。
2. 中国证监会收到申请文件后，在5个工作日内作出是否受理的决定。
3. 未按规定的要求制作申请文件的，中国证监会不予受理。

（二）初审

1. 中国证监会受理申请文件后，对发行人申请文件的合规性进行初审。
2. 在初审过程中，中国证监会将就发行人的投资项目是否符合国家产业政策征求国家发改委的意见。

3. 国家发改委自收到文件后，在15个工作日内，将有关意见函告中国证监会。

（三）发行审核委员会审核

1. 普通程序。发审委会议审核上市公司公开发行股票申请，适用普通程序。发审委会议表决采取记名投票方式。表决票设同意票和反对票，发审委委员不得弃权。发审委委员在投票时应当在表决票上说明理由。同意票数未达到5票为未通过；同意票数达到5票为通过。发审委会议对发行人的股票发行申请表决通过后，中国证监会在网站上公布表决结果。发审委委员发现存在尚待调查核实并影响明确判断的重大问题，应当在发审委会议前以书面方式提议暂缓表决。
2. 特别程序。发审委会议审核上市公司非公开发行股票申请，适用特别程序。

（四）核准发行

依据发审委的审核意见，中国证监会对发行人的发行申请作出核准或不予核准的决定。予以核准的，中国证监会出具核准公开发行的文件；不予核准的，中国证监会出具书面意见，说明不予核准的理由。证券发行申请未获核准的上市公司，自中国证监会作出不予核准的决定之日起6个月后，可再次提出证券发行申请。

中国证监会自受理申请文件到作出决定的期限为3个月，发行人根据要求补充、修改发行申请文件的时间不计算在内。自中国证监会核准发行之日起，上市公司应在6个月内发行证券；超过6个月未发行的，核准文件失效，须重新经中国证监会核准后方可发行。

上市公司发行证券前发生重大事项的，应暂缓发行，并及时报告中国证监会。该事项对本次发行条件构成重大影响的，发行证券的申请应重新经过中国证监会核准。

第三节　发行新股的发行方式和发行上市操作程序

上市公司公开发行股票，应当由证券公司承销；非公开发行股票，发行对象均属于原前10名股东的，可以由上市公司自行销售。

一、增发的发行方式★

增发的发行方式：
1. 网下网上同时定价发行。
2. 中国证监会认可的其他形式。

二、配股的发行方式★

配股的发行方式：
1. 发行方式：网上定价。
2. 配股价格的确定：在一定的价格区间内由主承销商和发行人协商确定。
3. 价格区间：以股权登记日前20个或30个交易日该股二级市场价格的平均值为上限，下限为上限的一定折扣。

三、新股发行、上市操作程序★

上海证券交易所和深圳证券交易所对新股发行、上市操作程序的规定除申购代码外基本一致。

第四节　与上市公司发行新股有关的信息披露

一、申请过程中的信息披露★

申请过程中的信息披露是指从发行人董事会作出发行新股预案、股东大会批准，直到获得中国证监会核准文件为止的有关信息披露。

中国证监会于2006年5月6日发布《上市公司证券发行管理办法》，其中规定：证券发行议案经董事会表决通过后，应当在两个工作日内报告证券交易所，公告召开股东大会的通知。使用募集资金收购资产或者股权的，应当在公告召开股东大会通知的同时，披露该资产或者股权的基本情况、交易价格、定价依据以及是否与公司股东或其他关联人存在利害关系。股东大会通过本次发行议案之日起两个工作日内，上市公司应当公布股东大会决议。

二、上市公司发行新股信息披露的一般要求★

上市公司在公开发行证券前的2～5个工作日内，应当将经中国证监会核准的募集说明书摘要或者募集意向书摘要刊登在至少一种中国证监会指定的报刊，同时将其全文刊登在中国证监会指定的互联网网站，置备于中国证监会指定的场所，供公众查阅。

上市公司在非公开发行新股后，应当将发行情况报告书刊登在至少一种中国证监会指定的报刊上，同时将其刊登在中国证监会指定的互联网网站，置备于中国证监会指定的场所，供公众查阅。上市公司可以将公开募集证券说明书全文或摘要、发行情况公告书刊登于其他网站和报刊，但不得早于法定披露信息的时间。

三、增发和配股过程中的信息披露★

增发新股过程中的信息披露是指发行人从刊登招股意向书开始到股票上市为止，通过中国证监会指定报刊向社会公众发布的有关发行、定价及上市情况的各项公告。

(一) 通过证券交易所网站的信息披露

上海证券交易所和深圳证券交易所均对在其交易所上市的公司发行新股的信息披露作出有关规定，二者的规定基本一致。

(二) 通过中国证监会指定报刊的信息披露

增发新股过程中涉及的诸如《招股意向书摘要》、《网上、网下发行公告》、《网上或网下路演公告》、《发行提示性公告》、《询价区间公告》、《发行结果公告》以及《上市公告书》等，须在至少一种中国证监会指定报刊上刊登。

四、上市公司发行新股时招股说明书的编制和披露

这里的《招股说明书》与前面曾提到的上市公司发行新股时的《招股意向书》的区别，简单地说就是：《招股意向书》是缺少发行价格和数量的《招股说明书》。

上市公司发行新股时的《招股说明书》的编制和披露的要求，其大部分与首次公开发行时编制招股说明书的要求一致，更加强调了上市公司历次募集资金的运用情况。

第九章 可转换公司债券及可交换公司债券的发行

本章结构

- 第一节 上市公司发行可转换公司债券的准备工作
  - 概述
    - 可转换公司债券的概念
    - 股份转换与债券偿还
    - 赎回、回售
  - 发行条件
    - 一般规定
    - 其他规定
  - 可转换公司债券发行条款的设计要求
    - 发行规模
    - 期限
    - 转股期或行权期
    - 转股价格或行权价格
    - 面值与利率确定
    - 债券本息偿还
    - 赎回、回售
    - 担保要求
    - 评级
    - 债权人权利保护
  - 可转换公司债券的定价
    - 可转换公司债券的转换价值
    - 可转换公司债券的价值
    - 影响可转换公司债券价值的因素

- 第二节 可转换公司债券发行的申报与核准
  - 申报程序
    - 董事会决议
    - 股东大会决议
    - 保荐事项
    - 编制申报文件
  - 可转换公司债券发行申请文件
    - 基本要求
    - 申请文件目录
  - 可转换公司债券发行核准程序
    - 受理申请文件
    - 初审
    - 发审委审核
    - 核准
    - 证券发行
    - 再次申请
    - 证券承销

- 第三节 可转换公司债券的发行与上市
  - 可转换公司债券的发行
    - 发行方式
    - 配售安排
    - 保荐要求
    - 在上交所网上定价发行程序
  - 可转换公司债券的上市
    - 上市保荐
    - 上市条件
    - 上市申请
    - 停牌与复牌及转股的暂停与恢复
    - 停止交易
    - 暂停上市

- 第四节 可转换公司债券的信息披露
  - 可转换公司债券发行的信息披露
  - 可转换公司债券上市的信息披露
    - 上市公告
    - 特别事项
    - 付息与兑付
    - 转股与股份变动
    - 赎回与回售
    - 停止交易的情形

- 第五节 上市公司股东发行可交换公司债券
  - 可交换公司债券发行的基本要求
    - 申请发行可交换公司债券应满足的条件
    - 预备用于交换的上市公司股票应具备的条件
  - 可交换公司债券的主要条款
    - 期限
    - 定价
    - 赎回与回售
    - 股票的交换期
    - 股票交换的价格及其调整与修正
    - 担保安排
    - 评级
  - 操作程序及其他
    - 发行程序、申请文件目录及募集说明书的编制
    - 其他相关事项

本章学习目的与要求

熟悉可转换债券的概念、股份转换及债券偿还、可转换债券的赎回及回售。掌握可转换债券发行的基本条件、募集资金投向以及不得发行的情形。了解可转换债券发行条款的设计要求。熟悉可转换公司债券的转换价值、可转换公司债券的价值及其影响因素。了解企业发行可转换债券的主要动因。

熟悉可转换债券发行的申报程序。了解可转换债券发行申请文件的内容。熟悉可转换公司债券发行的核准程序。

熟悉可转换债券的发行方式、配售安排、保荐要求及可转换公司债券的网上定价发行程序。掌握可转换债券的上市条件、上市保荐、上市申请、停牌与复牌、转股的暂停与恢复、停止交易以及暂停上市等内容。

熟悉发行可转换债券申报前的信息披露。掌握可转换债券募集说明书及其摘要披露的基本要求。了解可转换公司债券上市公告书披露的基本要求。了解可转换公司债券发行上市完成后的重大事项信息披露以及持续性信息披露的内容。

熟悉可交换公司债券的概念。掌握可交换公司债券发行的基本要求，包括申请发行可交换公司债券应满足的条件，以及预备用于交换的上市公司股票应具备的条件。了解可交换公司债券的主要条款设计要求和操作程序。

本章内容变化情况

1. 章题改为"可转换公司债券及可交换公司债券的发行"。
2. 增加了"第五节　上市公司股东发行可交换公司债券"。

本章重点解析

第一节　上市公司发行可转换公司债券的准备工作

一、概述★

（一）可转换公司债券的概念

可转换公司债券是指发行公司依法发行，在一定期间内依据约定的条件可以转换成股份的公司债券。上市公司也可以公开发行认股权和债券分离交易的可转换公司债券。

2009 年，可转换公司债券和分离交易的可转换公司债券分别发行 46.61 亿元和 30 亿元，而至 2009 年年底，二者的余额则分别为 119.77 亿元和 950.65 亿元。

（二）股份转换与债券偿还

上市公司发行的可转换公司债券在发行结束6个月后，方可转换为公司股票，转股期限由公司根据可转换公司债券的存续期限及公司财务状况确定。可转换公司债券持有人对转换股票或不转换股票有选择权，并于转股完成后的次日成为发行公司的股东。上市公司应当在可转换公司债券期满后5个工作日内，办理完毕偿还债券余额本息的事项；分离交易的可转换公司债券的偿还事宜与此相同。

（三）赎回、回售

可转换公司债券的赎回是指上市公司可按事先约定的条件和价格赎回尚未转股的可转换公司债券。可转换公司债券的回售是指债券持有人可按事先约定的条件和价格，将所持债券卖给发行人。可转换公司债券募集说明书应当约定，上市公司改变公告的募集资金用途的，应赋予债券持有人一次回售的权利。这一点对于分离交易的可转换公司债券同样适用。

二、发行条件★

（一）一般规定

1. 应具备健全的法人治理结构。
2. 盈利能力应具有可持续性。
3. 财务状况。发行可转换公司债券的上市公司的财务状况应当良好，符合一定的要求。
4. 财务会计文件无虚假记载且无重大违法行为。发行可转换公司债券的上市公司最近36个月内财务会计文件无虚假记载，且不存在重大违法行为。
5. 募集资金运用。上市公司募集资金运用的数额和使用应当符合相关规定。
6. 不得公开发行的情形。上市公司存在下列情形之一的，不得公开发行证券：

（1）本次发行申请文件有虚假记载、误导性陈述或重大遗漏。

（2）擅自改变前次公开发行证券募集资金的用途而未作纠正。

（3）上市公司最近12个月内受到过证券交易所的公开谴责。

（4）上市公司及其控股股东或实际控制人最近12个月内存在未履行向投资者作出的公开承诺的行为。

（5）上市公司或其现任董事、高级管理人员因涉嫌犯罪被司法机关立案侦查或涉嫌违法违规被中国证监会立案调查。

（6）严重损害投资者的合法权益和社会公共利益的其他情形。

（二）其他规定

1. 净资产要求。

- 发行可转换为股票的公司债券的上市公司
  - 股份有限公司的净资产不低于人民币3 000万元；
  - 有限责任公司的净资产不低于人民币6 000万元。
- 发行分离交易的可转换公司债券的上市公司，其最近1期末经审计的净资产不低于人民币15亿元。

2. 净资产收益率要求。

公开发行可转换公司债券的上市公司：

- 其最近3个会计年度加权平均净资产收益率平均不低于6%；
- 扣除非经常性损益后的净利润与扣除前的净利润相比，以低者作为加权平均净资产收益率的计算依据。

3. 现金流量要求。

发行分离交易的可转换公司债券的上市公司：

最近 3 个会计年度经营活动产生的现金流量净额平均应不少于公司债券 1 年的利息；

（若其最近 3 个会计年度加权平均净资产收益率平均不低于 6%，则可不作此现金流量要求）；

此加权平均净资产收益率，以扣除非经常性损益后的净利润与扣除前的净利润相比，低者作为其计算依据。

三、可转换公司债券发行条款的设计要求（见表 9－1）

表 9－1

	可转换公司债券	分离交易的可转换公司债券	
		债券部分	预计所附认股权部分
发行规模	累计公司债券余额不得超过最近 1 期末净资产额的 40%。	发行后累计公司债券余额不得高于最近 1 期末公司净资产额的 40%。	全部行权后募集的资金总量不超过拟发行公司债券金额。
期限	最短期限为 1 年，最长期限为 6 年。	最短期限为 1 年，无最长期限限制。	不超过公司债券的期限，自发行结束之日起不少于 6 个月。
	募集说明书公告的权证存续期限不得调整。		
转股期或行权期	由公司根据可转换公司债券的存续期限及公司财务状况确定。	认股权证自发行结束至少已满 6 个月起方可行权，行权期间为存续期限届满前的一段时间，或者是存续期限内的特定交易日。	
转股价格或行权价格	转股价格应在募集说明书中约定。 转股价格应不低于募集说明书公告日前 20 个交易日公司股票交易均价和前一个交易日的均价。		
担保要求	公开发行可转换公司债券应当提供担保，但最近 1 期末经审计的净资产不低于人民币 15 亿元的公司除外。 提供担保的，应当为全额担保。以保证方式提供担保的，应当为连带责任担保，且保证人最近 1 期经审计的净资产额应不低于其累计对外担保的金额。	发行分离交易的可转换公司债券，可以不提供担保；发行公司提供担保的，其要求与此相同。	
面值与利率确定	每张面值 100 元。债券的利率由发行公司与主承销商协商确定，但必须符合国家的有关规定。		
债券本息偿还	上市公司应当在可转换公司债券期满后 5 个工作日内，办理完毕偿还债券余额本息的事项。		

续表

	可转换公司债券	分离交易的可转换公司债券	
		债券部分	预计所附认股权部分
赎回、回售	发行人设置赎回条款、回售条款、转股价格修正条款的，应明确约定实施这些条款的条件、方式和程序等。上述约定应体现权利与义务对等的原则，不得损害可转换公司债券持有人的利益。回售条款应当就可转换公司债券持有人可以行使回售权的年份作出约定。按照《上市公司证券发行管理办法》，可转换公司债券募集说明书应当约定，上市公司改变公告的募集资金用途的，应赋予债券持有人一次回售的权利。		
评级	应当委托具有资格的资信评级机构进行信用评级和跟踪评级；资信评级机构每年至少公告一次跟踪评级报告。		
债权人权利保护	公开发行可转换公司债券或可分离交易的可转换公司债券，应当约定保护债券持有人权利的办法以及债券持有人会议的权利、程序和决议生效条件。存在下列事项之一的，应当召开债券持有人会议： 1. 拟变更募集说明书的约定。 2. 发行人不能按期支付本息。 3. 发行人减资、合并、分立、解散或者申请破产。 4. 保证人或者担保物发生重大变化。 5. 其他影响债券持有人重大权益的事项。		

公开发行可转换公司债券应当提供担保，但最近 1 期末经审计的净资产不低于人民币 15 亿元的公司除外。提供担保的，应当为全额担保，担保范围包括债券的本金及利息、违约金、损害赔偿金和实现债权的费用。以保证方式提供担保的，应当为连带责任担保，且保证人最近 1 期经审计的净资产额应不低于其累计对外担保的金额。证券公司或上市公司不得作为发行可转债的担保人，但上市商业银行除外。设定抵押或质押的，抵押或质押财产的估值应不低于担保金额。估值应经有资格的资产评估机构评估。发行分离交易的可转换公司债券，可以不提供担保；发行公司提供担保的，其要求与此相同。

四、可转换公司债券的定价

可转换公司债券是一种含权债券，兼有公司债券和股票的双重特征。

（一）可转换公司债券的转换价值★

1. 转换价值：可转换公司债券实际转换时按转换成普通股的市场价格计算的理论价值。

转换价值（CV）＝股票价格（P）×转换比例（R）

2. 由于可转换公司债券有一定的转换期限，在不同时点上，股票价格不同，转换价值也不相同。

（二）可转换公司债券的价值★

可转换公司债券实质上是一种由普通债权和股票期权两个基本工具构成的复合融资工具，投资者购买可转换公司债券等价于同时购买了一个普通债券和一个对公司股票的看涨期权。

（三）影响可转换公司债券价值的因素（见表 9－2）★

表 9-2　　影响可转换公司债券价值的因素

因素	影响方向	释　　义
票面利率	正向	票面利率越高，可转换公司债券的债权价值越高；反之，票面利率越低，可转换公司债券的债权价值越低。
转股价格	反向	转股价格越高，期权价值越低，可转换公司债券的价值越低；反之，转股价格越低，期权价值越高，可转换公司债券的价值越高。
股票波动率	正向	股票波动率越大，期权的价值越高，可转换公司债券的价值越高；反之，股票波动率越低，期权的价值越低，可转换公司债券的价值越低。
转股期限	正向	由于可转换公司债券的期权是一种美式期权，因此，转股期限越长，转股权价值就越大，可转换公司债券的价值越高；反之，转股期限越短，转股权价值就越小，可转换公司债券的价值越低。
回售条款	正向	通常情况下，回售期限越长、转换比率越高、回售价格越高，回售的期权价值就越大；相反，回售期限越短、转换比率越低、回售价格越低，回售的期权价值就越小。
赎回条款	反向	通常情况下，赎回期限越长、转换比率越低、赎回价格越低，赎回的期权价值就越大，越有利于发行人；相反，赎回期限越短、转换比率越高、赎回价格越高，赎回的期权价值就越小，越有利于转债持有人。在股价走势向好时，赎回条款实际上起到强制转股的作用。也就是说，当公司股票增长到一定幅度，转债持有人若不进行转股，那么，他从转债赎回得到的收益将远低于从转股中获得的收益。

第二节　可转换公司债券发行的申报与核准

一、申报程序★

（一）董事会决议

上市公司申请发行证券，董事会应当依法就下列事项作出决议，并提请股东大会批准：

1. 本次证券发行的方案。
2. 本次募集资金使用的可行性报告。
3. 前次募集资金使用的报告。
4. 其他必须明确的事项。

（二）股东大会决议

1. 可转换公司债券。股东大会就发行可转换公司债券作出的决定，应当包括一系列事项。
2. 分离交易的可转换公司债券。股东大会就发行分离交易的可转换公司债券作出的决定，也包括一系列事项。
3. 表决程序及相关要求。股东大会就发行证券事项作出决议，必须经出席会议的股东所持表决权的 2/3 以上通过。

（三）保荐事项

上市公司申请公开发行证券，应当由保荐机构保荐，并向中国证监会申报。保荐机构应当按照中国证监会的有关规定编制和报送发行申请文件。

（四）编制申报文件

1. 保荐机构（主承销商）的职责。

（1）保荐机构（主承销商）负责向中国证监会推荐，出具推荐意见，并负责报送发行申请文件。

（2）保荐机构（主承销商）还应对可转换公司债券发行申请文件进行核查，有关核查的程序和原则应参照股票发行内核工作的有关规定执行。保荐机构（主承销商）应向中国证监会申报核查中的主要问题及其结论。

（3）保荐机构（主承销商）还应负责可转换公司债券上市后的持续督导责任，持续督导期间为上市当年剩余时间及其后1个完整会计年度，自上市之日算起。

2. 律师的职责。发行人律师在按照有关规定出具的法律意见书和律师工作报告中，除满足规定的一般要求外，还应针对可转换公司债券发行的特点，对可转换公司债券发行上市的实质条件、发行方案及发行条款、担保和资信等情况进行核查验证，明确发表意见。

3. 注册会计师的职责。如果最近3年的财务会计报告被注册会计师出具非标准无保留意见审计报告的，则所涉及的事项应对发行人无重大影响或影响已经消除，违反合法性、公允性和一贯性的事项应已纠正；发行人应在申请文件中提供最近3年经审计的财务会计报告，以及由注册会计师就非标准无保留意见审计报告涉及的事项是否已消除或纠正所出具的补充意见。上市公司在报送可转换公司债券发行申请文件时，应当提供由注册会计师出具的有关前次募集资金使用情况的专项报告。

二、可转换公司债券发行申请文件

（一）基本要求

可转换公司债券发行的申请文件目录按照《公开发行证券的公司信息披露内容与格式准则第10号——上市公司公开发行证券申请文件》的要求执行。本准则规定的申请文件目录是对发行申请文件的最低要求，中国证监会根据审核需要，可以要求发行人和中介机构补充材料。

（二）申请文件目录

根据《公开发行证券的公司信息披露内容与格式准则第10号——上市公司公开发行证券申请文件》，需申报的文件包括：

1. 本次证券发行的募集文件。
2. 发行人关于本次证券发行的申请与授权文件。
3. 保荐机构关于本次证券发行的文件。
4. 发行人律师关于本次证券发行的文件。
5. 关于本次证券发行募集资金运用的文件。
6. 其他相关文件。

三、可转换公司债券发行核准程序★

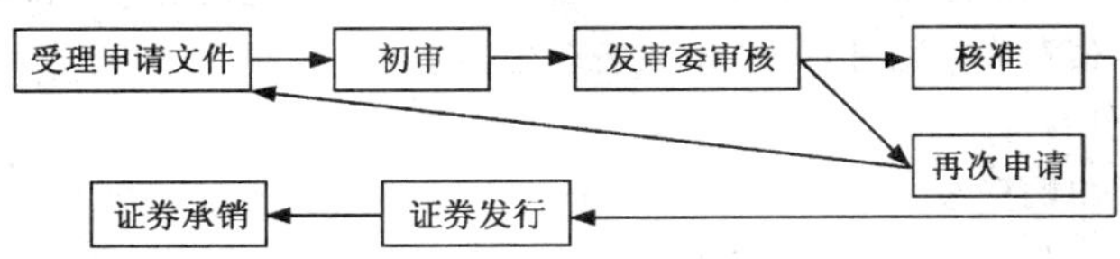

中国证监会在收到申请文件后5个工作日内决定是否受理；未按规定要求制作申请文件的，中国证监会不予受理。

自中国证监会核准发行之日起，上市公司应在6个月内发行证券；超过6个月未发行的，核准文件失效，须重新经中国证监会核准后方可发行。上市公司发行证券前发生重大事项的，应暂缓发行，并及时报告中国证监会。该事项对本次发行条件构成重大影响的，发行证券的申请应重新经过中国证监会核准。上市公司发行证券，应当由证券公司承销。

证券发行申请未获核准的上市公司，自中国证监会作出不予核准的决定之日起6个月后，可再次提出证券发行申请。

第三节　可转换公司债券的发行与上市

一、可转换公司债券的发行★

（一）发行方式

按照目前的做法，发行人申请发行可转换公司债券，股东大会应决定是否优先向原股东配售；如果优先配售，应明确进行配售的数量和方式以及有关原则。

网上发行方式：
- （1）全部网上定价发行。
- （2）定价发行与网下向机构投资者配售相结合。
- （3）部分向原社会公众股股东优先配售，剩余部分网上定价发行。
- （4）部分向原社会公众股股东优先配售，剩余部分采用网上定价发行和网下向机构投资者配售相结合的方式。

（二）配售安排

上市公司发行可转换公司债券，主承销商可以对参与网下配售的机构投资者进行分类，对不同类别的机构投资者设定不同的配售比例，对同一类别的机构投资者应当按相同的比例进行配售。主承销商应当在网下配售和网上发行之间建立回拨机制，回拨后两者的获配比例应当一致。上市公司发行可转换公司债券，可以全部或者部分向原股东优先配售，优先配售比例应当在发行公告中披露。

（三）保荐要求

发行人申请公开发行可转换为股票的公司债券，依法采取承销方式的，应当聘请具有保荐资格的机构担任保荐机构。

（四）可转换公司债券在上海证券交易所的网上定价发行程序

1. 在上海证券交易所网上定价发行须提交相关资料。
2. 发行的时间安排如下：

T－5日，所有材料报上海证券交易所，准备刊登债券募集说明书概要和发行公告。

T－4日，刊登债券募集说明书概要和发行公告。

T日，上网定价发行日。

T＋1日，冻结申购资金。

T＋2日，验资报告送达上海证券交易所；上海证券交易所向营业部发送配号。

T+3 日，中签率公告见报；摇号。

T+4 日，摇号结果公告见报。

T+4 日以后，做好上市前准备工作。

可转换公司债券在深圳证券交易所的网上定价发行程序与上海证券交易所基本相同。

二、可转换公司债券的上市★

可转换公司债券发行人在发行结束后，可向证券交易所申请将可转换公司债券上市。分离交易的可转换公司债券中的公司债券和认股权分别符合证券交易所上市条件的，应当分别上市交易。经中国证监会核准发行的可转换公司债券发行结束后，发行人方可向交易所申请其可转换公司债券上市。

（一）可转换公司债券的上市保荐

交易所实行可转换公司债券上市保荐制度。持续督导期间为可转换公司债券上市当年剩余时间及其后 1 个完整会计年度。持续督导期间自可转换公司债券上市之日起计算。

保荐机构推荐可转换公司债券上市（恢复上市除外），应当向交易所提交上市保荐书、保荐协议、保荐机构和相关保荐代表人已经中国证监会注册登记并列入保荐机构和保荐代表人名单的证明文件和授权委托书，以及与上市推荐工作有关的其他文件。

（二）可转换公司债券的上市条件

1. 可转换公司债券的期限为 1 年以上。
2. 可转换公司债券实际发行额不少于人民币 5 000 万元。
3. 申请上市时仍符合法定的可转换公司债券发行条件。

（三）可转换公司债券的上市申请

上市公司向证券交易所申请可转换公司债券上市，应当提交相关文件。

（四）停牌与复牌及转股的暂停与恢复

发行可转换公司债券的上市公司涉及相关事项时，证券交易所可以根据实际情况或者中国证监会的要求，决定可转换公司债券的停牌与复牌、转股的暂停与恢复事宜。

（五）停止交易

证券交易所按照下列规定停止可转换公司债券的交易：

1. 可转换公司债券流通面值少于 3 000 万元时，在上市公司发布相关公告 3 个交易日后停止其可转换公司债券的交易。
2. 可转换公司债券自转换期结束之前的第 10 个交易日起停止交易。
3. 可转换公司债券在赎回期间停止交易。

除此之外，可转换公司债券还应当在出现中国证监会和证券交易所认为必须停止交易的其他情况时停止交易。

（六）暂停上市

上市公司出现下列情形之一的，证券交易所暂停其可转换公司债券上市：

1. 公司有重大违法行为。

2. 公司情况发生重大变化不符合可转换公司债券上市条件。
3. 发行可转换公司债券所募集的资金不按照核准的用途使用。
4. 未按照可转换公司债券募集办法履行义务。
5. 公司最近2年连续亏损。
6. 证券交易所认为应当暂停其可转换公司债券上市的其他情形。

第四节　可转换公司债券的信息披露

一、可转换公司债券发行的信息披露★

上市公司发行可转换公司债券信息披露的有关要求，与上市公司发行新股的要求基本一致。

二、可转换公司债券上市的信息披露★

（一）上市公告

可转换公司债券获准上市后，上市公司应当在可转换公司债券上市前5个交易日内，在指定媒体上披露上市公告书。

（二）特别事项

发行可转换公司债券的上市公司出现以下情况之一时，应当及时向证券交易所报告并披露：

1. 因发行新股、送股、分立及其他原因引起股份变动，需要调整转股价格，或者依据募集说明书约定的转股价格向下修正条款修正转股价格的。
2. 出现减资、合并、分立、解散、申请破产及其他涉及上市公司主体变更事项。
3. 可转换公司债券转换为股票的数额累计达到可转换公司债券开始转股前公司已发行股份总额10％的。
4. 未转换的可转换公司债券数量少于3 000万元的。
5. 公司财务或信用状况发生重大变化，可能影响如期偿还债券本息的。
6. 提供担保的，担保人或担保物发生重大变化。
7. 召开债券持有人会议。
8. 作出发行新公司债券的决定。
9. 国家法律、法规和中国证监会、证券交易所规定的其他可能影响上市公司偿债能力的事件。

（三）付息与兑付

上市公司应当在可转换公司债券约定的付息日前3～5个交易日内披露付息公告；在可转换公司债券期满前3～5个交易日内披露本息兑付公告。

（四）转股与股份变动

上市公司应当在可转换公司债券开始转股前3个交易日内披露实施转股的公告。上市公司应当在每一季度结束后及时披露因可转换公司债券转换为股份所引起的股份变动情况。

（五）赎回与回售

上市公司行使赎回权时，应当在每年首次满足赎回条件后的5个交易日内至少发布3次赎回公告。

在可以行使回售权的年份内，上市公司应当在每年首次满足回售条件后的5个交易日内至少发布3次回售公告。

变更募集资金投资项目的，上市公司应当在股东大会通过决议后20个交易日内赋予可转换公司债券持有人1次回售的权利，有关回售公告至少发布3次。

（六）停止交易的情形

上市公司在可转换公司债券转换期结束的20个交易日前，应当至少发布3次提示公告，提醒投资者有关在可转换公司债券转换期结束前的10个交易日停止交易的事项。

第五节　上市公司股东发行可交换公司债券▲

所谓可交换公司债券，是指上市公司的股东依法发行、在一定期限内依据约定的条件可以交换成该股东所持有的上市公司股份的公司债券。★

截至2009年年底，尚未有可交换公司债券发行。

一、可交换公司债券发行的基本要求★

（一）申请发行可交换公司债券应满足的条件

1. 申请人应当是符合《公司法》、《证券法》规定的有限责任公司或者股份有限公司。
2. 公司组织机构健全，运行良好，内部控制制度不存在重大缺陷。
3. 公司最近期末的净资产额不少于人民币3亿元。
4. 公司最近3个会计年度实现的年均可分配利润不少于公司债券1年的利息。
5. 本次发行后累计公司债券余额不超过最近1期末净资产额的40%。
6. 本次发行债券的金额不超过预备用于交换的股票按募集说明书公告日前20个交易日均价计算的市值的70%，且应当将预备用于交换的股票设定为本次发行的公司债券的担保物。
7. 经资信评级机构评级，债券信用级别良好。
8. 不存在《公司债券发行试点办法》第八条规定的不得发行公司债券的情形。

（二）预备用于交换的上市公司股票应具备的条件

1. 该上市公司最近1期末的净资产不低于人民币15亿元，或者最近3个会计年度加权平均净资产收益率平均不低于6%。扣除非经常性损益后的净利润与扣除前的净利润相比，以低者作为加权平均净资产收益率的计算依据。
2. 用于交换的股票在提出发行申请时应当为无限售条件股份，且股东在约定的换股期间转让该部分股票不违反其对上市公司或者其他股东的承诺。
3. 用于交换的股票在本次可交换公司债券发行前，不存在被查封、扣押、冻结等财产权利被限制的情形，也不存在权属争议或者依法不得转让或设定担保的其他情形。

二、可交换公司债券的主要条款

（一）期限

可交换公司债券的期限为1～6年。

（二）定价

面值为每张人民币 100 元，发行价格则由上市公司股东和保荐机构通过市场询价确定。

（三）赎回与回售

可交换公司债券的募集说明书可以约定赎回条款，规定上市公司股东可以按事先约定的条件和价格赎回尚未换股的可交换公司债券。同时，募集说明书也可以约定回售条款，规定债券持有人可以按事先约定的条件和价格将所持债券回售给上市公司股东。

（四）股票的交换期

可交换公司债券自发行结束之日起 12 个月后，方可交换为预备交换的股票，债券持有人对交换股票或者不交换股票有选择权。

（五）股票交换的价格及其调整与修正

公司债券交换为每股股份的价格，应当不低于公告募集说明书日前 20 个交易日公司股票均价和前 1 个交易日的均价。

募集说明书应当事先约定交换价格及其调整、修正原则。若调整或修正交换价格，将造成预备用于交换的股票数量少于未偿还可交换公司债券全部换股所需股票的，公司必须事先补充提供预备用于交换的股票，并就该等股票设定担保，办理相关登记手续。

（六）担保安排

预备用于交换的股票及其孳息（包括资本公积转增股本、送股、分红、派息等），是本次发行可交换公司债券的担保物，用于对债券持有人交换股份和本期债券本息偿付提供担保。

除用预备交换的股票设定担保外，发行人为本次发行的公司债券另行提供担保的，按照《公司债券发行试点办法》第二章第十一条的规定办理。

（七）评级

可交换公司债券的信用评级事项须按照规定办理。

三、操作程序及其他

（一）发行程序、申请文件目录及募集说明书的编制

1. 可交换公司债券的发行程序，按照《公司债券发行试点办法》第三章的规定办理。
2. 发行可交换公司债券申请文件目录如下：
   （1）相关责任人签署的募集说明书。
   （2）保荐机构出具的发行保荐书。
   （3）发行人关于就预备用于交换的股票在证券登记结算机构设定担保并办理相关登记手续的承诺。
   （4）评级机构出具的债券资信评级报告。
   （5）公司债券受托管理协议和公司债券持有人会议规则。
   （6）本期债券担保合同（如有）、抵押财产的资产评估文件（如有）。
   （7）其他重要文件。

3. 募集说明书应披露上市公司的重要信息。

（二）其他相关事项

1. 在可交换公司债券发行前，公司债券受托管理人应当与上市公司股东就预备用于交换的股票签订担保合同，按照证券登记结算机构的业务规则设定担保。
2. 当债券持有人按照约定条件交换股份时，从作为担保物的股票中提取相应数额用于支付；债券持有人部分或者全部未选择换股且上市公司股东到期未能清偿债务时，作为担保物的股票及其孳息处分所得的价款优先用于清偿对债券持有人的负债。
3. 可交换公司债券持有人申请换股的，应当通过其托管证券公司向证券交易所发出换股指令，指令视同为债券受托管理人与发行人认可的解除担保指令。
4. 拥有上市公司控制权的股东发行可交换公司债券的，应当合理确定发行方案，不得通过本次发行直接将控制权转让给他人。

可交换公司债券的上市交易、换股、回售、赎回、登记结算等事项，按照证券交易所和证券登记结算机构的有关规定办理。

债券的发行与承销

本 章 结 构

- 第一节　国债的发行与承销
  - 我国国债的发行方式
    - 公开招标
    - 承购包销
  - 国债承销程序
    - 记账式国债的承销程序
    - 凭证式国债的承销程序
  - 国债销售价格及其影响因素
    - 价格
    - 影响因素

- 第二节 金融债券的发行与承销
  - 金融债券的发行条件
    - 政策性银行
    - 商业银行
    - 企业集团财务公司
    - 金融租赁公司和汽车金融公司
    - 其他金融机构
  - 申请金融债券发行应报送的文件
    - 政策性银行
    - 除政策性银行外的其他金融机构
  - 金融债券发行的操作要求
    - 发行方式
    - 担保要求
    - 信用评级
    - 发行的组织
    - 异常情况处理
    - 其他相关事项
  - 金融债券的登记、托管与兑付
    - 国债登记结算公司为金融债券的登记、托管机构
    - 发行人将资金划入债券持有人指定的资金账户
  - 金融债券的信息披露
    - 真实、准确、完整、及时
    - 于4月30日前披露年度报告
    - 于7月31日前披露债券跟踪信用评级报告
  - 金融债券参与机构的法律责任
    - 发行人罚则
    - 承销人罚则
    - 托管机构罚则
  - 次级债务
    - 商业银行次级债务
    - 保险公司次级债务
  - 混合资本债券
    - 定义
    - 特征
    - 条件

- 第三节 企业债券的发行与承销
  - 发行条件、条款设计要求及其他安排
    - 发行条件
    - 条款设计要求及其他安排
  - 企业债券发行的申报与核准
    - 发行申请材料目录
    - 申报文件编制
    - 企业债券发行申请文件
  - 中国证监会对证券公司类承销商的资格审查和风险评估
  - 企业债券在证券交易所市场的上市流通
  - 企业债券在银行间市场的上市流通
    - 准入条件
    - 审批程序
    - 信息披露

- 第四节　公司债券的发行与承销
  - 发行条件、条款设计要求及其他安排
    - 发行条件
    - 条款设计要求及其他安排
    - 发行方式
  - 公司债券发行的申报与核准
    - 发行申报
    - 受理与核准
  - 债券持有人权益保护
    - 保护债券持有人权益的方式
    - 受托管理人的职责
    - 债券持有人会议
  - 对公司债券发行的监管
    - 发行人
    - 保荐机构
    - 其他中介机构
    - 债券受托管理人
  - 公司债券在证券交易所市场上市
    - 公司债券上市条件
    - 公司债券上市申请
    - 公司债券上市的核准
    - 债券的停牌与复牌及债券上市的暂停与终止
    - 信息披露及持续性义务
  - 公司债券在银行间债券市场的发行与上市
    - 开立发行人账户
    - 公司债券的发行与登记托管
    - 公司债券的交易流通
    - 信息披露
  - 公司债券的评级
    - 公司债券资信评级机构的条件
    - 公司债券资信评级机构的申请
    - 评级方法、评级制度与评级的组织
    - 公司债券评级的监督管理
    - 公司债券评级的法律责任
- 第五节　短期融资券的发行与承销
  - 短期融资券的发行注册
  - 短期融资券的发行规模与资金使用
  - 短期融资券发行的操作要求
    - 承销的组织
    - 信用评级
    - 利率与费率的确定
    - 交易、结算与兑付
  - 短期融资券的信息披露
    - 发行前的信息披露
    - 存续期内的信息披露
    - 本息兑付的信息披露
    - 上市公司发行短期融资券的信息披露
    - 信息披露文件的格式
    - 信息披露的特殊事项
- 第六节　中期票据的发行与承销
  - 定义
  - 披露信息及发行计划
  - 披露企业主体信用评级

第七节 中小非金融企业集合票据
- 概念
- 特征
- 应用范围

第八节 证券公司债券的发行与承销
- 发行条件、条款设计要求及其他安排
  - 发行条件
  - 条款设计要求及其他安排
- 证券公司债券发行的申报与核准
  - 申报程序
  - 证券公司债券发行申请文件
- 证券公司债券的上市与交易
- 发行证券公司债券有关的信息披露
  - 公开发行债券募集说明书的披露
  - 公开发行债券募集说明书摘要的披露
  - 公开发行债券上市公告书的披露
  - 公开发行债券的持续信息披露
  - 定向发行债券的信息披露

第九节 资产支持证券的发行与承销
- 信贷资产证券化业务的参与者
  - 发起机构
  - 受托机构
  - 信用增级机构
  - 贷款服务机构
  - 资金保管机构
- 中国银监会对资产支持证券发行的管理
  - 联合报送申请
  - 信贷资产证券化业务计划书的主要内容
  - 受理与核准
- 中国人民银行对资产支持证券发行的核准
  - 发行申请
  - 资产支持证券发行说明书的编制要求
  - 受理与核准
- 资产支持证券发行的操作要求
  - 余额管理
  - 信用评级
  - 承销的组织
  - 其他相关事项
- 信息披露
- 会计处理规定
- 税收政策安排
  - 印花税政策
  - 营业税政策
  - 所得税政策
  - 其他
- 专项资产管理计划

第十节　国际开发机构人民币债券的发行与承销
- 审批体制
- 发债机构应具备的基本条件
- 申请发行人民币债券应提交的材料
- 会计标准与法律要求
- 债券的承销
- 利率的确定
- 其他相关事项

本章学习目的与要求

掌握我国国债的发行方式。熟悉记账式国债和凭证式国债的承销程序。熟悉国债销售的价格和影响国债销售价格的因素。

熟悉我国金融债券的发行条件、申报文件、操作要求、登记、托管与兑付、信息披露。了解次级债务的概念、募集方式以及次级债务计入商业银行附属资本和次级债务计入保险公司认可负债的条件和比例。了解混合资本债券的概念、募集方式、信用评级、信息披露及商业银行通过发行混合资本债券所募资金计入附属资本的方式。

熟悉我国企业债券和公司债券发行的基本条件、募集资金投向和不得再次发行的情形。了解企业债券和公司债券发行的条款设计要求及有关安排。熟悉企业债券和公司债券发行的额度申请、发行申报、发行申请文件的内容。了解中国证监会对证券公司类承销商的资格审查和风险评估。熟悉企业债券和公司债券申请上市的条件、上市申请与上市核准。了解企业债券和公司债券上市的信息披露和发行人的持续性披露义务。

熟悉企业短期融资券和中期票据的注册规则、承销的组织、信用评级安排、发行利率或发行价格的确定方式及其相关的信息披露要求。

熟悉中小非金融企业集合票据的特点、发行规模要求、偿债保障措施、评级要求、投资者保护机制和信息披露要求。

熟悉证券公司债券的发行条件、条款设计及相关安排。了解证券公司债券发行的申报程序、申请文件的内容。熟悉证券公司债券的上市与交易。了解公开发行证券公司债券时募集说明书等信息的披露以及公开发行证券公司债券的持续信息披露。了解证券公司定向发行债券的信息披露。

熟悉资产证券化的各方参与者的角色。了解资产证券化发行的申报程序、申请文件的内容。熟悉资产证券化的具体操作。了解公开发行证券化产品的信息披露。了解资产证券化的会计处理和税收政策。

了解国际开发机构人民币债券的发行与承销。

本章内容变化情况

1. 修改了"记账式国债的承销程序"的内容。

2. 第二节增加了"(四) 金融租赁公司和汽车金融公司"。

3. 第四节修改了"(三) 发行方式"的内容和"公司债券上市条件"及"公司债券上市申请中申请文件内容"的内容。

4. 增加了"第七节　中小非金融企业集合票据"。
5. 修改了部分时间和统计数字。

本章重点解析

第一节　国债的发行与承销

一、国债的发行方式★

1988年以前：行政分配方式。

1988年：商业银行和邮政储蓄柜台销售了一定数量的国债。

1991年：承购包销方式。

1996年至今：公开招标方式。

目前：凭证式国债发行完全采用承购包销方式，储蓄国债发行可采用包销或代销方式，记账式国债发行完全采用公开招标方式。

（一）公开招标方式

1. 通过投标人的直接竞价来确定发行价格（或利率）水平，发行人将投标人的标价自高价向低价排列，或自低利率排到高利率，发行人从高价（或低利率）选起，直到达到需要发行的数额为止。

荷兰式招标、美国式招标及混合式招标的特点见表10-1。

表10-1

	标的为利率或利差时	标的为价格时	其他
荷兰式招标	当期国债票面利率或基本利差＝全场最高中标利率或利差	全场加权平均中标价格＝当期国债发行价格 中标机构按各自中标标位的价格承销。	背离全场加权平均投标利率或价格一定数量的标位视为无效投标，全部落标，不参与全场加权平均中标利率或价格的计算；
美国式招标	全场加权平均中标利率＝当期国债票面利率 中标机构按各自中标标位利率与票面利率折算的价格承销。		
混合式招标	全场加权平均中标利率＝当期国债票面利率 （1）低于或等于票面利率的标位，按面值承销； （2）高于票面利率一定数量以内的标位，按各中标标位的利率与票面利率折算的价格承销； （3）高于票面利率一定数量以上的标位，全部落标。	全场加权平均中标价格＝当期国债发行价格 （1）高于或等于发行价格的标位，按发行价格承销； （2）低于发行价格一定数量以内的标位，按各中标标位的价格承销； （3）低于发行价格一定数量以上的标位，全部落标。	背离全场加权平均投标利率或价格一定数量的标位视为无效投标，全部落标，不参与全场加权平均中标利率或价格的计算。

2. 投标的限定。

投标的限定：
- 投标标位变动幅度
  - 利率或利差招标时，标位变动幅度为0.01%；
  - 招标时，标位变动幅度在当期国债发行文件中另行规定。
- 投标量限定
  - 乙类成员最低，最高投标限额分别为当期国债招标量的0.5%、10%；
  - 甲类成员最低，投标限额为当期国债招标量的3%。
  - 对不可追加的记账式国债，最高投标限额为当期国债招标量的30%；
  - 对于可追加的记账式国债，最高投标限额为当期国债招标量的25%。
  - 单一标位最低投标限额为0.2亿元，最高投标限额为30亿元。
  - 投标量变动幅度为0.1亿元的整数倍。
- 最低承销额限定：国债承销团成员单期国债最低承销额（含追加承销部分）按各期国债竞争性招标额的一定比例计算，甲类成员为1%，乙类成员为0.2%。

3. 具体的中标原则：

（1）
- 全场有效投标总额≤当期国债招标额：所有有效投标全额募入；
- 全场有效投标总额＞当期国债招标额：按照低利率（利差）或高价格优先的原则对有效投标逐笔募入，直到募满招标额为止。

（2）边际中标标位的投标额＞剩余招标额：以该标位投标额为权数平均分配，最小中标单位为0.1亿元，分配后仍有尾数时，按投标时间优先原则分配。

（3）记账式国债追加投资：
- 甲类机构最大追加承销额为该机构当期国债竞争性中标额的25%；
- 荷兰式招标追加承销价格与竞争性招标中标价格相同；
- 美国式和混合式招标追加承销价格，标的为利率时为面值，标的为价格时为当期国债发行价格。

（二）承购包销方式

1. 定义：发行人和承销商签订承购包销合同，合同中的有关条款是通过双方协商确定的。
2. 适用范围：不可上市流通的凭证式国债的发行。
3. 2010年以后，根据财政部与中国人民银行2009年6月30日联合发布的《储蓄国债（电子式）管理办法（试行）》（财库［2009］73号），储蓄国债（电子式）也可采用包销方式。

二、国债承销程序★

（一）记账式国债的承销程序◆

1. 招标发行。方式：主要通过银行间债券市场向具备全国银行间债券市场国债承购包销团资格的商业银行、证券公司、保险公司、信托投资公司等机构，以及通过证券交易所的交易系统向具备交易所国债承购包销团资格的证券公司、保险公司和信托投资公司及其他投资者发行。
2. 远程投标。记账式国债发行招投标工作通过"财政部国债发行招投标系统"进行，国债承销团成员通过上述系统远程终端投标。

   远程终端出现技术问题，可在规定的时间内以填写"应急投标书"和"应急申请书"的形式委托中央国债登记结算有限责任公司代为投标。
3. 债权托管。在招投标工作结束后，各中标机构应通过国债招投标系统填制"债权托管申请书"，在中央国债登记结算有限责任公司和中国证券登记结算有限责任公司上海、深圳分公司选择托管。逾时未填制的，系统默认全部在中央国债登记结算有限责任公司托管。

中央国债登记结算有限责任公司、中国证券登记结算有限责任公司上海、深圳分公司于规定的债权登记日，对当期国债进行总债权登记和分账户债权托管。

国债债权确认时间按国债发行款划入财政部指定的资金账户的时间确定。国债发行缴款与债权确定方式以当期发行文件规定为准。

4. 分销。

(1) 记账式国债分销：在规定的分销期内，国债承销团成员将中标的全部或部分国债债权额度销售给非国债承销团成员的行为。记账式国债采取场内挂牌、场外签订分销合同和试点商业银行柜台销售的方式分销。

(2) 分销对象：
- 在中央国债登记结算有限责任公司开立债券账户；
- 在中国证券登记结算有限责任公司开立股票和基金账户的各类投资者。

(3) 国债承销团成员间不得分销。

(4)
- 非国债承销团成员通过分销获得的国债债权额度，在分销期内不得转让。
- 国债承销团成员根据市场情况自定价格分销。

(二) 凭证式国债的承销程序

1. 凭证式国债定义：一种不可上市流通的储蓄型债券，由具备凭证式国债承销团资格的机构承销。财政部和中国人民银行一般每年确定一次凭证式国债承销团资格，各类商业银行、邮政储蓄银行均有资格申请加入凭证式国债承销团。财政部一般委托中国人民银行分配承销数额。承销商在分得所承销的国债后，通过各自的代理网点发售。发售采取向购买人开具凭证式国债收款凭证的方式，发售数量不能突破所承销的国债数量。

2. 凭证式国债交易方式："随买随卖"、利率按实际持有天数分档计付。

3. 凭证式国债的承销程序。

(1) 2002 年第 2 期开始，凭证式国债的发行期限缩短至 1 个月以内，发行款的上划采取一次缴款办法，国债发行手续费也由财政部一次拨付。

(2) 各经办单位对在发行期内已缴款但未售完及购买者提前兑取的凭证式国债，仍可在原额度内继续发售，继续发售的凭证式国债仍按面值售出。

(3) 担任凭证式国债发行任务的各个系统一般每月要汇总本系统内的累计发行数额，上报财政部及中国人民银行。

三、国债销售价格及其影响因素★

(一) 国债销售的价格

在现行多种价格的公开招标方式下，财政部允许承销商在发行期内自定销售价格，随行就市发行。

(二) 影响国债销售价格的因素

1. 市场利率：
- 上升：限制承销商确定销售价格的空间。
- 下降：拓宽承销商确定销售价格空间。

2. 承销商承销国债的中标成本：较低成本的国债，有利于分销工作。

3. 流通市场中可比国债的收益率水平：反比关系。

4. 国债承销的手续费收入：为了促进分销活动，承销商有可能压低销售价格。

5. 承销商所期望的资金回收速度：反比关系，期望资金回收速度快，则销售价格低；期望资金回收速度慢，则销售价格高。

6. 其他国债分销过程中的成本。

第二节　金融债券的发行与承销

一、金融债券的发行条件★

（一）政策性银行

政策性银行按年向中国人民银行报送金融债券发行申请，并经中国人民银行核准。

（二）商业银行

商业银行：
- 具有良好的公司治理机制；
- 核心资本充足率不低于4%；
- 最近3年连续盈利，贷款损失准备计提充足；
- 风险监管指标符合监管机构的有关规定，最近3年没有重大违法、违规行为；
- 中国人民银行要求的其他条件。

（三）企业财务公司

1. 具有良好的公司治理结构、完善的投资决策机制、健全有效的内部管理和风险控制制度及相应的管理信息系统。
2. 具有从事金融债券发行的合格专业人员。
3. 依法合规经营，符合中国银监会有关审慎监管的要求，风险监管指标符合监管机构的有关规定。
4. 财务公司已发行、尚未兑付的金融债券总额不得超过其净资产总额的100%，发行金融债券后，资本充足率不低于10%。
5. 财务公司设立1年以上，经营状况良好，申请前1年利润率不低于行业平均水平，且有稳定的盈利预期。
6. 申请前1年，不良资产率低于行业平均水平，资产损失准备拨备充足。
7. 申请前1年，注册资本金不低于3亿元人民币，净资产不低于行业平均水平。
8. 近3年无重大违法违规记录。
9. 无到期不能支付债务。
10. 中国人民银行和中国银监会规定的其他条件。

（四）金融租赁公司和汽车金融公司▲

根据中国人民银行和中国银监会于2009年8月18日发布的公告（［2009］第14号），金融租赁公司和汽车金融公司发行金融债券，应具备以下条件：

1. 具有良好的公司治理结构和完善的内部控制体系。
2. 具有从事金融债券发行和管理的合格专业人员。
3. 金融租赁公司注册资本金不低于5亿元人民币和等值的自由兑换货币；汽车金融公司注册资本金不低于8亿元人民币或等值的自由兑换货币。
4. 资产质量良好，最近1年不良资产率低于行业平均水平，资产损失准备计提充足。
5. 无到期不能支付债务。

6. 净资产不低于行业平均水平。
7. 经营状况良好，最近年连续盈利，最近 1 年利润率不低于行业平均水平，且有稳定的盈利预期。
8. 最近 3 年平均可分配利润足以支付所发行金融债券 1 年的利息。
9. 风险监管指标达到监管要求。
10. 最近 3 年没有重大违法、违规行为。
11. 中国人民银行和中国银监会要求的其他条件。

另外，金融租赁公司和汽车金融公司发行金融债券后，资本充足率均应不低于 8%。

（五）其他金融机构

其他金融机构发行金融债券应具备的条件由中国人民银行另行规定。

二、申请金融债券发行应报送的文件

中国人民银行于 2005 年 4 月 27 日发布《全国银行间债券市场金融债券发行管理办法》。

（一）政策性银行

1. 金融债券发行申请报告。
2. 发行人近 3 年经审计的财务报告及审计报告。
3. 金融债券发行办法。
4. 承销协议。
5. 中国人民银行要求的其他文件。

（二）除政策性银行外的其他金融机构

1. 金融债券发行申请报告；发行人公司章程或章程性文件规定的权力机构的书面同意文件。
2. 监管机构同意金融债券发行的文件。
3. 发行人近 3 年经审计的财务报告及审计报告。
4. 募集说明书。
5. 发行公告或发行章程。
6. 承销协议。
7. 发行人关于本期债券偿债计划及保障措施的专项报告。
8. 信用评级机构出具的金融债券信用评级报告及有关持续跟踪评级安排的说明。
9. 发行人律师出具的法律意见书。
10. 中国人民银行要求的其他文件。采用担保方式发行金融债券的，还应提供担保协议及担保人资信情况说明。如有必要，中国人民银行可商请其监管机构出具相关监管意见。

三、金融债券发行的操作要求

（一）发行方式

1. 金融债券可在全国银行间债券市场 { 公开发行；定向发行。

2. 金融债券的发行可以采取 { 一次足额发行；限额内分期发行。

（二）担保要求

1. 商业银行发行金融债券没有强制担保要求。

2. 财务公司发行金融债券，则需要由财务公司的母公司或其他有担保能力的成员单位提供相应担保，经中国银监会批准免于担保的除外；
   对于商业银行设立的金融租赁公司，资质良好但成立不满3年的，应由具有担保能力的担保人提供担保。

（三）信用评级

1. 发行应由具有债券评级能力的信用评级机构进行信用评级。
2. 发行后，信用评级机构应每年对该金融债券进行跟踪信用评级。
3. 如发生影响该金融债券信用评级的重大事项，信用评级机构应及时调整该金融债券的信用评级，并向投资者公布。

（四）发行的组织

1. 承销团的组建。发行金融债券时，发行人应组建承销团，承销人可在发行期内向其他投资者分销其所承销的金融债券。
2. 承销方式及承销人的资格条件。

方式：协议承销、招标承销。

招标资格条件：
（1）注册资本不低于2亿元人民币。
（2）具有较强的债券分销能力。
（3）具有合格的从事债券市场业务的专业人员和债券分销渠道。
（4）最近两年内没有重大违法、违规行为。
（5）中国人民银行要求的其他条件。

以定向方式发行金融债券的：
应优先选择协议承销方式；
定向发行对象不超过两家，可不聘请主承销商，由发行人与认购机构签订协议安排发行。

3. 招标的操作要求。
（1）招标前，至少提前3个工作日向承销人公布招标具体时间、招标方式、招标标的、中标确定方式和应急招投标方案等内容。
（2）招标开始时，向承销人发出招标书。
（3）招标结束后，发行人应立即向承销人公布中标结果，并不迟于次一工作日发布金融债券招标结果公告。

（五）异常情况处理

一次足额发行或限额内分期发行金融债券，如果发生下列情况之一，应在向中国人民银行报送备案文件时进行书面报告并说明原因：

1. 发行人业务、财务等经营状况发生重大变化。
2. 高级管理人员变更。
3. 控制人变更。
4. 发行人作出新的债券融资决定。

5. 发行人变更承销商、会计师事务所、律师事务所或信用评级机构等专业机构。
6. 是否分期发行、每期发行安排等金融债券发行方案变更。
7. 其他可能影响投资人作出正确判断的重大变化。

（六）其他相关事项

1. 发行人不得认购或变相认购自己发行的金融债券。
2. 发行人应在中国人民银行核准金融债券发行之日起60个工作日内开始发行金融债券，并在规定期限内完成发行。
3. 发行人未能在规定期限内完成发行的，原金融债券发行核准文件自动失效，发行人不得继续发行本期金融债券。
4. 发行人仍需发行金融债券的，应另行申请。
5. 金融债券发行结束后10个工作日内，发行人应向中国人民银行书面报告金融债券发行情况。
6. 金融债券定向发行的，经认购人同意，可免于信用评级。
7. 定向发行的金融债券只能在认购人之间进行转让。

四、金融债券的登记、托管与兑付★

（一）登记、托管

国债登记结算公司。

（二）兑付

金融债券付息或兑付日前（含当日），发行人应将相应资金划入债券持有人指定的资金账户。

五、金融债券的信息披露★

（一）信息披露期间

金融债券发行前和存续期间。

（二）网站

中国货币网、中国债券信息网。

（三）要求

真实、准确、完整、及时，不得有虚假记载、误导性陈述或重大遗漏。

（四）时间

发行人应于每期金融债券发行前3个工作日披露募集说明书和发行公告。

金融债券存续期间，发行人应于每年4月30日前向投资者披露年度报告。

发行人应于金融债券每次付息日前两个工作日公布付息公告，最后一次付息及兑付日前5个工作日公布兑付公告。

金融债券存续期间，发行人应于每年7月31日前披露债券跟踪信用评级报告。

（五）服务机构

同业拆借中心和国债登记结算公司。

六、金融债券参与机构的法律责任（见表 10－2）

表 10－2　　金融机构参与机构的法律责任

	发行人罚则	承销人罚则	托管机构罚则
处罚	1. 未经中国人民银行核准擅自发行金融债券。 2. 超规模发行金融债券。 3. 以不正当手段操纵市场价格、误导投资者。 4. 未按规定报送文件或披露信息。 5. 其他违反上述办法的行为。	1. 以不正当竞争手段招揽承销业务。 2. 发布虚假信息或泄露非公开信息。 3. 其他违反上述办法的行为。	1. 挪用托管客户金融债券。 2. 债券登记错误或遗失。 3. 发布虚假信息或泄露非公开信息。 4. 其他违反上述办法的行为。

七、次级债务

（一）商业银行次级债务

1. 定义：银行发行的，固定期限不低于 5 年（含 5 年），除非银行倒闭或清算不用于弥补银行日常经营损失，且该项债务的索偿权排在存款和其他负债之后的商业银行长期债务。
2. 募集方式：商业银行向目标债权人定向募集，目标债权人为企业法人。
   - 2004 年 4 月 17 日，次级债券可在全国银行间债券市场公开发行并正常交易。
   - 次级债券的承销可采用包销、代销和招标承销等方式。
3. 列入附属资本的要求：商业银行发行的普通的、无担保的、不以银行资产为抵押或质押的长期次级债务工具可列入附属资本，在距到期日前最后 5 年，其可计入附属资本的数量每年累计折扣 20%。

（二）保险公司次级债务

1. 定义：保险公司经批准定向募集的，期限在 5 年以上（含 5 年），本金和利息的清偿顺序列于保单责任和其他负债之后、先于保险公司股权资本的保险公司债务。
2. 列入附属资本的要求：保险公司募集的定期次级债务应当在到期日前按照一定比例折算确认为认可负债，以折算后的账面余额作为其认可价值。

八、混合资本债券

（一）定义

一种混合资本工具，它同时兼有一定的股本性质和债务性质，但比普通股票和债券更加复杂。

（二）基本特征

1. 期限在 15 年以上，发行之日起 10 年内不得赎回，发行之日起 10 年后发行人具有 1 次赎回权，若发行人未行使赎回权，可以适当提高混合资本债券的利率。
2. 混合资本债券到期前：
   - 如果发行人核心资本充足率低于 4%⟶发行人可以延期支付利息
   - 如果 { 最近一期经审计的资产负债表中盈余公积与未分配利润之和为负；最近 12 个月内未向普通股股东支付现金红利 } 发行人必须延期支付利息。

   在不满足延期支付利息的条件时，发行人应立即支付欠息及欠息产生的复利。
3. 当发行人清算时，混合资本债券本金和利息的清偿顺序列于一般债务和次级债务之后、先于股权资本。

4. 混合资本债券到期时，

如果{发行人无力支付清偿顺序在该债券之前的债务，或支付该债券将导致无力支付清偿顺序在混合资本债券之前的债务，}发行人可延期支付该债券本金和利息

待上述情况好转后，发行人应继续履行其还本付息义务，延期支付的本金和利息将根据混合资本债券的票面利率计算利息。

（三）发行条件

同发行金融债券。

（四）发行方式

公开发行、定向发行。

（五）信息披露

按季度披露。

第三节 企业债券的发行与承销

企业债券是指在中华人民共和国境内具有法人资格的企业在境内依照法定程序发行、约定在一定期限内还本付息的有价证券，但是，金融债券和外币债券除外。

《公司法》和《证券法》对于公司债券的发行和上市也作了具体规定。

一、发行条件、条款设计要求及其他安排★

（一）发行条件

1. 基本条件。根据《企业债券管理条例》第十二条和第十六条规定，企业发行企业债券必须符合下列条件：

(1) 企业规模达到国家规定的要求。
(2) 企业财务会计制度符合国家规定。
(3) 具有偿债能力。
(4) 企业经济效益良好，发行企业债券前连续 3 年盈利。
(5) 企业发行企业债券的总面额不得大于该企业的自有资产净值。
(6) 所筹资金用途符合国家产业政策。

公开发行企业债券必须符合下列条件：

(1) 股份有限公司的净资产额不低于人民币 3 000 万元，有限责任公司和其他类型企业的净资产额不低于人民币 6 000 万元。
(2) 累计债券余额不超过发行人净资产（不包括少数股东权益）的 40%。
(3) 最近 3 年平均可分配利润（净利润）足以支付债券 1 年的利息。
(4) 筹集的资金投向符合国家产业政策，所需相关手续齐全：用于固定资产投资项目的，应符合固定资产投资项目资本金制度的要求，原则上累计发行额不得超过该项目总投资的 60%；用于收购产权（股权）的，比照该比例执行；用于调整债务结构的，不受该比例限制，但企业应提供银行同意以债还贷的证明；用于补充营运资金的，不超过发债总额的 20%。
(5) 债券的利率由企业根据市场情况确定，但不得超过国务院限定的利率水平。
(6) 已发行的企业债券或者其他债务未处于违约或者延迟支付本息的状态。
(7) 最近 3 年没有重大违法违规行为。

2. 募集资金的投向。企业发行企业债券所筹资金应当按照审批机关批准的用途用于本企业的生产经营。

企业发行企业债券所筹资金不得用于房地产买卖、股票买卖和期货交易等与本企业生产经营无关的风险性投资。

《证券法》第十六条规定，公开发行公司债券筹集的资金，必须用于核准的用途，不得用于弥补亏损和非生产性支出。

根据《国家发展改革委关于推进企业债券市场发展、简化发行核准程序有关事项的通知》，企业债券筹集的资金可用于固定资产投资项目、收购产权（股权）、调整债务结构和补充营运资金。

3. 不得再次发行的情形。根据《证券法》第十八条规定，凡有下列情形之一的，公司不得再次公开发行公司债券：
(1) 前一次公开发行的公司债券尚未募足的；
(2) 对已公开发行的公司债券或者其他债务有违约或者延迟支付本息的事实，且仍处于继续状态的；
(3) 违反《证券法》规定，改变公开发行公司债券所募资金用途的。

（二）条款设计要求及其他安排

1. 发行规模。企业发行企业债券的总面额不得大于该企业的自有资产净值。

公开发行企业债券，发行人累计债券余额不超过企业净资产（不包括少数股东权益）的 40%。在此限定规模内，具体的发行规模由发行人根据其资金使用计划和财务状况自行确定。企业债券每份面值为 100 元，以 1 000 元人民币为 1 个认购单位。

2. 期限。《企业债券管理条例》和《证券法》对于企业债券的期限均没有明确规定。在现行的具体操作中，原则上不能低于 1 年。

3. 利率及付息规定。企业债券的利率由发行人与其主承销商根据信用等级、风险程度、市场供求状况等因素协商确定，但必须符合企业债券利率管理的有关规定。《企业债券管理条例》第十八条规定，企业债券的利率不得高于银行相同期限居民储蓄定期存款利率的 40%。

4. 债券的评级。发行人应当聘请具有企业债券评估从业资格的信用评级机构对其债券进行信用评级。债券资信评级机构对评级结果的客观、公正和及时性承担责任。信用评级报告的内容和格式应当符合有关规定。

5. 债券的担保。企业可发行无担保信用债券、资产抵押债券、第三方担保债券。为债券的发行提供保证的，保证人应当具有代为清偿债务的能力，保证应当是连带责任保证。

6. 法律意见书。发行人应当聘请具有从业资格的律师事务所，对发行人发行企业债券的条件和合规性进行法律鉴证，并出具法律意见书。

7. 债券的承销组织。企业债券的发行，应组织承销团以余额包销的方式承销。

自2000年国务院特批企业债券以来，已经承担过企业债券发行主承销商或累计承担过3次以上副主承销商的金融机构方可担任主承销商，已经承担过副主承销商或累计承担过3次以上分销商的金融机构方可担任副主承销商。各承销商包销的企业债券金额原则上不得超过其上年末净资产的1/3。

二、企业债券发行的申报与核准★

原来发行企业债券，需要经过向有关主管部门进行额度申请和发行申报两个过程。

1. 额度申请受理的主管部门为国家发改委；
2. 发行申报的主管部门主要为国家发改委，国家发改委核准通过并经中国人民银行和中国证监会会签后，由国家发改委下达发行批复文件。

其中，中国人民银行主要是核准利率，中国证监会对证券公司类承销商进行资格认定和发行与兑付的风险评估。根据《国家发展改革委关于推进企业债券市场发展、简化发行核准程序有关事项的通知》，为进一步推动企业债券市场发展，扩大发行规模，经国务院同意，对企业债券发行核准程序进行改革，将先核定规模（额度）、后核准发行两个环节，简化为直接核准发行一个环节。

在发行的具体申报上，仍然采取如下方式报送国家发改委：

1. 中央直接管理企业的申请材料直接申报；
2. 国务院行业管理部门所属企业的申请材料由行业管理部门转报；
3. 地方企业的申请材料由所在省、自治区、直辖市、计划单列市发展改革部门转报。
4. 国家发改委受理企业发债申请后，依据法律法规及有关文件规定，对申请材料进行审核。符合发债条件、申请材料齐全的，直接予以核准。
5. 申请材料存在不足或需要补充有关材料的，应及时向发行人和主承销商提出反馈意见。
6. 发行人及主承销商根据反馈意见对申请材料进行补充、修改和完善，重要问题应出具文件进行说明。

国家发改委自受理申请之日起3个月内（发行人及主承销商根据反馈意见补充和修改申报材料的时间除外）作出核准或者不予核准的决定，不予核准的，应说明理由。企业债券得到国家发改委批准并经中国人民银行和中国证监会会签后，即可进行具体的发行工作。

（一）发行申请材料目录

企业（或公司）申请发行债券，应当向国家发改委报送下列文件：

1. 国务院行业管理部门或省级发展改革部门转报发行企业债券申请材料的文件；
2. 发行人关于本次债券发行的申请报告；
3. 主承销商对发行本次债券的推荐意见（包括内审表）；
4. 发行企业债券可行性研究报告，包括债券资金用途、发行风险说明、偿债能力分析等；
5. 发债资金投向的有关原始合法文件；
6. 发行人最近 3 年的财务报告和审计报告（连审）及最近 1 期的财务报告；
7. 担保人最近 1 年财务报告和审计报告及最近 1 期的财务报告（如有）；
8. 企业（公司）债券募集说明书；
9. 企业（公司）债券募集说明书摘要；
10. 承销协议；
11. 承销团协议；
12. 第三方担保函（如有）；
13. 资产抵押有关文件（如有）；
14. 信用评级报告；
15. 法律意见书；
16. 发行人《企业法人营业执照》（副本）复印件；
17. 中介机构从业资格证书复印件；
18. 本次债券发行有关机构联系方式；
19. 国家发改委要求提供的其他文件。

（二）申报文件编制

发行人、主承销商及负责出具专业意见的律师事务所、会计师事务所、资信评级机构等应审慎对待所申报的材料和所出具的意见。发行人及有关中介机构应按要求在所提供的有关文件上发表声明或签字，对申请文件的真实性、准确性和完整性作出承诺。

发行人、主承销商及其他有关中介机构应结合国家发改委对发行申请文件的审核反馈意见提供补充材料，必要时发行人应对补充内容出具书面回复函。有关中介机构应按国家发改委的规定履行尽职调查或补充出具专业意见的义务。

（三）企业债券发行申请文件

1. 基本要求。企业债券发行的申请文件目录按照《国家发展改革委关于推进企业债券市场发展、简化发行核准程序有关事项的通知》的要求执行。

申请文件是发行人为发行债券向国家发改委报送的必备文件。

纸张应采用幅面为 209 毫米×295 毫米规格的纸张（相当于标准 A4 纸规格）。封面应标有"×××公开发行企业债券（公司债券）申报材料"字样；并注明申请企业及主承销商的名称、住所、联系电话、联系人、邮政编码和申报时间。

申请材料为 1 份原件及电子文档。

2. 发行章程基本格式。发行章程的基本格式包括以下内容：

债券发行依据；
本次债券发行的有关机构；
发行概要；
发行人简况；
担保人简况；
承销方式；
信用评级；
认购与托管；
债券发行网点；
认购人承诺；
债券本息兑付办法；
已发行尚未兑付的债券；
筹集资金的用途及盈利预测；
风险与对策；
发行人与担保人最近3年的主要财务数据与指标；
律师事务所出具的法律意见；
其他应说明的事项。

3. 企业债券募集说明书基本格式。募集说明书应包括封面、扉页、目录、释义和正文内容等部分。

(1) 募集说明书扉页应包括以下内容：

①发行人或发行人董事会声明。如"发行人或发行人董事会已批准本期债券募集说明书及其摘要，发行人领导成员或全体董事承诺其中不存在虚假记载、误导性陈述或重大遗漏，并对其真实性、准确性、完整性承担个别和连带的法律责任。"

②企业负责人和主管会计工作的负责人、会计机构负责人声明。如"企业负责人和主管会计工作的负责人、会计部门负责人保证本期债券募集说明书及其摘要中财务报告真实、完整。"

③主承销商勤勉尽责声明。

④投资提示。如"凡欲认购本期债券的投资者，请认真阅读本募集说明书及其有关的信息披露文件，并进行独立投资判断。主管部门对本期债券发行所作出的任何决定，均不表明其对债券风险作出实质性判断。""凡认购、受让并持有本期债券的投资者，均视同自愿接受本募集说明书对本期债券各项权利义务的约定。""债券依法发行后，发行人经营变化引致的投资风险，投资者自行负责。"

⑤其他重大事项或风险提示。

⑥本期债券基本要素，如债券名称、发行总额、期限、利率、发行方式、发行对象、信用级别、担保等。

(2) 募集说明书释义应在目录次页排印，对募集说明书中的有关机构简称、代称、专有名词、专业名词进行准确、简要定义。

(3) 募集说明书的主要内容目录如下：

①债券发行依据。主要指本次发行的审批文件文号。

②本次债券发行的有关机构。主要包括本次发行涉及的机构的名称、法定代表人、经办人员、办公地址、联系电话、传真、邮政编码等。

③发行概要。主要包括债券名称、发行总额、期限、利率、还本付息、发行价格、发行方式、发行对象、发行期、认购托管、承销方式、信用级别、担保、重要提示等。

④承销方式。

⑤认购与托管。

⑥债券发行网点。

⑦认购人承诺。

⑧债券本息兑付办法。

⑨发行人基本情况。主要包括发行人概况；历史沿革；股东情况；公司治理和组织结构；发行人与母公司、子公司等投资关系；主要控股子公司情况；发行人领导成员或董事、监事及高级管理人员情况等。

⑩发行人业务情况。主要包括发行人所在行业现状和前景；发行人在行业中的地位和竞争优势；发行人主营业务模式、状况及发展规划等。

⑪发行人财务情况。主要包括发行人最近 3 年及最近 1 期主要财务数据及资产负债表、利润及利润分配表、现金流量表；发行人财务分析（包括营运能力分析、盈利能力分析、偿债能力分析和现金流量分析等等）。

⑫已发行尚未兑付的债券。

⑬筹集资金用途，主要包括发债资金投向概况，如项目审批、核准或备案情况、收购合同或意向书签订情况、以债还贷情况、补充营运资金情况等；发债募集资金使用计划及管理制度。

⑭偿债保证措施。主要包括担保人基本情况、财务情况（主要财务数据及财务报表）、资信情况、担保函等主要内容。采用资产抵押担保的，应提供抵押资产的评估、登记、保管和相关法律手续、保障投资者履行权利的有关制度安排等情况。发行人制定的偿债计划及保障措施，包括偿债专户、偿债基金以及违约时拟采取的具体偿债措施和赔偿方式。

⑮风险与对策。主要包括与本期债券有关的风险与对策；与行业相关的风险与对策；与发行人有关的风险与对策。

⑯信用评级。主要包括信用评级报告的内容概要以及跟踪评级安排等。

⑰法律意见。主要包括法律事务所对本期债券的合法合规性及信息披露文件的真实性、完整性等出具的法律意见的概要。

⑱其他应说明的事项。

⑲备查文件。包括备查文件清单、查阅地点、方式、联系人等。

（4）募集说明书摘要的格式。原则上仍为上述 19 条，各条内容进行简化。

4. 担保函。

担保函的内容如下：
- 被担保的债券种类、数额；
- 债券的到期日；
- 保证的方式；
- 保证责任的承担；
- 保证范围；
- 保证的期间；
- 财务信息披露；
- 债券的转让或出质；
- 主债权的变更；
- 加速到期；
- 担保函的生效。

三、中国证监会对证券公司类承销商的资格审查和风险评估

证券公司从事企业债券的承销，注册地中国证监会派出机构应要求主承销商报送相关申请材料。

中国证监会派出机构依据有关规定和《关于加强证券公司承销企业债券业务监管工作的通知》的要求对主承销商的申请材料进行初审，并在15个工作日内出具意见。初审通过的，将初审意见和申请材料报中国证监会复审；如副主承销商、分销商及发行人在异地的，还应将初审意见抄送其所在地中国证监会派出机构。复审通过的，由中国证监会批复，并抄送有关派出机构。

四、企业债券在证券交易所市场的上市流通★

企业债券发行完成后，经核准可以在证券交易所上市，挂牌买卖。

根据2007年9月18日颁布实施的《上海证券交易所公司债券上市规则》(本章所涉及债券在交易所上市时，仅以在上海证券交易所上市为例)，企业债券申请上市，需要参照此规则的要求，向证券交易所上报上市申请材料（参见本章第四节"公司债券的发行与承销"）。《证券法》对公司债券上市也提出了明确要求。

五、企业债券在银行间市场的上市流通★

除在交易所市场上市外，企业债券也可以进入银行间市场交易流通。中国人民银行于2005年12月13日就允许公司债券（含企业债券，下同）进入银行间债券市场交易流通事宜发布《公司债券进入银行间债券市场交易流通有关事项》(中国人民银行公告［2005］第30号)，对相关的准入条件、审批程序和信息披露等内容作出规定。

(一) 准入条件

符合以下条件的公司债券可以进入银行间债券市场交易流通，但公司债券募集办法或发行章程约定不交易流通的债券除外：

1. 依法公开发行。
2. 债权债务关系确立并登记完毕。
3. 发行人具有较完善的治理结构和机制，近两年没有违法和重大违规行为。
4. 实际发行额不少于人民币5亿元。
5. 单个投资人持有量不超过该期公司债券发行量的30%。

(二) 审批程序

国债登记结算公司和同业拆借中心应按照上述条件对要求进入银行间债券市场交易流通的公司债券进行甄选，符合条件的，确定其交易流通要素，在其债权、债务登记日后的5个工作日内安排其交易流通。发行人要求安排其发行的公司债券进入银行间债券市场交易流通的，应在国债登记结算公司和同业拆借中心安排其发行的债券交易流通时，向国债登记结算公司提交以下材料：

1. 主管部门批准公司债券发行的文件。
2. 公司债券募集办法或发行章程。
3. 公司债券持有量排名前30位的持有人名册（持有人不足30人的，为实际持有人名册）。
4. 发行人近两年经审计的财务报告和涉及发行人的重大诉讼事项说明。
5. 公司债券信用评级报告及其跟踪评级安排的说明、担保人资信情况说明及担保协议（如属担保发行）。
6. 近两年是否有违法和重大违规行为的说明。发行人应在其发行的公司债券进入银行间债券市场交易流通后的3个工作日内，向市场投资者披露上述材料的第2项和第4～6项内容。

（三）信息披露

在债券交易流通期间，发行人应在每年6月30日前向市场投资者披露上一年度的年度报告和信用跟踪评级报告。

发行人发生主体变更或经营、财务状况出现重大变化等重大事件时，应在第一时间向市场投资者公告，并向中国人民银行报告。

发行人的信息披露应通过中国货币网、中国债券信息网或《金融时报》、《中国证券报》进行，并保证其披露信息的真实、准确、完整，不得有虚假记载、误导性陈述或重大遗漏。

国债登记结算公司应在安排公司债券交易流通后的5个工作日内，向中国人民银行书面报告公司债券交易流通审核情况。

在每季度结束后的10个工作日内，向中国人民银行提交该季度公司债券托管结算情况的书面报告（书面报告应包括公司债券总体托管、跨市场转托管、结算、非交易过户以及交易流通核准情况等内容）。公司债券发行人未按要求履行信息披露等相关义务的，由同业拆借中心和国债登记结算公司通过中国货币网和中国债券信息网向市场投资者公告。

第四节　公司债券的发行与承销

一、发行条件、条款设计要求及其他安排

（一）发行条件（见表10－3）★

表 10－3　　企业债券的发行条件

	基本条件	募集资金投向	不得再次发行的情形	条款设计要求及其他安排
企业债券	(1) 公司的生产经营符合法律、行政法规和公司章程的规定，符合国家产业政策。 (2) 公司内部控制制度健全，内部控制制度的完整性、合理性、有效性不存在重大缺陷。 (3) 经资信评级机构评级，债券信用级别良好。 (4) 公司最近 1 期末经审计的净资产额应符合法律、行政法规和中国证监会的有关规定。 (5) 最近 3 个会计年度实现的年均可分配利润不少于公司债券 1 年的利息。 (6) 本次发行后累计公司债券余额不超过最近 1 期末净资产额的 40%；金融类公司的累计公司债券余额按金融企业的有关规定计算。	发行公司债券募集的资金，必须符合股东会或股东大会核准的用途，且符合国家产业政策。	(1) 最近 36 个月内公司财务会计文件存在虚假记载，或公司存在其他重大违法行为。 (2) 本次发行申请文件存在虚假记载、误导性陈述或者重大遗漏。 (3) 对已发行的公司债券或者其他债务有违约或者迟延支付本息的事实，仍处于继续状态。 (4) 严重损害投资者合法权益和社会公共利益的其他情形。	1. 定价。公司债券每张面值 100 元，发行价格由发行人与保荐机构通过市场询价确定。 2. 信用评级。公司债券的信用评级，应当委托经中国证监会认定、具有从事证券服务业务资格的资信评级机构进行。 3. 债券的担保。对公司债券发行没有强制性担保要求。 (1) 范围包括债券的本金及利息、违约金、损害赔偿金和实现债权的费用。 (2) 以保证方式提供担保的，应当为连带责任保证，且保证人资产质量良好。 (3) 设定担保的，担保财产权属应当清晰，尚未被设定担保或者采取保全措施，且担保财产的价值经有资格的资产评估机构评估不低于担保金额。 (4) 符合《物权法》、《担保法》和其他有关法律、法规的规定。

（二）发行方式◆

根据上海证券交易所《关于调整公司债券发行、上市、交易有关事宜的通知》(上证债字［2009］187 号，2009 年 11 月 2 日发布)，对于公司债券的发行、上市和交易进行分类管理。按此要求，达到一定标准的公司债券（具体标准参见本节第五条"公司债券在交易所上市"的相关内容），原则上可采用"网上发行和网下发行"相结合的方式，向全市场投资者（包括个人投资者）发行；否则，只能向机构投资者发行，而不得向个人投资者发行。这里的网上发行，指的是将一定比例的公司债券，按确定的发行价格和利率或利率区间，通过交易所集中竞价系统面向全市场投资者公开发行。

二、公司债券发行的申报与核准★

（一）申报与核准

1. 公司决议。
2. 保荐与申报。
3. 募集说明书与申报文件制作。

（二）受理与核准

1. 收到申请文件后，5个工作日内决定是否受理。
2. 中国证监会受理后，对申请文件进行初审。
3. 发行审核委员会按照《中国证券监督管理委员会发行审核委员会办法》规定的特别程序审核申请文件。
4. 中国证监会作出核准或者不予核准的决定。

三、债券持有人权益保护

（一）保护债券持有人权益的方式

1. 受托管理人与受托协议。
2. 债券受托管理人的资格。

（二）受托管理人的职责

债券受托管理人应当履行下列职责：

1. 持续关注公司和保证人的资信状况，出现可能影响债券持有人重大权益的事项时，召集债券持有人会议。
2. 公司为债券设定担保的，债券受托管理协议应当约定担保财产为信托财产，债券受托管理人应在债券发行前取得担保的权利证明或其他有关文件，并在担保期间妥善保管。
3. 在债券持续期内勤勉处理债券持有人与公司之间的谈判或者诉讼事务。
4. 预计公司不能偿还债务时，要求公司追加担保，或者依法申请法定机关采取财产保全措施。
5. 公司不能偿还债务时，受托参与整顿、和解、重组或者破产的法律程序。
6. 债券受托管理协议约定的其他重要义务。

（三）债券持有人会议

1. 债券持有人会议规则。
2. 召开债券持有人会议的条件。

四、对公司债券发行的监管（见表10-4）

表10-4　　对公司债券发行的监管

	发行人	保荐机构	其他中介机构	债券受托管理人
监管要求	根据《公司债券发行试点办法》，发行人违反本办法规定，存在不履行信息披露义务，或者不按照约定召集债券持有人会议，损害债券持有人权益等行为的，中国证监会可以责令整改；对其直接负责的主管人员和其他直接责任人员，可以采取监管谈话、认定为不适当人选等行政监管措施，记入诚信档案并公布。	保荐机构出具有虚假记载、误导性陈述或者重大遗漏的发行保荐书，保荐机构或其相关人员伪造或变造签字、盖章，或者不履行其他法定职责的，依照《证券法》和保荐制度的有关规定处理。	为公司债券发行出具审计报告、法律意见、资产评估报告、资信评级报告及其他专项文件的证券服务机构和人员，在其出具的专项文件中存在虚假记载、误导性陈述或者重大遗漏的，依照《证券法》和中国证监会的有关规定处理。	债券受托管理人违反《公司债券发行试点办法》规定，未能履行债券受托管理协议约定的职责，损害债券持有人权益的，中国证监会可以责令整改；对其直接负责的主管人员和其他直接责任人员，可以采取监管谈话、认定为不适当人选等行政监管措施，记入诚信档案并公布。

五、公司债券在证券交易所市场上市

(一) 公司债券上市条件◆

根据《上海证券交易所公司债券上市规则》(2007 年 9 月 18 日颁布实施，并于 2009 年 11 月 2 日重新修订)，公司债券在上海证券交易所申请上市，根据修订后的上市规则，上海证券交易所对公司债券的上市、交易实行分类管理。据此要求，公司债券申请上市，至少应当符合下列条件：

1. 经有权部门批准并发行。
2. 债券的期限为 1 年以上。
3. 债券的实际发行额不少于人民币 5 000 万元。
4. 债券须经资信评级机构评级，且债券的信用级别良好。
5. 申请债券上市时仍符合法定的公司债券发行条件。
6. 证券交易所认可的其他条件。

但只有同时符合如下条件，才可通过交易所信可竞价系统、大宗交易系统和固定收益证券综合电子平台进行交易，否则，只能通过固定收益证券综合电子平台上市交易：

(1) 发行人的债项评级不低于 AA。

(2) 债券上市前，发行人最近 1 期末的净资产不低于 15 亿元人民币。

(3) 债券上市前，发行人最近 3 个会计年度实现的年均可分配利润不少于债券 1 年利息 1.5 倍。

(4) 证券交易所规定的其他条件。

证券交易所可根据市场情况，对债券上市条件及分类标准进行调整。

(二) 公司债券上市申请

1. 申请文件内容◆。公司债券申请上市须向所在交易所提交相关文件。
2. 证券交易所对债券上市实行上市推荐人制度，债券在证券交易所申请上市，必须由 1～2 个证券交易所认可的机构推荐并出具上市推荐书。
3. 上市推荐人应履行相关义务。

(三) 公司债券上市的核准

公司债券上市由证券交易所核准。

(四) 债券的停牌与复牌及债券上市的暂停与终止

1. 公司债券上市期间，凡发生可能导致债券信用评级有重大变化、对债券按期偿付产生任何影响等事件或者存在相关的市场传言，发行人应当在第一时间向证券交易所提交临时报告，并予以公告澄清。发行人于交易日公布上述信息时，证券交易所将视情况对相关债券进行停牌处理。发行人按规定要求披露后进行复牌。
2. 公司债券上市交易后，发行人有下列情形之一的，证券交易所对该债券停牌，并在 7 个交易日内决定是否暂停其上市交易：

(1) 公司出现重大违法行为。

(2) 公司情况发生重大变化，不符合债券上市条件。

(3) 发行公司债券所募集的资金不按照核准的用途使用。

(4) 未按照债券募集办法履行义务。

(5) 公司最近两年连续亏损。

上述情形消除后，发行人可向证券交易所提出恢复上市的申请，证券交易所收到申请后15个交易日内决定是否恢复该债券上市。

3. 公司债券出现违规情况时，可被终止上市交易。

4. 对证券交易所作出的不予上市、暂停上市、终止上市决定不服的，发行人可向证券交易所设立的复核机构申请复核。

（五）信息披露及持续性义务

1. 债券上市后发行人应遵守信息披露的基本原则。

2. 信息披露的内容：

（1）发行人概况。

（2）发行人上半年财务会计状况或经审计的年度财务报告。

（3）已发行债券兑付兑息是否存在违约以及未来是否存在按期偿付风险的情况说明。

（4）债券跟踪评级情况说明（如有）。

（5）涉及和可能涉及影响债券按期偿付的重大诉讼事项。

（6）已发行债券变动情况。

（7）证券交易所要求的其他事项。

3. 债券上市期间，凡发生可能导致债券信用评级发生重大变化、对债券按期偿付产生任何影响等事件或者存在相关的市场传言，发行人应当在第一时间向证券交易所提交临时报告，并予以公告澄清。

4. 发行人应与债券信用评级机构就跟踪评级的有关安排作出约定，并于每年6月30日前将上一年度的跟踪评级报告向市场公告。债券信用评级机构应及时跟踪发行人的债券资信变化情况，债券资信发生重大变化的，应及时调整债券信用等级，并及时向市场公布。

5. 债券到期前1周，发行人应按规定在中国证监会指定的信息披露报刊或/及证券交易所网站上公告债券兑付等有关事宜。

六、公司债券在银行间债券市场的发行与上市

中国人民银行于2007年9月27日发布公告（中国人民银行公告［2007］第19号），允许符合条件的公司债券进入银行间市场发行、交易流通和登记托管。

（一）开立发行人账户

发行人首次在国债登记结算公司办理债券登记托管手续的，应与国债登记结算公司签订《债券发行、登记及代理兑付服务协议》，并向国债登记结算公司提交以下书面文件：

1. 发行人账户开立申请书。

2. 发行人盖章的营业执照副本复印件。

3. 发行人组织机构代码证副本复印件。

4. 债券发行与兑付业务印鉴卡一式四份。

国债登记结算公司依据上述文件为发行人开立发行人账户。

（二）公司债券的发行与登记托管

1. 公司债券发行人可通过银行间债券市场债券发行招标系统招标发行公司债券，具体手续如下：

（1）招标日前5个工作日（T－5日），发行人向国债登记结算公司提交相关文件，国债登记结算

公司依据提交的文件，配发公司债券代码和简称，与发行人协商确定公司债券招标时间。

（2）招标日前3个工作日（T－3日），发行人通过中国债券信息网、中国货币网披露公司债券发行公告。

（3）招标日（T日），发行人通过债券发行系统招标发行公司债券。招标结束后，国债登记结算公司进行公司债券券种要素注册，并根据发行人签署确认的《发行认购额与缴款额汇总表》，将承销商的中标额度记入其债券账户。跨市场发行的公司债券，承销商需选择登记托管机构及承销额度。

2. 对于不使用债券发行系统招标发行公司债券的，发行人或主承销商在国债登记结算公司办理公司债券登记托管时，具体手续如下：

（1）应向国债登记结算公司提交相关书面文件。

（2）国债登记结算公司依据上述文件，配发公司债券代码和简称，进行公司债券券种注册。

（3）跨市场发行的，国债登记结算公司与相关交易场所进行分市场发行承销额度核对，无误后，根据发行人确认的、扣除在其他交易场所发行量后的各承销商的承销额度，在承销商债券账户中登记其承销的公司债券数额。

（三）公司债券的交易流通

1. 符合以下条件的公司债券，可在全国银行间债券市场交易流通：

（1）依法公开发行。

（2）债权、债务关系确立并登记完毕。

（3）发行人具有较完善的治理结构和机制，近两年没有违法和重大违规行为。

（4）实际发行额不少于人民币5亿元。

（5）单个投资人持有量不超过该期公司债券发行量的30%。

2. 发行人要求安排其发行的公司债券进入银行间债券市场交易流通的，应及时向银行间同业拆借中心和国债登记结算公司提交相关材料。

（四）信息披露

1. 公司债券进入银行间债券市场交易流通后3个工作日内，发行人应通过中国货币网和中国债券信息网披露相关材料。

2. 公司债券交易流通期间，发行人应于每年的6月30日前向同业拆借中心和国债登记结算公司同时提交信息披露材料。

七、公司债券的评级

为了促进包括公司债券在内的证券市场资信评级业务规范发展，提高证券市场的效率和透明度，保护投资者的合法权益和社会公共利益，中国证监会于2007年8月26日发布了《证券市场资信评级业务管理暂行办法》，自2007年9月1日起施行。

（一）公司债券资信评级机构的条件

1. 申请证券评级业务许可的资信评级机构的条件。

（1）具有中国法人资格，实收资本与净资产均不少于人民币2 000万元。

（2）具有符合《证券市场资信评级业务管理暂行办法》规定的高级管理人员不少于3人；具有证券从业资格的评级从业人员不少于20人，其中包括具有3年以上资信评级业务经验的评级从业人员不少于10人，具有中国注册会计师资格的评级从业人员不少于3人。

(3) 具有健全且运行良好的内部控制机制和管理制度。

(4) 具有完善的业务制度，包括信用等级划分及定义、评级标准、评级程序、评级委员会制度、评级结果公布制度、跟踪评级制度、信息保密制度、证券评级业务档案管理制度等。

(5) 最近5年未受到刑事处罚，最近3年未因违法经营受到行政处罚，不存在因涉嫌违法经营、犯罪正在被调查的情形。

(6) 最近3年在税务、工商、金融等行政管理机关以及自律组织、商业银行等机构无不良诚信记录。

(7) 中国证监会基于保护投资者、维护社会公共利益规定的其他条件。

2. 资信评级机构负责证券评级业务的高级管理人员条件。

(1) 取得证券从业资格。

(2) 熟悉资信评级业务有关的专业知识、法律知识，具备履行职责所需要的经营管理能力和组织协调能力，且通过证券评级业务高级管理人员资质测试。

(3) 无《公司法》、《证券法》规定的禁止任职情形。

(4) 未被金融监管机构采取市场禁入措施，或者禁入期已满。

(5) 最近3年未因违法经营受到行政处罚，不存在因涉嫌违法经营、犯罪正在被调查的情形。

(6) 正直诚实，品行良好，最近3年在税务、工商、金融等行政管理机关以及自律组织、商业银行等机构无不良诚信记录。境外人士担任前款规定职务的，还应当在中国内地或者香港、澳门等地区工作不少于3年。

(二) 公司债券资信评级机构的申请

申请证券评级业务许可的资信评级机构，应当向中国证监会提交相关材料。中国证监会依照法定条件和程序，根据审慎监管的原则，并充分考虑市场发展和行业公平竞争的需要，对资信评级机构的证券评级业务许可申请进行审查，作出决定。

(三) 评级方法、评级制度与评级的组织

1. 评级方法。证券评级机构应当自取得证券评级业务许可之日起20日内，将其信用等级划分及定义、评级方法、评级程序报中国证券业协会备案，并通过中国证券业协会网站、中国证监会网站及其他公众媒体向社会公告。信用等级划分及定义、评级方法和评级程序有调整的，应当及时备案、公告。

2. 证券评级机构与评级对象存在利害关系的，不得受托开展证券评级业务。

3. 证券评级机构评级委员会委员及评级从业人员在开展证券评级业务期间有下列情形之一的，应当回避：

(1) 本人、直系亲属持有受评级机构或者受评级证券发行人的股份达到5%以上，或者是受评级机构、受评级证券发行人的实际控制人。

(2) 本人、直系亲属担任受评级机构或者受评级证券发行人的董事、监事和高级管理人员。

(3) 本人、直系亲属担任受评级机构或者受评级证券发行人聘任的会计师事务所、律师事务所、财务顾问等证券服务机构的负责人或者项目签字人。

(4) 本人、直系亲属持有受评级证券发行人或者受评级机构发行的证券金额超过50万元，或者与受评级机构、受评级证券发行人发生累计超过50万元的交易。

(5) 中国证监会认定的足以影响独立、客观、公正原则的其他情形。

4. 评级的组织。

(1) 证券评级机构应当建立清晰合理的组织结构，合理划分内部机构职能，建立健全"防火墙"制度，从事证券评级业务的业务部门应当与其他业务部门保持独立。证券评级机构的人员考核和薪酬制度，不得影响评级从业人员依据独立、客观、公正、一致性的原则开展业务。

(2) 证券评级机构应当指定专人对证券评级业务的合法合规性进行检查，并向注册地中国证监会派出机构报告。

(3) 证券评级机构开展证券评级业务，应当成立项目组。

(4) 证券评级机构建立评级委员会制度。

(5) 证券评级机构应当建立复评制度。证券评级机构应当建立评级结果公布制度。

(6) 证券评级机构应当建立跟踪评级制度。

(7) 证券评级机构应当采用有效的统计方法，对评级结果的准确性和稳定性进行验证，并将统计结果通过中国证券业协会网站和本机构网站向社会公告。

(8) 证券评级机构应当建立证券评级业务档案管理制度。

(四) 公司债券评级的监督管理

1. 证券评级机构的董事、监事和高级管理人员以及评级从业人员不得以任何方式在受评级机构或者受评级证券发行人兼职。证券评级机构的董事、监事和高级管理人员不得投资其他证券评级机构。

2. 证券评级机构应当在相关事项发生变更之日起 5 个工作日内，报注册地中国证监会派出机构备案。

3. 证券评级机构不得涂改、倒卖、出租、出借证券评级业务许可证，或者以其他形式非法转让证券评级业务许可证。证券评级机构不得为他人提供融资或者担保。证券评级机构的实际控制人、股东、董事、监事、高级管理人员应当遵纪守法，不得从事损害证券评级机构及其评级对象合法权益的活动。

4. 证券评级机构应当在每一会计年度结束之日起 4 个月内，向注册地中国证监会派出机构报送年度报告。

5. 证券评级机构应当在每个季度结束之日起 10 个工作日内，向注册地中国证监会派出机构报送包含经营情况、财务数据等内容的季度报告。

6. 发生影响或者可能影响本机构经营管理的重大事件时，证券评级机构应当立即向注册地中国证监会派出机构报送临时报告，说明事件的起因、目前的状态和可能产生的后果。

7. 中国证监会派出机构应当对证券评级机构内部控制、管理制度、经营运作、风险状况、从业活动、财务状况等进行非现场检查或者现场检查。

8. 证券评级机构及其有关人员应当配合检查，提供的信息、资料应当真实、准确、完整。

9. 证券评级机构的高级管理人员不符合规定条件的，应当限期更换。逾期未更换的，中国证监会派出机构应当责令证券评级机构整改，整改期间不得从事证券评级业务。

10. 证券评级机构应当加入中国证券业协会。

(五) 公司债券评级的法律责任

1. 未取得中国证监会的证券评级业务许可，擅自从事证券评级业务的，依照《证券法》第二百二十六条第二款的规定处理。

2. 证券评级机构及其从业人员未勤勉尽责，出具的文件有虚假记载、误导性陈述或者重大遗漏的，依照《证券法》第二百二十三条的规定处理。

3. 证券评级机构的从业人员，故意提供虚假资料，诱骗投资者买卖证券的，依照《证券法》第二百条的规定处理。
4. 违反《证券市场资信评级业务管理暂行办法》规定，聘任不具备任职条件、证券从业资格的人员的，依照《证券法》第一百九十八条的规定处理。
5. 证券评级机构未按照《证券市场资信评级业务管理暂行办法》规定保存有关文件和资料的，依照《证券法》第二百二十五条的规定处理。
6. 利用证券评级业务进行内幕交易的，依照《证券法》第二百零二条的规定处理。
7. 证券评级机构有下列行为之一的，责令改正，给予警告，并处以1万元以上3万元以下的罚款；对直接负责的主管人员和其他直接责任人员给予警告，并处以1万元以上3万元以下的罚款；情节严重或者拒不改正的，依照《证券法》第二百二十六条第三款的规定处理。

第五节　短期融资券的发行与承销★

企业短期融资券的发行与承销相关事项见表10－5。

表10－5　　相　关　事　项

	发行注册	发行规模与资金使用	操作要求	信息披露
企业短期融资券	交易商协会负责受理短期融资券的发行注册	1. 规模：短期融资券待偿还余额不得超过企业净资产的40%。 2. 资金使用：应用于企业生产经营活动。	1. 承销组织：中国人民银行备案的金融机构。 2. 信用评级：企业发行短期融资券应披露企业主体信用评级和当期融资券的债项评级。 3. 利率与费率：用市场化方式确定。	1. 发行前信息披露。 2. 存续期信息披露。 3. 本息兑付信息披露。 4. 上市公司发行短期融资券的信息披露。 5. 信息披露文件的格式：电子版。 6. 信息披露的特殊事项。

第六节　中期票据的发行与承销★

一、定义

具有法人资格的非金融企业在银行间债券市场按照计划分期发行的，约定在一定期限还本付息的债务融资工具。

二、信息披露

按交易商协会《银行间债券市场非金融企业债务融资工具信息披露规则》在银行间债券市场披露信息。

中期票据在注册之日起3个工作日内，在银行间债券市场一次性披露中期票据完整的发行计划。

披露企业主体信用评级和中期票据的债项评级。

三、其他事项

中期票据投资者可就特定投资需求向主承销商进行逆向询价，主承销商可与企业协商发行符合特定需求的中期票据。

企业发行中期票据应制定发行计划，在计划内可灵活设计各期票据的利率形式、期限结构等要素。

第七节　中小非金融企业集合票据★▲

为贯彻落实党中央和国务院关于支持中小企业发展的有关方针政策，明确中小非金融企业集合票据创新的原则和方向，规范中小非金融企业集合票据的运作，根据《银行间债券市场非金融企业债务融资工具管理办法》（中国人民银行令［2008］第1号），中国银行间市场交易商协会组织市场成员制定了《银行间债券市场中小非金融企业集合票据业务指引》（［2009］第15号），经2009年10月23日第一届理事会第三次会议审议通过，于2009年11月9日发布施行。

（一）定义

中小非金融企业：国家相关法律法规及政策界定为中小企业的非金融企业。

集合票据：2个（含）以上、10个（含）以下具有法人资格的中小非金融企业，在银行间债券市场以统一产品设计、统一券种冠名、统一信用增进、统一发行注册方式共同发行的，约定在一定期限还本付息的债务融资工具。

（二）要求

中小非金融企业发行集合票据，应依据《银行间债券市场非金融企业债务融资工具注册规则》在中国银行间市场交易商协会注册，一次注册、一次发行。

任一企业集合票据待偿还余额不得超过该企业净资产的40%。

任一企业集合票据募集资金额不超过2亿元人民币，单只集合票据注册金额不超过10亿元人民币。

（三）其他事项

企业发行集合票据：
- 按交易商协会《银行间债券市场非金融企业债务融资工具信息披露规则》在银行间债券市场披露信息。
- 由符合条件的承销机构承销。

集合票据投资者可就特定投资需求向主承销商进行逆向询价，主承销商可与企业协商发行符合特定需求的集合票据。

集合票据在债权债务登记日的次一工作日即可在银行间债券市场流通转让。

截至2009年12月底，共发行北京市顺义区、山东省诸城市和山东省寿光市等3只中小非金融企业集合票据，规模为12.65亿元。

第八节　证券公司债券的发行与承销

证券公司债券：指证券公司依法发行的、约定在一定期限内还本付息的有价证券。

在《证券公司债券管理暂行办法》中特别强调，证券公司债券不包括证券公司发行的可转换债券和次级债券。

一、发行条件、条款设计要求及其他安排★

（一）发行条件

1. 基本条件。

（1）发行人最近1期末经审计的净资产不低于10亿元。

（2）各项风险监控指标符合中国证监会的有关规定。

（3）最近两年内未发生重大违法违规行为。

（4）具有健全的股东会、董事会运作机制及有效的内部管理制度，具备适当的业务隔离和内部控制技术支持系统。

（5）资产未被具有实际控制权的自然人、法人或其他组织及其关联人占用。

（6）中国证监会规定的其他条件。

2. 募集资金的投向。发行债券募集的资金应当有确定的用途和相应的使用计划及管理制度。

3. 不得再次发行的情形。

（1）前一次发行的公司债券尚未募足的。

（2）对已发行的公司债券或者其他债务有违约或者延迟支付本息的事实，且仍处于继续状态的。

（3）违反本法规定，改变公开发行公司债券所募资金用途的。

（二）条款设计要求及其他安排

1. 发行规模。其累计发行的债券总额不得超过公司净资产额的40%。

2. 期限。证券公司债券的期限最短为1年。

3. 利率及付息规定。利率由发行人与其主承销商根据信用等级、风险程度、市场供求状况等因素协商确定，但必须符合企业债券利率管理的有关规定。企业债券的利率不得高于银行相同期限居民储蓄定期存款利率的40%。

4. 债券的评级。发行人应当聘请证券资信评级机构对其债券进行信用评级，并对跟踪评级作出安排。

5. 债券的担保。发行人应当为债券的发行提供担保。

6. 债权代理人。发行人应当为债券持有人聘请债权代理人。

7. 法律意见。发行人应当聘请律师事务所参照中国证监会证券发行的有关规定出具法律意见书和律师工作报告。

8. 豁免事项。定向发行债券，拟认购人书面承诺认购全部债券且不在转让市场进行转让，经拟认购人书面同意，发行人可免于信用评级、提供担保、聘请债权代理人。

9. 债券的承销组织。发行人应当聘请有主承销商资格的证券公司组织债券的承销。

10. 发行失败及其处理。

公开发行的债券：

在销售期内售出的债券面值总额占拟发行债券面值总额的比例不足50%的
或
未能满足债券上市条件的
} 视为发行失败。

二、证券公司债券发行的申报与核准

（一）申报程序

1. 董事会决议并经股东大会批准。
2. 发行申报。发行申报是发行审批的法定程序，一经申报，未经中国证监会同意，不得随意增加、撤回或更换。
3. 申报文件编制。

（二）证券公司债券发行申请文件

1. 基本要求。证券公司债券发行的申请文件目录按照《公开发行证券的公司信息披露内容与格式准则第 20 号——证券公司发行债券申请文件》的要求执行。对于公开发行的证券公司债券，发行人报送的申请文件应包括公开披露的文件和一切相关的资料。整套申请文件应包括两个部分，即要求在指定报刊或网站披露的文件和不要求在指定报刊或网站披露的文件。

   公开发行申请经中国证监会批准并且在第一部分文件披露后，整套申请文件可供投资者查阅。申请文件应为原件，如不能提供原件的，应由发行人律师提供鉴证意见，或由出文单位盖章，以保证与原件一致。如原出文单位不再存续，可由承继其职权的单位或作出撤销决定的单位出文证明文件的真实性。
2. 公开发行债券申请文件目录。根据《公开发行证券的公司信息披露内容与格式准则第 20 号——证券公司发行债券申请文件》，公开发行的证券公司债券需申报的文件包括两大部分：要求在指定报刊及网站披露的文件和不要求在指定报刊及网站披露的文件。
3. 定向发行债券申请文件目录。共六章内容。

三、证券公司债券的上市与交易★

证券公司债券应当由证券登记结算公司负责登记、托管和结算；国债登记结算公司也可以负责证券公司债券的登记、托管和结算。

四、发行证券公司债券有关的信息披露

信息披露：
- (1) 公开发行：按照中国证监会的有关规定制作募集说明书和其他信息披露文件，保证真实、准确、完整、及时地披露一切对投资者有实质性影响的信息。
- (2) 定向发行：募集说明书及相关资料不得在媒体上公开刊登或变相公开刊登。

信息披露的内容：
- (1) 公开发行债券募集说明书的披露；
- (2) 公开发行债券募集说明书摘要的披露；
- (3) 公开发行债券上市公告书的披露；
- (4) 公开发行债券的持续信息披露；
- (5) 定向发行债券的信息披露。

（一）公开发行债券募集说明书的披露（见表 10－6）

表 10－6　　公开发行债券募集说明书的披露

最低要求	第 21 号准则的规定。
豁免	商业秘密。
募集说明书及其引用的财务报告的有效期	最近 1 期财务会计资料在财务报告截止日后 6 个月内。
募集说明书及其摘要的保证与责任	人员：发行人董事会及全体董事、主承销商、发行人律师、注册会计师、信用评级人员、注册资产评估师。
募集说明书及其摘要有关信息的披露	募集说明书摘要刊登于至少一种中国证监会指定的报刊。
	募集说明书全文刊登于中国证监会指定的网站。
募集说明书摘要的编制和披露	1. 不必包括全文主要内容； 2. 简明扼要； 3. 忠实于募集说明书全文的内容； 4. 篇幅不得超过 1 个版面，最小字号为标准小 5 号字，最小行距为 0. 35 毫米。
募集说明书的内容与格式	1. 封面、书脊、扉页、目录、释义； 2. 概览； 3. 本次发行概况； 4. 风险因素； 5. 发行条款； 6. 发行人的资信状况； 7. 担保； 8. 偿债计划及其他保障措施； 持有人会议； 债权代理人； 发行人基本情况； 财务会计信息及风险控制指标； 募集资金运用； 董事及有关中介机构的声明； 附录和备查文件。

（二）公开发行债券募集说明书摘要的披露

公开发行债券募集说明书摘要的披露：
- 发行人在募集说明书摘要的显要位置声明；
- 发行人董事会、全体董事承诺；
- 公司负责人和主管会计工作的负责人、会计机构负责人保证债券持有人监督；
- 投资者认真阅读本次信息披露的文件；
- 通过认购、受让等合法手段取得并持有本期债券的，接受本次债券的各项权利与义务；
- 投资者认购本期债券视作同意债权代理协议；
- 投资者可向证券经纪人、律师、专业会计师或其他专业顾问咨询。

（三）公开发行债券上市公告书的披露

公开发行债券上市公告书披露
- 基本要求
  - 最低要求：第 22 号准则的规定；
  - 要求：有重大影响的信息，均应披露；
  - 实际操作：可针对实际情况，在不影响信息披露内容完整性的前提下作出适当修改，并予以书面说明。
- 基本内容
  - 申请豁免：商业秘密；
  - 重要声明与提示；
  - 发行情况；
  - 募集说明书的重要内容；
  - 董事及有关中介机构的声明。

（四）公开发行债券的持续信息披露

持续信息披露
- 年度财务会计报告；
- 本息支付日前 10 日内，在中国证监会指定的报刊上公告 3 次；
- 上市期间，会计年度结束之日后 4 个月内向中国证会和证券交易所提交年度报告，2 个月内提交中期报告，并披露；
- 定期报告应当详细披露报告期内与债券持有人利益相关的重要情况；
- 及时予以公告或以有效的方式告知债券持有人各种情形。

（五）定向发行债券的信息披露

内容
- 基本要求
  - 诚实信用，不得有虚假记载、误导性陈述或者重大遗漏；
  - 发行人的董事会和董事、主承销商、律师事务所、会计师事务所、资信评级机构等应对所出具的专业报告和意见负责。
- 定向发行债券的募集说明书。
- 持续信息披露。

1. 定向发行债券的特别说明：

（1）募集说明书应参照公开发行募集说明书的内容编制，保证真实、准确、完整、公平、及时地提供一切对合格投资者作出投资决策有重大影响的信息。

（2）发行人向合格投资者补充与定向发行债券相关的信息，应确保所有参与认购的合格投资者有同等机会获取。

（3）募集说明书引用的经审计的最近 1 期财务会计资料在财务报告截止日后 6 个月内有效，特别情况下可由发行人申请适当延长。募集说明书的有效期为 6 个月，自中国证监会下发批准通知前、募集说明书最后一次签署之日起计算。发行人在募集说明书有效期内未能发行债券的，应重新修订募集说明书。发行人可在特别情况下申请适当延长募集说明书的有效期限。

（4）发行人报送申请文件后，在募集说明书披露前发生与申报稿不一致或对投资本期债券有重大影响的事项，发行人应视情况及时修改募集说明书并提供补充说明材料。发行人定向发行债券的申请经中国证监会批准后，如发行人认为还有必要对募集说明书进行修改的，应书面说明情况，并经中国证监会同意后相应修改募集说明书及其摘要。必要时，发行人定向发行债券的申请应重新经过中国证监会批准。

（5）发行人应在募集说明书的显要位置向投资者作重要提示。

(6) 发行人应在募集说明书中明示，认购或转让定向发行债券的合格投资者应填写《合格投资者认购债券表》或《合格投资者转让债券表》，承诺自行承担投资债券的所有风险，并不向非合格投资者转让所持债券。填妥的《合格投资者认购债券表》或《合格投资者转让债券表》应由主承销商或提供转让服务的证券公司负责保存至债券依法清偿完毕。

(7) 发行人向合格投资者提供募集说明书及其他债券发行的相关信息，应以非公开的方式披露，不得在媒体上公开刊登或变相公开刊登。发行人及有关当事人不得以任何方式误导投资者购买债券。

2. 持续信息披露的特别说明：

(1) 在债券存续期内，发行人应向持有债券的合格投资者及时披露对其作出投资决策有重大影响的信息。持续信息披露的内容与方式应在募集说明书中明确约定。

(2) 发行人在约定持续信息披露的内容时，应参照公开发行债券持续信息披露的有关规定。

(3) 发行人持续披露的信息至少应包括年度报告和重大事项报告。

(4) 在债券存续期间，发行人应在每个会计年度结束之日后 4 个月内，向持有债券的合格投资者披露年度报告，并报中国证监会备案。披露半年度报告的，发行人应在每个会计年度的上半年结束之日后 2 个月内，向持有债券的合格投资者披露，并报中国证监会备案。

(5) 定期报告应当详细披露报告期内与债券持有人利益相关的重要情况。

(6) 发行人出现中国证监会规定的重大情况时，应当及时告知持有债券的合格投资者。

(7) 定向发行的债券在经中国证监会批准的转让场所进行转让的，其持续信息披露还应遵从中国证监会及转让场所的规定。发行人应将信息披露文件置备于转让场所。发行人未按照中国证监会或转让场所的要求履行持续信息披露义务的，中国证监会或转让场所可暂停或终止该债券在转让市场的转让。

第九节　资产支持证券的发行与承销

资产支持证券就是由特定目的信托受托机构发行的、代表特定目的信托的信托受益权份额。受托机构以信托财产为限向投资机构承担支付资产支持证券收益的义务。

一、信贷资产证券化业务的参与者（见表 10－7）

表 10－7　　信贷资产证券化业务的参与者

	信贷资产证券化业务的参与者
发起机构	设立特定目的的信托转让信贷资产的金融机构。
受托机构	由依法设立的信托投资公司或者中国银监会批准的其他机构担任。
信用增级机构	信用增级机构根据在相关法律文件中所承诺的义务和责任，向信贷资产证券化交易的其他参与机构提供一定程度的信用保护，并为此承担信贷资产证券化业务活动中的相应风险。
贷款服务机构	信贷资产证券化交易中接受受托机构委托、负责管理贷款的机构。
资金保管机构	信贷资产证券化交易中接受受托机构委托，负责保管信托财产账户资金的机构。

二、中国银监会对资产支持证券发行的管理

（一）联合报送申请

银行业金融机构作为发起机构，将信贷资产信托给受托机构，由受托机构以资产支持证券的形式向投资机构发行受益证券，应当由符合条件的银行业金融机构与获得特定目的信托受托机构资格的金融机构向中国银监会联合提出申请，并且报送相关文件和资料一式三份。

（二）信贷资产证券化业务计划书的主要内容

1. 发起机构、受托机构、贷款服务机构、资金保管机构及其他参与证券化交易机构的名称、住所及其关联关系说明。
2. 发起机构、受托机构、贷款服务机构和资金保管机构在以往证券化交易中的经验及违约记录说明。
3. 设立特定目的信托的信贷资产选择标准、资产池情况说明及相关统计信息。
4. 资产池信贷资产的发放程序、审核标准、担保形式、管理方法、违约贷款处置程序及方法。
5. 交易结构及各参与方的主要权利与义务。
6. 信托财产现金流需要支付的税费清单，各种税费支付来源、支付环节和支付优先顺序。
7. 资产支持证券发行计划，包括资产支持证券的分档情况、各档次的本金数额、信用等级、票面利率、期限和本息偿付优先顺序。
8. 信贷资产证券化交易的内外部信用增级方式及相关合同草案。
9. 清仓回购条款等选择性或强制性的赎回或终止条款。
10. 该信贷资产证券化交易的风险分析及控制措施。
11. 拟在发行说明书显著位置对投资机构进行风险提示的内容。
12. 中国银监会要求的其他内容。

（三）受理与核准

中国银监会应当自收到发起机构和受托机构联合报送的完整申请材料之日起5个工作日内决定是否受理申请。中国银监会决定不受理的，应当书面通知申请人并说明理由；决定受理的，应当自受理之日起3个月内作出批准或者不予批准的书面决定。

三、中国人民银行对资产支持证券发行的核准

（一）发行申请

受托机构在全国银行间债券市场发行资产支持证券，应当向中国人民银行提交相关文件。

（二）资产支持证券发行说明书的编制要求

1. 发行机构（受托机构）、发起机构、贷款服务机构、资金保管机构、证券登记托管机构及其他为证券化交易提供服务的机构的名称、住所。
2. 发起机构简介和财务状况概要。
3. 发起机构、受托机构、贷款服务机构和资金保管机构在以往证券化交易中的经验及违约记录申明。
4. 交易结构及当事方的主要权利与义务。
5. 资产支持证券持有人大会的组织形式与权力。
6. 交易各方的关联关系申明。
7. 信托合同、贷款服务合同和资金保管合同等相关法律文件的主要内容。
8. 贷款发放程序、审核标准、担保形式、管理方法、违约贷款处置程序及方法。

9. 设立特定目的信托的信贷资产选择标准和统计信息。
10. 信托财产现金流需要支付的税费清单，各种税费支付来源和支付优先顺序。
11. 发行的资产支持证券的分档情况，各档次的本金数额、信用等级、票面利率、预计期限和本息偿付优先顺序。
12. 资产支持证券的内外部信用提升方式。
13. 信用评级机构出具的资产支持证券信用评级报告概要及有关持续跟踪评级安排的说明。
14. 执业律师出具的法律意见书概要。
15. 选择性或强制性的赎回或终止条款，如清仓回购条款。
16. 各档次资产支持证券的利率敏感度分析；在给定提前还款率下，各档次资产支持证券的收益率和加权平均期限的变化情况。
17. 投资风险提示。
18. 注册会计师出具的该交易的税收安排意见书。
19. 证券存续期内信息披露内容及取得方式。
20. 中国人民银行规定载明的其他事项。

（三）受理与核准

中国人民银行应当自收到资产支持证券发行全部文件之日起 5 个工作日内决定是否受理申请。中国人民银行决定不受理的，应书面通知申请人不受理原因；决定受理的，应当自受理申请之日起 20 个工作日内作出核准或不核准的书面决定。

四、资产支持证券发行的操作要求★

（一）余额管理

资产支持证券的发行可采取一次性足额发行或限额内分期发行的方式。分期发行资产支持证券的，在每期资产支持证券发行前 5 个工作日，受托机构应将最终的发行说明书、评级报告及所有最终的相关法律文件报中国人民银行备案，并按中国人民银行的要求披露有关信息。

（二）信用评级

资产支持证券可通过内部或外部信用增级方式提升信用等级。

资产支持证券在全国银行间债券市场发行与交易，应聘请具有评级资质的资信评级机构对资产支持证券进行持续信用评级。

（三）承销的组织

1. 组建承销团。发行资产支持证券时，发行人应组建承销团，承销人可在发行期内向其他投资者分销其所承销的资产支持证券。
2. 承销方式。资产支持证券的承销可采用协议承销和招标承销等方式。
3. 承销机构的资格认定。承销机构应为金融机构，并须具备下列条件：
   （1）注册资本不低于 2 亿元人民币；
   （2）具有较强的债券分销能力；
   （3）具有合格的从事债券市场业务的专业人员和债券分销渠道；
   （4）最近两年内没有重大违法、违规行为；
   （5）中国人民银行要求的其他条件。

（四）其他相关事项

资产支持证券名称应与发起机构、受托机构、贷款服务机构和资金保管机构名称有显著区别。

资产支持证券可以向投资者定向发行。

↓

定向发行资产支持证券可免于信用评级。

定向发行的资产支持证券只能在认购人之间转让。

资产支持证券在全国银行间债券市场发行结束后 10 个工作日内，受托机构应当向中国人民银行和中国银监会报告资产支持证券发行情况。

资产支持证券在全国银行间债券市场发行结束之后 2 个月内，受托机构可根据《全国银行间债券市场债券交易流通审核规则》的规定，申请在全国银行间债券市场交易资产支持证券。

资产支持证券在全国银行间债券市场登记、托管、交易、结算应按照《全国银行间债券市场债券交易管理办法》等有关规定执行。

五、信息披露

信息披露：
- 渠道：中国货币网、中国债券信息网以及中国人民银行规定的其他方式。
- 要求：信息披露真实、准确和完整，不得有虚假记载、误导性陈述和重大遗漏。
- 对中介机构要求：相关知情人在信息披露前不得泄露拟披露的信息。
- 时间：发行前的第 5 个工作日，向投资者披露发行说明书、评级报告、募集办法和承销团成员名单。
- 提示投资者：在发行说明书中说明资产支持证券的清偿顺序和投资风险，并在显著位置提示投资者。
- 受托机构：证券发行结束的当日或次一工作日公布资产支持证券发行情况。
- 存续期：本息兑付日的 3 个工作日前公布受托机构报告，反映当期资产支持证券对应的资产池状况和各档次资产支持证券对应的本息兑付信息；每年 4 月 30 日前公布经注册会计师审计的上年度受托机构报告。
- 信用评级：每年 7 月 31 日前向投资者披露上年度的跟踪评级报告。
- 持有人大会：至少提前 30 日公布资产支持证券持有人大会的召开时间、地点、会议形式、审议事项、议事程序和表决方式等事项，并于大会结束后 10 日内披露大会决议。
- 发生重大事件：事发后的 3 个工作日内向同业拆借中心和债券登记结算公司提交信息披露材料，并向中国人民银行报告。
- 监管机构要求：不迟于收到信息披露文件的次一工作日，将有关文件予以公告。

六、会计处理

为规范信贷资产证券化试点工作，保护投资人及相关当事人的合法权益，财政部根据《中华人民共和国会计法》、《中华人民共和国信托法》、《信贷资产证券化试点管理办法》等法律及相关法规，制定了《信贷资产证券化试点会计处理规定》，并于 2005 年 5 月 16 日发布实施。

七、税收政策安排

（一）印花税政策特别说明（见表 10－8）

表 10－8 印花税政策特别说明

暂不征收	信贷资产证券化的发起机构将实施资产证券化的信贷资产信托予受托机构时，双方签订的信托合同。
	受托机构委托贷款服务机构管理信贷资产时，双方签订的委托管理合同。
暂免征收	发起机构、受托机构在信贷资产证券化过程中，与资金保管机构、证券登记托管机构（指国债登记结算公司）以及其他为证券化交易提供服务的机构签订的其他应税合同。
	受托机构发售信贷资产支持证券以及投资者买卖信贷资产支持证券。
	发起机构、受托机构因开展信贷资产证券化业务而专门设立的资金账簿。

（二）营业税政策特别说明（见表 10－9）

表 10－9 营业税政策特别说明

全额征收	对受托机构从其受托管理的信贷资产信托项目中取得的贷款利息收入。
按规定缴纳	在信贷资产证券化的过程中：贷款服务机构取得的服务费收入；受托机构取得的信托报酬；资金保管机构取得的报酬；证券登记托管机构取得的托管费；其他为证券化交易提供服务的机构取得的服务费收入。
差价征收	对金融机构（包括银行和非银行金融机构）投资者买卖信贷资产支持证券取得的差价收入。
不征收	对非金融机构投资者买卖信贷资产支持证券取得的差价收入。

（三）所得税政策特别说明

表 10－10 所得税政策特别说明

按规定缴纳	1. 发起机构转让信贷资产取得的收益（转让信贷资产所发生的损失按企业所得税的政策规定扣除）。
	2. 在信贷资产证券化的过程中，贷款服务机构取得的服务收入；受托机构取得的信托报酬；资金保管机构取得的报酬；证券登记托管机构取得的托管费；其他为证券化交易提供服务的机构取得的服务费收入。
	3. 在对信托项目收益暂不征收企业所得税期间，机构投资者从信托项目分配获得的收益，应当在机构投资者环节按照权责发生制的原则确认应税收入。
	4. 机构投资者买卖信贷资产支持证券获得的差价收入（买卖信贷资产支持证券所发生的损失可按企业所得税的政策规定扣除）。
	5. 机构投资者从信托项目清算分配中取得的收入（清算发生的损失可按企业所得税的政策规定扣除）。
按规定调整	1. 发起机构与受托机构在信贷资产转让、赎回或置换过程中应当按照独立企业之间的业务往来支付价款和费用； 2. 未按照独立企业之间的业务往来支付价款和费用。

续表

按规定处理	发起机构赎回或置换已转让的信贷资产
特殊情况	对信托项目收益在取得当年向资产支持证券的机构投资者（以下简称"机构投资者"）分配的部分： 1. 在信托环节暂不征收企业所得税； 2. 在取得当年未向机构投资者分配的部分，在信托环节由受托机构按企业所得税的政策规定申报、缴纳企业所得税； 3. 在信托环节已经完税的信托项目收益再分配给机构投资者时，对机构投资者按现行有关取得税后收益的企业所得税政策规定处理。
受托机构和证券登记托管机构应向其信托项目主管税务机关和机构投资者所在地税务机关，提供有关信托项目的全部财务信息以及向机构投资者分配收益的详细信息。	

（四）其他

受托机构处置发起机构委托管理的信贷资产时，属于《关于信贷资产证券化有关税收政策问题的通知》未尽事项的，应按现行税收法律、法规及政策规定处理。

八、专项资产管理计划

按照中国证监会发布并于 2004 年 2 月 1 日起施行的《证券公司客户资产管理业务试行办法》，符合条件的证券公司可以募集、设立及管理专项资产管理计划，通过该计划所募集资金用于购买不超过基础资产预期收益金额的收益权，收益计划份额持有人的预期支付额来自该基础资产的收益权所产生的现金流。

与现行的信贷资产证券化的信托模式相比，专项资产管理计划的基础资产未能做到完全的风险隔离，当原始权益人进入破产程序，或者因被兼并或被收购而丧失独立的法律实体地位时，收益计划资产收益的分配可能会受到影响。

第十节　国际开发机构人民币债券的发行与承销

国际开发机构人民币债券（简称"人民币债券"）是指国际开发机构依法在中国境内发行的、约定在一定期限内还本付息的、以人民币计价的债券。

具体内容见表 10－11。

表 10－11　　国际开发机构人民币债券的发行与承销

审批体制	国际开发机构应向财政部等窗口单位递交债券发行申请，由窗口单位会同中国人民银行、国家发改委、中国证监会等部门审核后，报国务院同意。
发债机构应具备的基本条件	1. 财务稳健，资信良好，经在中国境内注册且具备人民币债券评级能力的评级公司评级，人民币债券信用级别为 AA 级以上； 2. 已为中国境内项目或企业提供的贷款和股本资金在 10 亿美元以上； 3. 所募集资金用于向中国境内的建设项目提供中长期固定资产贷款或提供股本资金，投资项目符合中国国家产业政策、利用外资政策和固定资产投资管理规定； 4. 主权外债项目应列入相关国外贷款规划。

续表

申请发行人民币债券应提交的材料	1. 人民币债券发行申请报告； 2. 募集说明书； 3. 近3年经审计的财务报表及附注； 4. 人民币债券信用评级报告及跟踪评级安排的说明； 5. 为中国境内项目或企业提供贷款和投资情况； 6. 拟提供贷款和股本资金的项目清单及相关证明文件和法律文件； 7. 按照《中华人民共和国律师法》执业的律师出具的法律意见书； 8. 与本期债券相关的其他重要事项。
会计标准与法律要求	国际开发机构发行人民币债券，其财务资料须由按照《中华人民共和国注册会计师法》注册的会计师依据中国会计标准进行审计，并对外公开披露。 国际开发机构发行人民币债券须由按照《中华人民共和国律师法》执业的律师进行法律认证，并出具法律意见书。
债券的承销	中国境内设立的证券经营机构。
利率的确定	参照同期国债收益率水平确定，并由中国人民银行核定。
其他相关事项	相关市场监督管理部门批准，可以交易流通；发行人信息披露；行人应按中国有关法律规定对发债闲置资金进行使用和管理；发行人应在人民币债券发行日前1个月内，为发债募集的资金开立非居民人民币专用账户；适用中文和中国法律。

第十一章 外资股的发行

本章结构

- 第一节 境内上市外资股的发行
  - 境内上市外资股的投资主体
  - 境内上市外资股的发行与上市条件
    - 募集设立公司申请发行境内上市外资股的条件
    - 申请增资发行境内上市外资股的条件
  - 境内上市外资股的发行方式
  - 境内上市外资股的发行准备
    - 实施企业改组方案
    - 选聘中介机构
    - 尽职调查
    - 提供法律意见
    - 资产评估
    - 财务审计
    - 设立公司
    - 提交发行股票的申请材料
    - 核准
  - 境内上市外资股的超额配售选择权
- 第二节 H股的发行与上市
  - H股的发行方式
  - 中国证监会关于企业申请境外上市的要求
  - H股的发行与上市条件
    - 盈利和市值要求
    - 最低市值要求
    - 公众持股市值和持股量要求
    - 股东人数要求
    - 持续上市责任
    - 公司治理要求
  - H股发行的工作步骤
  - H股发行的核准程序

- 第三节　内地企业在香港创业板的发行与上市
  - 香港创业板市场的上市条件
    - 适用于所有发行人的一般条件
    - 适用于新申请人的附加条件
    - 有关新申请人的其他条件
    - 分配基准
    - 公开招股发售期间的确定
    - 包销商
  - 内地企业在香港创业板发行与上市的条件
    - 运作历史要求
    - 市值要求
    - 公众持股市值与持股量要求
    - 股东人数要求

- 第四节　境内上市公司所属企业境外上市
  - 上市公司所属企业境外上市的条件
  - 上市公司所属企业申请境外上市需要表决的事项
    - 董事会表决事项
    - 股东大会表决事项
  - 财务顾问的职责
    - 尽职调查
    - 持续督导
  - 信息披露
  - 监督管理

- 第五节　外资股招股说明书的制作
  - 招股说明书的形式
  - 招股说明书的内容
    - 封面
    - 概要
    - 风险因素
    - 释义
    - 绪言
    - 综合售股
    - 股本
    - 负债
    - 董事、监事与高级管理人员
    - 行业概况
    - 公司资料
    - 会计师报告
    - 物业估值
    - 盈利预测
    - 公司章程
    - 地区经济情况
    - 税务
    - 中国有关法律及监管规定概要
    - 法定及一般资料
    - 购股申请手续
  - 招股说明书的编制
    - 资料准备
    - 招股说明书草案的起草
    - 验证指引或验证备忘录的编制
    - “责任声明书”的签署

第六节 国际推介与分销
- 国际推介与询价
  - 预路演
  - 路演推介
  - 簿记定价
- 国际分销与配售
  - 计划安排国际分销的地区与发行人和股票上市地的关系
  - 发行准备的便利性因素

本章学习目的与要求

了解境内上市外资股投资主体的条件。熟悉增资发行境内上市外资股的条件。熟悉境内上市外资股的发行方式。

熟悉 H 股的发行方式与上市条件。熟悉企业申请境外上市的要求。了解 H 股发行的工作步骤以及发行核准程序。

熟悉内地企业在香港创业板发行与上市的条件。熟悉境内上市公司所属企业境外上市的具体规定。了解外资股招股说明书的形式、内容、编制方法。熟悉国际推介与询价、国际分销与配售的基本知识。

本章内容变化情况

本章内容无变化。

本章重点解析

第一节 境内上市外资股的发行

一、境内上市外资股的投资主体

境内上市外资股（B 股）：在中国境内注册的股份有限公司向境内外投资者发行并在中国境内证券交易所上市交易的股票。

境内上市外资股的投资主体限于：
- 外国的自然人、法人和其他组织；
- 中国香港、澳门、台湾地区的自然人、法人和其他组织；
- 定居在国外的中国公民；
- 拥有外汇的境内居民；
- 中国证监会认定的其他投资人。

二、境内上市外资股的发行与上市条件

（一）募集设立公司申请发行境内上市外资股的条件

1. 所筹资金用途符合国家产业政策。
2. 符合国家有关固定资产投资立项的规定。
3. 符合国家有关利用外资的规定。
4. 发起人认购的股本总额不少于公司拟发行股本总额的35%。
5. 发起人的出资总额不少于1.5亿元人民币。
6. 拟向社会发行的股份达公司股份总数的25%以上；拟发行的股本总额超过4亿元人民币的，其拟向社会发行股份的比例达15%以上。
7. 改组设立公司的原有企业或者作为公司主要发起人的国有企业，在最近3年内没有重大违法行为。
8. 改组设立公司的原有企业或者作为公司主要发起人的国有企业，在最近3年内连续盈利。

（二）申请增资发行境内上市外资股的条件★

申请发行境内上市外资股时，除应具备募集设立公司申请发行境内上市外资股前3项条件外，还应当符合下列条件：

1. 公司前一次发行的股份已经募足，所得资金的用途与募股时确定的用途相符，并且资金使用效益良好。
2. 公司净资产总值不低于1.5亿元人民币。
3. 公司从前一次发行股票到本次申请期间没有重大违法行为。
4. 公司在最近3年内连续盈利；原有企业改组或者国有企业作为主要发起人设立的公司，可以连续计算。
5. 中国证监会规定的其他条件。

以发起方式设立的股份有限公司首次增加资本，申请发行境内上市外资股时，还必须符合募集设立公司申请发行B股时关于向社会公开发行股份比例的要求，即上述（一）中的第6项。

三、境内上市外资股的发行方式★

按照国际金融市场的通常做法，采取配售方式，承销商可以将所承销的股份以议购方式向特定的投资者配售。主承销商在承销前的较早阶段即已通过向其网络内客户的推介或路演，初步确定了认购量和投资者可以接受的发行价格，正式承销前的市场预测和承销协议签署仅具备有限的商业和法律意义。

四、境内上市外资股的发行准备

（一）实施企业改组方案

企业股份制改组方案一般遵循以下基本原则：

1. 突出主营业务。
2. 避免同业竞争，减少关联交易。
3. 保持较高的利润总额与资产利润率。
4. 避免出现可能影响境外募股与上市的法律障碍。
5. 明确股份有限公司与各关联企业的经济关系。

（二）选聘中介机构

有关的中介机构包括：

1. 承销商。

2. 法律顾问。

一般发行新股至少需聘请两类法律顾问{一类是企业的法律顾问；另一类是承销商的法律顾问。

这两类法律顾问根据发行要求的不同，又分别包括两位法律顾问{一位是中国境内的法律顾问；另一位是中国境外的法律顾问。

3. 审计机构。包括中国境内具有证券相关业务资格的{会计师事务所；国际会计师事务所。

4. 评估机构。

（三）尽职调查

尽职调查：中介机构在企业的协助下，对拟募股企业与本次发行有关的一切事项进行现场调查、资料采集的一系列活动。

尽职调查的主要作用{
- 使中介机构增强对企业的了解，以便发现问题。
- 使中介机构掌握有关企业的第一手资料，真实地写出招股说明书和其他相关材料。
- 尽职调查要求中介机构必须真正尽到自己的责任，充分核实企业提供的材料，减少工作中的失误，同时免除因调查不充分而可能导致的责任追究。

（四）提供法律意见

法律顾问的主要职责{
- 向公司提供有关企业重组、外资股发行等方面的法律咨询，协助企业完成股份制改组，起草与发行有关的重大合同；调查、收集企业的各方面资料。
- 主承销商的法律顾问须协助其编制《招股说明书》（或信息备忘录），并准备有关的附录文件；出具外资股发行法律意见书，并根据承销和发行的需要出具单项法律意见书；准备招股说明书的验证备忘录，要求发行人、主承销商和有关中介机构确认和保证招股说明书中资料的准确性、真实性和完整性。

（五）资产评估

资产评估的目的{
- 提供企业真实的资产价值；
- 向境外投资者反映企业的实际资产价值；
- 防止国有资产的流失

评估的主要方法{
- 重置成本法；
- 现行市价法；
- 收益现值法。

（六）财务审计

会计师事务所的主要任务{
- 对公司的财务状况进行审计，并出具会计师报告（审计报告）。
- 对公司的盈利预测进行审核。

（七）设立公司

向境外投资者募集股份的股份有限公司通常以发起方式设立。

（八）提交发行股票的申请材料

在完成上述发行准备事项之后，向中国证监会提交发行股票的申请材料。

1. B股发行申请材料主要包括10项文件。
2. 已经发行了境内上市外资股的公司申请再次募集境内上市外资股的（公司向现有股东配股除外），将有关文件报中国证监会审核。

（九）核准

提交申报材料——→中国证监会对企业申报材料进行审核——→经中国证监会发行监管部审核合格的，提交发行审核委员会审议。

B股公司增资发行B股，比照B股首次发行审批阶段的程序办理，由中国证监会批准发行。

五、境内上市外资股的超额配售选择权

我国股份有限公司在发行B股时，可以与承销商在包销协议中约定超额配售选择权。

第二节　H股的发行与上市

一、H股的发行方式★

H股的发行方式是公开发行加国际配售。发行人须按上市地的法律要求，将招股文件和相关文件作公开披露。招股说明书一般在上市委员会的听证会批准后公布，公司根据招股说明书披露的信息，向社会公众发行新股。初次发行H股时须进行国际路演，这对于新股认购和H股上市后在二级市场的表现都有积极的意义。

二、中国证监会关于企业申请境外上市的要求★

1. 符合我国有关境外上市的法律法规和规则。
2. 筹资用途符合国家产业政策、利用外资政策及国家有关固定资产投资立项的规定。
3. 净资产不少于4亿元人民币，过去1年税后利润不少于6 000万元人民币，并有增长潜力，按合理预期市盈率计算，筹资额不少于5 000万美元。
4. 具有规范的法人治理结构及较完善的内部管理制度，有较稳定的高级管理层及较高的管理水平。
5. 上市后分红派息有可靠的外汇来源，符合国家外汇管理的有关规定。
6. 中国证监会规定的其他条件。

三、H股的发行与上市条件★

根据香港联交所的有关规定，内地在中国香港发行股票并上市的股份有限公司应满足以下条件：

（一）盈利和市值要求

香港联交所最新修订的《上市规则》对盈利和市值要求作出了较大修订，股份有限公司满足以下条件之一即可：

1. 公司必须在相同的管理层人员的管理下有连续3年的营业记录，以往3年盈利合计5 000万港元

（最近 1 年的利润不低于 2 000 万港元，再之前两年的利润之和不少于 3 000 万港元），并且市值（包括该公司所有上市和非上市证券）不低于 2 亿港元。

2. 公司有连续 3 年的营业记录，于上市时市值不低于 20 亿港元，最近 1 个经审计财政年度收入至少 5 亿港元，并且前 3 个财政年度来自营运业务的现金流入合计至少 1 亿港元。

3. 公司于上市时市值不低于 40 亿港元，且最近 1 个经审计财政年度收入至少 5 亿港元。

在该项条件下，如果新申请人能证明公司管理层至少有 3 年所属业务和行业的经验，并且管理层及拥有权最近 1 年持续不变，则可以豁免连续 3 年营业记录的规定。

（二）最低市值要求

新申请人预期上市时的市值须至少为 2 亿港元。

（三）公众持股市值和持股量要求

1. 新申请人预期证券上市时由公众人士持有的股份的市值须至少为 5 000 万港元。无论任何时候，公众人士持有的股份须占发行人已发行股本至少 25%。

2. 若发行人拥有超过一种类别的证券，其上市时由公众人士持有的证券总数必须占发行人已发行股本总额至少 25%；但正在申请上市的证券类别占发行人已发行股本总额的百分比不得少于 15%，上市时的预期市值也不得少于 5 000 万港元。

3. 如发行人预期上市时市值超过 100 亿港元，则香港联交所可酌情接纳一个介乎 15%～25%之间的较低百分比。

（四）股东人数要求

1. 按“盈利和市值要求”第 1、2 条申请上市的发行人公司至少有 300 名股东；按“盈利和市值要求”第 3 条申请上市的发行人至少有 1 000 名股东。

2. 持股量最高的 3 名公众股东，合计持股量不得超过证券上市时公众持股量的 50%。

（五）持续上市责任

控股股东必须承诺上市后 6 个月内不得出售公司的股份，并且在随后的 6 个月内控股股东可以减持，但必须维持控股股东地位，即 30%的持股比例。

（六）公司治理要求

1. 公司上市后须至少有两名执行董事常驻香港。

2. 需指定至少 3 名独立非执行董事。

↓

其中 1 名 { 必须具备适当的专业资格；
或具备适当的会计或相关财务管理专长。

3. 发行人董事会下须设有审核委员会、薪酬委员会和提名委员会。

4. 审核委员会成员须有至少3名成员，并必须全部是非执行董事。

其中至少1名是 {独立非执行董事且具有适当的专业资格；或具备适当的会计或相关财务管理专长。

{必须以独立非执行董事占大多数；出任主席者也必须是独立非执行董事。

四、H股发行的工作步骤

实施企业重组
↓
尽职调查
↓
草拟发行所需的有关文本
↓
向地方政府及中央政府申请发行H股及审批
↓
向中国证监会申请在香港上市
↓
向香港联交所递交上市申请书及有关文件
↓
完成发行上市的有关文本
↓
召开首次股东大会批准有关上市事宜，通过公司章程选举董事、监事、公司秘书
↓
经香港联交所批准，进行预路演
↓
确定发行价格范围
↓
召开招股推介会，并且进行国际路演
↓
完成其他文件注册登记事宜
↓
簿记、公开招股和定价
↓
正式挂牌上市

五、H股发行的核准程序

取得地方政府或国务院有关主管部门的同意和推荐，向中国证监会提出申请
↓
由中国证监会就有关申请是否符合国家产业政策、利用外资政策以及有关固定资产投资立项规定会商国家发改委等有关部门
↓
聘请中介机构，报送有关材料
↓
中国证监会审批
↓
向香港联交所提出申请，并履行相关核准或登记程序

第三节　内地企业在香港创业板的发行与上市

一、香港创业板市场的上市条件

（一）适用于所有发行人的一般条件

1. 发行人必须依据中国内地及香港地区、百慕大或开曼群岛的法律正式注册成立，并须遵守该类地区的法律（包括有关配发及发行证券的法律）及其公司组织章程大纲及细则或同等文件的规定。
2. 发行人及其业务必须属于香港联交所认可的适合上市公司。
3. 发行人须委任有关人士担任董事、公司秘书、资格会计师、监察主任和授权代表等职责。发行人必须确保这些人士于被聘任前符合《创业板上市规则》的有关规定条件。
4. 发行人须有经核准的股票过户登记处，或须聘有经核准的股票过户登记处，以便在中国香港特区设置其股东名册。
5. 新申请人在任何上市申请之前，须根据合约在一段固定期间内委聘保荐机构。该期间至少涵盖上市财政年度的余下时间及其以后两个财政年度。此后，上市发行人须按照《创业板上市规则》的有关规定委聘保荐机构。
6. 新申请人及上市发行人必须拥有按《创业板上市规则》所编制的会计师报告。

（二）适用于新申请人的附加条件

1. 会计师报告。如属新的申请人，其申报会计师最近期报告的财政期间不得早于上市文件刊发日期前 6 个月。
2. 活跃业务记录。
3. 业务目标。新申请人必须符合《创业板上市规则》第 14.19 条～第 14.21 条规定的上市文件中的声明，清楚列明其业务目标，并解释拟达到该目标的方法。
4. 与物业有关的事项。属于物业公司的新申请人必须就其绝大部分中国物业拥有长期所有权证明书，及（或）就绝大部分非位于中国的物业拥有其他适当的所有权证明，不论该等物业已竣工或仍在发展中。

（三）有关新申请人的其他条件

1. 除《创业板上市规则》第 11.21 条另有规定外，新申请人不得出现以下情况：
   (1) 在紧接上市文件刊发前最后一个完整的财政年度期内更改其财政年度期间；
   (2) 在任何盈利预测期间或在现有财政年度（以较长期间为准）更改其财政年度期间。
2. 根据《创业板上市规则》第 11.20 条的规定，只有满足相关条件，新申请人的附属公司通常才能获准更改其财政年度期间。

3. 上市时的管理层股东及高持股量股东于上市时必须最少共持有新申请人已发行股本的35%。

管理层股东：
- 控制5%或以上的投票权
- 能对管理层作出指令或发挥影响力

高持股量股东：
- 配售及资本化发行后有权行使本公司股东大会5%或以上的投票权
- 不是上市时管理层股东

（四）分配基准

上市文件必须披露发行人拟分配证券的基准详情，包括公众人士及配售部分（如有）各自持有证券的详情。就所有供公众认购或出售给公众的证券（不论由新申请人或上市发行人发行）而言（为释疑起见，不包括根据配售安排而发行的证券），发行人、董事、保荐机构及包销商（如适用）必须采纳公平准则，将上述证券分配给所有认购或申请证券的人士。

（五）公开招股发售期间的确定

1. 涉及向公众人士招股的任何上市方法，发行人须于上市文件内载列有关发售期限的详情。
2. 上市文件所订明的可更改或延长发售期间或公开接受认购期间的权利，必须遵循相关规定。

（六）包销商

香港联交所就任何拟采用的包销商（如有）在财政上是否适合做咨询发行人保留权利，如果交易所不信任包销商有所承诺的包销能力，则可以拒绝其上市申请。

二、内地企业在香港创业板发行与上市的条件★

（一）运作历史要求

新申请人必须证明在其呈交上市申请的日期之前，在大致相同的拥有权及管理层管理下，具备至少24个月的活跃业务记录。若新申请人符合下列条件之一，此规定可减至12个月：

1. 会计师报告显示过去12个月营业额不少于5亿港元。
2. 上一个财政年度会计师报告内的资产负债表显示上一个财政期间的资产总值不少于5亿港元。
3. 上市时预计市值不少于5亿港元。但须注意的是，在创业板不设立盈利要求。

（二）市值要求

新申请人预期上市时的市值须至少为：

如新申请人具备24个月活跃业务记录，则实际上不得少于4 600万港元；

如新申请人具备12个月活跃业务记录，则不得少于5亿港元。

（三）公众持股市值与持股量要求

1. 新申请人预期证券上市时由公众人士持有的股份的市值须至少为：
   - 如新申请人具备24个月活跃业务记录，则不得少于3 000万港元；
   - 如新申请人具备12个月活跃业务记录，则不得少于1.5亿港元。

2. 若新申请人上市时市值不超过 40 亿港元，则无论在任何时候，公众人士持有的股份须占发行人已发行股本总额至少 25%（但最低限度要达 3 000 万港元）。
若新申请人上市时市值超过 40 亿港元，则公众持股量必须为下述两个百分比中的较高者：
- 由公众持有的证券达到市值 10 亿港元（在上市时决定）所需的百分比
- 或发行人已发行股本的 20%。

（四）股东人数要求

- 如发行人具备 24 个月活跃业务记录，至少有 100 名股东；
- 如发行人具备 12 个月活跃业务记录，至少有 300 名股东，其中持股量最高的 5 名及 25 名股东合计的持股量分别不得超过公众持有的股本证券的 35%及 50%。

第四节 境内上市公司所属企业境外上市

一、上市公司所属企业境外上市的条件

上市公司所属企业申请境外上市，应当符合相关条件。

二、上市公司所属企业申请境外上市需要表决的事项

（一）董事会表决事项
1. 境外上市是否符合中国证监会的规定。
2. 境外上市方案。
3. 上市公司维持独立上市地位承诺及持续盈利能力的说明与前景。

（二）股东大会表决事项
1. 董事会提案中有关所属企业境外上市方案。
2. 董事会提案中上市公司维持独立上市地位及持续盈利能力的说明与前景。

三、财务顾问的职责

所属企业申请到境外上市，上市公司应当聘请经中国证监会注册登记并列入保荐机构名单的证券经营机构担任其维持持续上市地位的财务顾问。

（一）尽职调查

财务顾问对上市公司所属企业到境外上市申请文件进行尽职调查。

（二）持续督导

1. 持续关注上市公司核心资产与业务的独立经营状况、持续经营能力等情况。
2. 督导上市公司依法披露所属企业发生的对上市公司权益有重要影响的资产、财务状况变化，以及其他影响上市公司股票价格的重要信息。
3. 财务顾问应当自持续督导工作结束后 10 个工作日内向中国证监会、证券交易所报送“持续上市总结报告书”。

财务顾问应当在上市公司所属企业到境外上市当年剩余时间及其后 1 个完整会计年度，持续督导上市公司维持独立上市地位。

四、信息披露

所属企业到境外上市，上市公司应当在下述事件发生后次日履行信息披露义务：所属企业到境外上市的董事会、股东大会决议；所属企业向中国证监会提交的境外上市申请获得受理；所属企业获准境外发行上市。

所属企业到境外上市后，上市公司应当及时向境内投资者披露所属企业向境外投资者披露的任何可能引起股价异常波动的重大事件。上市公司应当在年度报告的重大事项中就所属企业业务发展情况予以说明。

五、监督管理

上市公司所属企业申请到境外上市，应当按照中国证监会的要求编制并报送申请文件及相关材料。中国证监会对上市公司所属企业到境外上市申请实施行政许可，并比照《证券发行上市保荐制度暂行办法》对财务顾问执业情况实施监管。

第五节　外资股招股说明书的制作

一、招股说明书的形式

外资股发行的招股说明书可以采取严格的招股章程形式，也可以采取信息备忘录的形式。

二、招股说明书的内容

外资股的招股说明书应当根据不同国家和地区有关信息披露规则和具体发行形式的要求编写。但是，公司发行B股或者同时发行内资股和外资股时，除募集地法律另有规定外，应按照中国有关法律法规要求的内容制作和提供。

三、招股说明书的编制

资料准备——→招股说明书草案的起草——→验证指引或验证备忘录的编制——→"责任声明书"的签署。

在招股说明书正式披露和申报注册之前，所有董事应当签署"责任声明书"。该项签署与招股说明书签署具有相同的法律意义，意在表明全体董事对于招股说明书的真实性、准确性和完整性承担共同的及个别的责任。

第六节　国际推介与分销

一、国际推介与询价★

在发行准备工作已经基本完成，并且发行审查已经原则通过（有时可能是取得附加条件通过的承诺）的情况下，主承销商（或全球协调人）将安排承销前的国际推介与询价。这一阶段的工作主要包括以下几个环节：

（一）预路演

预路演是指由主承销商的销售人员和分析员去拜访一些特定的投资者，听取投资者对于发行价格的意见及看法，了解市场的整体需求，并据此确定一个价格区间的过程。

（二）路演推介

路演是在主承销商的安排和协助下，主要由发行人面对投资者公开进行的、旨在让投资者通过与发行人面对面的接触更好地了解发行人，进而决定是否进行认购的过程。

国际推介相关事项见表 11－1。

表 11－1　　国际推介相关事项

主要目的	（1）查明长期投资者的需求情况，保证重点销售； （2）使投资者了解发行人的情况，作出价格判断； （3）利用销售计划，形成投资者之间的竞争，最大限度地提高价格评估； （4）为发行人与投资者保持关系打下基础。
对象	机构投资者
主要内容	（1）散发或送达配售信息备忘录和招股文件； （2）发行人及相关专业机构的宣讲推介； （3）传播有关的声像及文字资料； （4）向机构投资者发送预订邀请文件，并询查定价区间； （5）发布法律允许的其他信息等。
应注意的内容	（1）防止推销违例； （2）宣传的内容一定要真实； （3）推销时间应尽量缩短和集中； （4）把握推销发行的时机。

在通常情况下，国际推介基本完成（甚至在最初若干市场推介会完成）后，主承销商（或全球协调人）可初步了解投资者对拟发行股票的态度，通过已反馈的投资者的预订股份订单进行统计，就可以大体确定承销的结果和基本的超额认购率。

（三）簿记定价

簿记定价主要是统计投资者在不同价格区间的订单需求量，以把握投资者需求对价格的敏感性，从而为主承销商（或全球协调人）的市场研究人员对定价区间、承销结果、上市后的基本表现等进行研究和分析提供依据。

以上环节完成后，主承销商（或全球协调人）将与发行人签署承销协议，并由承销团成员签署承销团协议，准备公开募股文件的披露。

二、国际分销与配售★

主承销商和全球协调人在拟订发行与上市方案时，通常应明确拟采取的发行方式、上市地的选择、国际配售与公开募股的比例、拟进行国际分销与配售的地区、不同地区国际分销或配售的基本份额等内容。

在确定上述内容时，需要考虑以下几个方面的因素：

（一）计划安排国际分销的地区与发行人和股票上市地的关系

通常倾向于选择与发行人和股票上市地有密切投资关系、经贸关系和信息交换关系的地区为国际配售地。

（二）发行准备的便利性因素

在确定国际分销方案时，一般选择当地法律对配售没有限制和严格审查要求的地区作为配售地，以简化发行准备工作。

对于募股规模较大的项目来说，每个国际配售地区通常要安排一家主要经办人。国际分销地区、各地区的配售额在国际推介之后确定，在承销过程中可以调整。

一般情况下，在国际分销实施前，整个承销团及各国际分销地区的认购情况和认购率已经基本明确。按照承销协议、承销团协议和收款银行协议，涉及承销各方利益的收款转款事项、承销费用事项和募股截止时的程序性工作均已得到安排，这是承销顺利进行的必要前提。

最终，在募股截止时，发行人将与主承销商和全球协调人共同确定发行价格，并签署有关的承销文件。

第十二章 公司收购与资产重组

本 章 结 构

- 第一节　公司收购概述
  - 公司收购的形式
    - 按购并双方的行业关联性划分
    - 按目标公司董事会是否抵制划分
    - 按支付方式划分
    - 按持股对象是否确定划分
  - 公司收购的业务流程
    - 收购对象的选择
    - 收购时机的选择
    - 收购风险分析
    - 目标公司定价
    - 制订融资方案
    - 选择收购方式
    - 谈判签约
    - 报批
    - 信息披露
    - 登记过户
    - 收购后的整合
  - 财务顾问在公司收购中的作用
    - 财务顾问为收购公司提供的服务
    - 财务顾问为目标公司提供的服务
  - 公司反收购策略
    - 事先预防策略
    - 管理层防卫策略
    - 保持公司控制权策略
    - 毒丸策略
    - 白衣骑士策略
    - 股票交易策略
  - 我国有关上市公司收购、重组和股权转让的法律法规

- 第二节 上市公司收购
  - 上市公司收购的有关概念
    - 收购人
    - 一致行动与一致行动人
    - 上市公司控制权
  - 上市公司收购的权益披露
    - 持股数量与权益的计算
    - 收购人取得被收购公司的股份达到5%及之后变动5%的权益披露
    - 收购人取得被收购公司的股份达到5%但未达到20%的权益披露
    - 收购人取得被收购公司的股份达到20%但未超过30%的权益披露
    - 权益变动报告书披露后股份发生变动的权益披露
    - 关于媒体披露
    - 信息披露中的法律责任
  - 要约收购规则
    - 全面要约与部分要约
    - 要约收购报告书
    - 被收购公司董事会和董事应尽的职责与禁止事项
    - 要约收购价格确定的原则
    - 收购支付方式
    - 收购要约
    - 关于预受的有关规定
    - 股份转让结算和过户登记
    - 收购情况的报告
    - 收购条件的适用
    - 收购期限届满，被收购公司股权分布不符合上市条件的规定
  - 协议收购规则
    - 收购人通过协议方式取得上市公司不同比例股份的处理
    - 收购报告书
    - 应当向中国证监会提交的文件
    - 管理层收购
    - 上市公司收购过渡期
    - 协议收购的相关当事人应尽的职责
  - 间接收购规则
    - 通过间接收购取得上市公司不同比例股份的处理
    - 有关当事人应尽的职责及相应的法律责任
  - 要约收购义务的豁免
    - 申请豁免的事项
    - 申请免于以要约方式增持股份的条件
    - 申请以简易程序免除以要约方式增持股份的条件
  - 上市公司并购中的财务顾问
    - 财务顾问的职责
    - 财务顾问报告的内容
    - 独立财务顾问的聘请与独立财务顾问报告
    - 财务顾问的持续督导责任
  - 上市公司收购的监管
    - 监管主体与服务机构
    - 上市公司收购的限制性规定
    - 有关当事人应尽的义务
    - 上市公司收购的持续监管
    - 上市公司收购活动中违背有关规定的处罚

- 第三节　上市公司重大资产重组
  - 重大资产重组的原则和标准
    - 重大资产重组的原则
    - 《重组管理办法》的适用范围
    - 重大资产重组行为的界定
  - 重组程序
    - 初步磋商
    - 聘请证券服务机构
    - 盈利预测报告的制作与相关资产的定价
    - 董事会决议
    - 股东大会决议
    - 中国证监会审核
    - 重组的实施
    - 重组实施后的持续督导
  - 信息管理
    - 信息的披露
    - 保密规定
    - 停牌的申请与处理
  - 发行股份购买资产的特别规定
    - 发行股份购买资产的条件
    - 发行股份价格的限制
    - 特定对象以资产认购而取得上市公司股份的锁定期限
    - 审核与实施
  - 重大资产重组后再融资的有关规定
    - 再融资时重大资产重组前业绩可以模拟计算的条件
    - 有关再融资时间限制的规定
  - 监督管理和法律责任
    - 监管主体
    - 相关当事人的义务与法律责任
- 第四节　并购重组审核委员会工作规程
  - 适用事项
  - 并购重组委员会的组成
    - 委员构成和任期
    - 委员任职资格
  - 并购重组委员会及委员的职责
    - 并购重组委员会的职责
    - 并购重组委员会委员的职责
  - 并购重组委员会会议
    - 会议的通知与公告
    - 并购重组申请事项的审核
    - 审核结果公告
    - 核准
    - 会后事项并购重组委员会会议
    - 并购重组委员会全体会议
  - 对并购重组委员会审核工作的监督
    - 对并购重组委员会委员的监督
    - 对并购重组申请人等的监督
    - 对有关专业机构的监督

第五节　上市公司并购重组财务顾问业务
- 业务许可
  - 财务顾问的资格条件
  - 财务顾问主办人的资格条件
  - 财务顾问业务的资格申请
  - 财务顾问主办人的资格申请
  - 有关独立财务顾问业务限制的规定
- 业务规则
  - 财务顾问的职责
  - 财务顾问业务规程
- 监督管理与法律责任
  - 监管主体
  - 财务顾问及有关当事人的义务
  - 持续信用监管
  - 中国证监会对于财务顾问和财务主办人的监管措施
  - 法律责任

第六节　上市公司国有股和法人股向外商的转让
- 转让原则
  - 防止国有资产流失
  - 符合国家产业政策要求
  - 坚持"三公"原则
  - 维护证券市场秩序
- 转让范围的界定
- 受让资格
- 转让程序
  - 审批
  - 转让价格的确定方式
  - 转让价款的支付
  - 外资外汇登记
  - 股权过户
  - 转让国有股和法人股外汇收入的处置
  - 转让后的政策待遇

第七节　外国投资者对上市公司的战略投资
- 战略投资应遵循的原则
- 外国投资者对上市公司进行战略投资的要求
- 外国投资者的资格要求
- 外国投资者进行战略投资的程序
  - 上市公司董事会作出决议
  - 上市公司股东大会批准
  - 投资者与上市公司签订有关合同或协议
  - 报批
  - 批复
  - 设立外汇账户
  - 向证券监管部门登记或备案
  - 上市公司领取外商投资企业批准证书并进行工商登记
  - 办理相关手续
- 外国投资者进行战略投资后的变更及处置
  - 外国投资者进行证券买卖的限制性规定
  - 变更的条件及手续
  - 变更后的处置

第八节 关于外国投资者并购境内企业的规定
- 适用范围及例外情况
  - 适用范围
  - 例外情况
- 并购方式、要求及涉及的政府职能部门
  - 并购方式
  - 并购要求
  - 涉及的政府职能部门
- 基本制度
  - 外商投资企业待遇的界定
  - 被并购境内公司债权和债务的处置
  - 交易价格确定的依据
  - 出资时间的规定
  - 出资比例的确定
  - 投资总额上限的设定
- 审批与登记
  - 股权并购需要报送的文件
  - 资产并购需要报送的文件
  - 并购的审批与登记
- 外国投资者以股权作为支付手段并购境内公司的有关规定
  - 股权并购与并购顾问的条件
  - 申报文件与程序
  - 特殊目的的公司的特别规定
- 其他有关规定

本章学习目的与要求

熟悉公司收购的形式、业务流程；了解财务顾问在公司收购中的作用；熟悉我国有关上市公司收购、资产重组和权益变动等活动的法律、法规。

掌握上市公司收购的有关概念；熟悉上市公司收购的权益披露；熟悉要约收购规则、协议收购规则以及间接收购规则；了解收购人及相关当事人可申请豁免要约收购的情形和申请豁免的事项；熟悉上市公司并购中财务顾问的有关规定；熟悉上市公司收购的监管。

熟悉重大资产重组的原则，了解《上市公司重大资产重组管理办法》的适用范围，掌握重大资产重组行为的界定；熟悉重大资产重组的程序；熟悉重大资产重组的信息管理；掌握上市公司发行股份购买资产的特别规定；掌握上市公司重大资产重组后再融资的有关规定；熟悉上市公司重大资产重组的监督管理和法律责任。

掌握并购重组审核委员会工作规程适用事项；熟悉并购重组审核委员会委员的构成、任期、任职资格和解聘情形；熟悉并购重组审核委员会的职责，熟悉并购重组审核委员会委员的工作规定、权利与义务以及回避制度；熟悉并购重组审核委员会会议的相关规定；了解对并购重组审核委员会审核工作监督的有关规定。

掌握上市公司并购重组财务顾问的业务许可和业务规则；熟悉上市公司并购重组财务顾问的监督管理与法律责任。

掌握上市公司国有股转让的原则、转让范围、受让方资格、转让程序和适用范围。

了解外国投资者对上市公司进行战略投资应遵循的原则；熟悉外国投资者对上市公司进行战略投资的要求；熟悉对上市公司进行战略投资的外国投资者的资格要求；熟悉外国投资者进行战略投资的程序；熟

悉投资者进行战略投资后的变更及处置。

熟悉外国投资者并购境内企业规定的基本制度、适用范围、并购方式、要求及涉及的政府职能部门；了解外国投资者并购境内企业的审批与登记；掌握外国投资者以股权作为支付手段并购境内公司的有关规定；熟悉外国投资者并购境内企业的反垄断审查；了解外国投资者并购境内企业的其他有关规定。

本章内容变化情况

1. 修改了“境内公司在境外设立特殊目的公司的申请、外汇登记与文件要求”。
2. 修改了“特殊目的公司以股权并购境内公司需要报送的文件”。
3. 其他基本没变，修改了部分时间。

本章重点解析

第一节　公司收购概述

一、公司收购的形式★

收购一般是指一个公司通过产权交易取得其他公司一定程度的控制权，以实现一定经济目标的经济行为。

（一）按购并双方的行业关联性划分：
- 横向收购；
- 纵向收购；
- 混合收购。

（二）按目标公司董事会是否抵制划分：
- 善意收购；
- 敌意收购。

（三）按支付方式划分：
- 用现金购买资产；
- 用现金购买股票；
- 用股票购买资产；
- 用股票交换股票；
- 用资产收购股份或资产。

（四）按持股对象是否确定划分：
- 要约收购；
- 协议收购。

二、公司收购的业务流程★

收购对象的选择⟶收购时机的选择⟶收购风险分析⟶目标公司定价⟶制订融资方案⟶选择收购方式⟶谈判签约⟶报批⟶信息披露⟶登记过户⟶收购后的整合。

融资方案包括：
- 公司内部自有资金；
- 银行贷款筹资；
- 股票、债券与其他有价证券筹资。

收购公司一般选择融资方式的顺序为：内部自有资金⟶选择向银行贷款⟶选择发行债券、可转换债券等⟶发行普通股票。

三、财务顾问在公司收购中的作用（见表 12－1）

表 12－1 财务顾问在公司收购中的作用

为目标公司提供的服务		为收购公司提供的服务
项目	具体内容	寻找目标公司，并从收购公司的战略和其他方面评估目标公司。
预警服务	监视公司的股票价格，追踪潜在的收购公司，为一个可能性收购目标提供早期的警告。	
制定反收购策略	制定有效的反收购策略，阻止敌意收购。	提出收购建议，包括收购策略、收购价格与其他条件、收购时间表和相关的财务安排。
评价服务	评价目标公司和它的组成业务，以便在谈判中达到一个较高的要价；提供对要约价格是否公平的建议。	商议收购条款。与目标公司的董事或大股东接洽，并商议收购条件。
利润预测	如有需要，帮助目标公司准备利润预测。	其他服务。帮助准备要约文件、股东通知和收购公告，确保准确无误。
编制文件和公告	编制有关的文件和公告，包括新闻公告，说明董事会对收购建议的初步反应和他们对股东的建议。	

四、公司反收购策略

（一）事先预防策略

事先预防策略是主动阻止本公司被收购的最积极的方法。最佳的预防策略就是通过加强和改善经营管理，提高本公司的经济效益，提高公司的竞争力。

（二）管理层防卫策略（见表 12－2）

表 12－2 管理层防卫策略及实施细节

具体策略	策略实施细节
金降落伞策略	一旦目标公司被收购，而且董事、高层管理者都被解职时，这些被解职者可领到巨额退休金，以提高收购成本。
银降落伞策略	目标公司一旦落入收购方手中，公司有义务向被解雇的董事以下高级管理人员支付较"金降落伞策略"稍微逊色的同类的保证金。

续表

具体策略	策略实施细节
积极向其股东宣传反收购的思想	目标公司的经营者以广告或信函的方式向股东们表示他们的反对意见，劝说股东们放弃接受收购方所提要约。

（三）保持公司控制权策略

1. 每年部分改选董事会成员。如每年改选 1/3 的董事席位。
2. 限制董事资格。
   （1）在董事任职资格上进行特殊的限制，使得公司的董事都由与己方相关联的人来担任。
   （2）公司的某些决策须由绝大多数股东投票通过，以增加收购方控制公司的难度。
3. 超级多数条款。即如果更改公司章程中的反收购条款时，须经过超级多数股东的同意。超级多数一般应达到股东的 80%以上。

（四）毒丸策略（见表 12－3）

表 12－3　毒丸策略及实施细节

具体策略	策略实施细节
负债毒丸计划	目标公司在收购威胁下大量增加自身负债，降低企业被收购的吸引力。
人员毒丸计划	公司的绝大部分高级管理人员共同签订协议，在公司被以不公平的价格收购，并且这些人中有 1 人在收购后被降职或革职时，则全部管理人员将集体辞职。

（五）白衣骑士策略

当目标公司遇到敌意收购者收购时，可以寻找一个具有良好合作关系的公司，以比收购方所提要约更高的价格提出收购，这时，收购方若不以更高的价格来进行收购，则肯定不能取得成功。

特别注意：当然有目标公司与白衣骑士假戏真做的时候，这种收购一般称为防御性收购。从大量收购案例来看，防御性收购的最大受益者是公司经营者，而不是股东。

（六）股票交易策略（见表 12－4）

表 12－4　股票交易策略及实施细节

具体策略	策略实施细节
股票回购	目标公司若就自己的股份，以比收购要约价还要高的出价来回购时，则收购方就不得不提高价格，因而增加其收购难度。
管理层收购	管理层收购指目标公司管理层利用杠杆收购这一金融工具，通过负债融资，以少量资金投入收购自己经营的公司。

特别注意：在股票回购中，对假装收购、实际进行股票套利的进攻者来讲，目标公司的溢价回购股票正好实现了它赚取炒作股票的资本利润。因此，在这种情况下，也有人称收购方的收购为“绿色勒索”。

第二节　上市公司收购

一、上市公司收购的有关概念★

（一）收购人

收购人包括投资者及与其一致行动的他人。

（二）一致行动与一致行动人

1. 一致行动是指投资者通过协议、其他安排，与其他投资者共同扩大其所能够支配的一个上市公司股份表决权数量的行为或者事实。
2. 在上市公司的收购及相关股份权益变动活动中有一致行动情形的投资者互为一致行动人。一致行动人应当合并计算其所持有的股份。

如无相反证据，投资者有下列情形之一的，为一致行动人：

(1) 投资者之间有股权控制关系。
(2) 投资者受同一主体控制。
(3) 投资者的董事、监事或者高级管理人员中的主要成员，同时在另一个投资者担任董事、监事或者高级管理人员。
(4) 投资者参股另一投资者，可以对参股公司的重大决策产生重大影响。
(5) 银行以外的其他法人、其他组织和自然人为投资者取得相关股份提供融资安排。
(6) 投资者之间存在合伙、合作、联营等其他经济利益关系。
(7) 持有投资者30%以上股份的自然人，与投资者持有同一上市公司股份。
(8) 在投资者任职的董事、监事及高级管理人员，与投资者持有同一上市公司股份。
(9) 持有投资者30%以上股份的自然人和在投资者任职的董事、监事及高级管理人员，其父母、配偶、子女及其配偶、配偶的父母、兄弟姐妹及其配偶、配偶的兄弟姐妹及其配偶等亲属，与投资者持有同一上市公司股份。
(10) 在上市公司任职的董事、监事、高级管理人员及其前项所述亲属同时持有本公司股份的，或者与其或者其前项所述亲属直接或者间接控制的企业同时持有本公司股份。
(11) 上市公司董事、监事、高级管理人员和员工与其所控制或者委托的法人或者其他组织持有本公司股份。
(12) 投资者之间具有其他关联关系。

（三）上市公司控制权

有下列情形之一的，为拥有上市公司控制权：

1. 投资者为上市公司持股50%以上的控股股东。
2. 投资者可以实际支配上市公司股份表决权超过30%。
3. 投资者通过实际支配上市公司股份表决权能够决定公司董事会半数以上成员选任。
4. 投资者依其可实际支配的上市公司股份表决权足以对公司股东大会的决议产生重大影响。
5. 中国证监会认定的其他情形。收购人可以通过取得股份的方式成为一个上市公司的控股股东，可以通过投资关系、协议、其他安排的途径成为一个上市公司的实际控制人，也可以同时采取上述方式和途径取得上市公司控制权。收购人包括投资者及与其一致行动的他人。

二、上市公司收购的权益披露★

（一）持股数量与权益的计算

1. 信息披露义务人涉及计算其持股比例的，应当将其所持有的上市公司已发行的可转换为公司股票的证券中有权转换部分与其所持有的同一上市公司的股份合并计算，并将其持股比例与合并计算非股权类证券转为股份后的比例相比，以二者中的较高者为准。计算公式如下：

投资者持有的股份数量/上市公司已发行股份总数

（投资者持有的股份数量＋投资者持有的可转换为公司股票的非股权类证券所对应的股份数量）/（上市公司已发行股份总数＋上市公司发行的可转换为公司股票的非股权类证券所对应的股份总数）

2. 投资者在一个上市公司中拥有的权益，包括登记在其名下所持有的股份及虽未登记在其名下但该投资者可实际支配表决权的股份。投资者及其一致行动人在一个上市公司中拥有的权益应当合并计算。
3. 行权期限届满未行权的，或者行权条件不再具备的，无须合并计算。

（二）收购人取得被收购公司的股份达到5%及之后变动5%的权益披露

1. 通过证券交易所的证券交易，投资者及其一致行动人拥有权益的股份达到一个上市公司已发行股份的5%时，应当在该事实发生之日起3日内编制权益变动报告书，向中国证监会、证券交易所提交书面报告，抄报该上市公司所在地的中国证监会派出机构（简称"派出机构"），通知该上市公司，并予公告；在上述期限内，不得再行买卖该上市公司的股票。

   前述投资者及其一致行动人拥有权益的股份达到一个上市公司已发行股份的5%后，通过证券交易所的证券交易，其拥有权益的股份占该上市公司已发行股份的比例每增加或者减少5%，应当依照前款规定进行报告和公告。在报告期限内和作出报告、公告后两日内，不得再行买卖该上市公司的股票。
2. 通过协议转让方式，投资者及其一致行动人在一个上市公司中拥有权益的股份拟达到或者超过一个上市公司已发行股份的5%时，应当在该事实发生之日起3日内编制权益变动报告书，向中国证监会、证券交易所提交书面报告，抄报派出机构，通知该上市公司，并予公告。投资者及其一致行动人拥有权益的股份达到一个上市公司已发行股份的5%后，其拥有权益的股份占该上市公司已发行股份的比例每增加或者减少达到或者超过5%的，应当依照前款规定履行报告、公告义务。

   通过上述两种方式取得相应比例权益的投资者及其一致行动人在作出报告、公告前，不得再行买卖该上市公司的股票。相关股份转让及过户登记手续按照《上市公司收购管理办法》协议收购的有关规定及证券交易所、证券登记结算机构的规定办理。
3. 通过行政划转或变更等取得权益的信息披露。投资者及其一致行动人通过行政划转或者变更、执行法院裁定、继承、赠与等方式拥有权益的股份变动达到上述规定比例的，应当按照上述规定履行报告、公告义务，并参照上述规定办理股份过户登记手续。
4. 因上市公司减少股本导致投资者及其一致行动人取得权益变动的信息披露。因上市公司减少股本导致投资者及其一致行动人取得被收购公司的股份达到5%及之后变动5%的，投资者及其一致行动人免于履行报告和公告义务。上市公司应当自完成减少股本的变更登记之日起两个工作日内，就因此导致的公司股东拥有权益的股份变动情况作出公告；因公司减少股本可能导致投资者及其一致行动人成为公司第一大股东或者实际控制人的，该投资者及其一致行动人应当自公司董事会公告有关减少公司股本决议之日起 3 个工作日内，披露投资者及其一致行动人的控股股东、实际控制人及其股权控制关系结构图。

（三）收购人取得被收购公司的股份达到 5%但未达到 20%的权益披露以及收购人取得被收购公司的股份达到 20%但未超过 30%的权益披露（见表 12－5）

表 12－5　　权益披露事项

股份达到 5%但未达到 20%的权益披露	股份达到 20%但未超过 30%的权益披露
投资者及其一致行动人的姓名、住所；投资者及其一致行动人为法人的，其名称、注册地及法定代表人。	投资者及其一致行动人的控股股东、实际控制人及其股权控制关系结构图。
持股目的，是否有意在未来 12 个月内继续增加其在上市公司中拥有的权益。	取得相关股份的价格、所需资金额、资金来源，或者其他支付安排。
在上市公司中拥有权益的股份达到或者超过上市公司已发行股份的 5%或者拥有权益的股份增减变化达到 5%的时间及方式。	投资者、一致行动人及其控股股东、实际控制人所从事的业务与上市公司的业务是否存在同业竞争或者潜在的同业竞争，是否存在持续关联交易；存在同业竞争或者持续关联交易的，是否已有相应的安排，确保投资者、一致行动人及其关联方与上市公司之间避免同业竞争，保持上市公司的独立性。
权益变动事实发生之日前 6 个月内通过证券交易所的证券交易买卖该公司股票的简要情况。	未来 12 个月内对上市公司资产、业务、人员、组织结构、公司章程等进行调整的后续计划。
中国证监会、证券交易所要求披露的其他内容。	前 24 个月内投资者及其一致行动人与上市公司之间的重大交易。
上市公司的名称，股票的种类、数量、比例。	不存在规定的禁止收购情形。
	能够按照规定提供与协议收购中向中国证监会提交的相同的文件。

特别注意：前述投资者及其一致行动人为上市公司第一大股东或者实际控制人，其拥有权益的股份达到或者超过一个上市公司已发行股份的 5%但未达到 20%的，除了披露上述内容外，还应当披露投资者及其一致行动人的控股股东、实际控制人及其股权控制关系结构图。

前述投资者及其一致行动人股份达到 20%但未超过 30%的权益披露且为上市公司第一大股东或者实际控制人的，还应当聘请财务顾问对上述权益变动报告书所披露的内容出具核查意见，但国有股行政划转或者变更、股份转让在同一实际控制人控制的不同主体之间进行、因继承取得股份的除外。投资者及其一致行动人承诺至少 3 年放弃行使相关股份表决权的，可免于聘请财务顾问和提供上述第 7 项规定的文件。

（四）权益变动报告书披露后股份发生变动的权益披露

已披露权益变动报告书的投资者及其一致行动人在披露之日起 6 个月内，因拥有权益的股份变动需要再次报告、公告权益变动报告书的，可以仅就与前次报告书不同的部分作出报告、公告。自前次披露之日起超过6个月的，投资者及其一致行动人应当按照信息披露的有关规定编制权益变动报告书，履行报告、公告义务。

（五）关于媒体披露

1. 上市公司的收购及相关股份权益变动活动中的信息披露义务人应当在至少一种中国证监会指定的媒体上依法披露信息。
2. 在其他媒体上进行披露的，披露内容应当一致，披露时间不得早于指定媒体的披露时间。

（六）信息披露中的法律责任

上市公司的收购及相关股份权益变动活动中的信息披露义务人采取一致行动的，可以书面形式约定由其中1人作为指定代表负责统一编制信息披露文件，并同意授权指定代表在信息披露文件上签字、盖章。

上市公司的收购及相关股份权益变动活动中的信息披露义务人依法披露前，相关信息已在媒体上传播或者公司股票交易出现异常的，上市公司应当立即向当事人进行查询。当事人应当及时予以书面答复，上市公司应当及时作出公告。

三、要约收购规则★

收购人通过证券交易所的证券交易，持有一个上市公司的股份达到该公司已发行股份的30%时，继续增持股份的，应当采取要约方式进行。除要约方式外，投资者不得在证券交易所外公开求购上市公司的股份。

（一）全面要约与部分要约

要约收购{全面要约收购：收购人向被收购公司所有股东发出收购其所持有的全部股份的要约。
部分要约收购：收购人向被收购公司所有股东发出收购其所持有的部分股份的要约。

在以下情况下，收购人以要约方式收购一个上市公司股份的，其预定收购的股份比例均不得低于该上市公司已发行股份的5%：

1. 投资者自愿选择以要约方式收购上市公司股份。
2. 收购人通过证券交易所的证券交易，持有一个上市公司的股份达到该公司已发行股份的30%时，继续增持股份。
3. 收购人通过协议方式在一个上市公司中拥有权益的股份达到该公司已发行股份的5%，但未超过30%。
4. 收购人虽不是上市公司的股东，通过投资关系、协议或者其他安排导致其拥有权益的股份达到或超过该公司已发行股份的5%，但未超过30%。

（二）要约收购报告书

以要约方式收购上市公司股份的，收购人应当编制要约收购报告书，并应当聘请财务顾问向中国证监会、证券交易所提交书面报告，抄报派出机构，通知被收购公司，同时对要约收购报告书摘要作出提示性公告。

1. 要约收购报告书及其他相关文件的报送与公告。收购人报送要约收购报告书及其他相关文件之日起15日后，公告其要约收购报告书、财务顾问专业意见和律师出具的法律意见书。
2. 要约收购报告书的内容。要约收购报告书应当载明相关事项。

收购人发出全面要约的，应当在要约收购报告书中充分披露：
- 终止上市的风险；
- 终止上市后收购行为完成的时间及仍持有上市公司股份的剩余股东出售其股票的其他后续安排。

3. 改以要约收购后要约收购报告书的编制与公告。收购人拥有权益的股份达到该公司已发行股份的30%时，继续进行收购的，应当依法向该上市公司的股东发出全面要约或者部分要约；收购人拟通过协议方式收购一个上市公司的股份超过30%的，超过30%的部分，应当改以要约方式进行。

4. 取消要约收购计划后再次收购的时间限制。收购人向中国证监会报送要约收购报告书后，在公告要约收购报告书之前，拟自行取消收购计划的，应当向中国证监会提出取消收购计划的申请及原因说明，并予公告；自公告之日起12个月内，该收购人不得再次对同一上市公司进行收购。

（三）被收购公司董事会和董事应尽的职责与禁止事项（见表12-6）

表12-6　应尽职责与禁止事项

应尽的职责	禁止事项
被收购公司董事会应当对收购人的主体资格、资信情况及收购意图进行调查，对要约条件进行分析，对股东是否接受要约提出建议，并聘请独立财务顾问提出专业意见。 在收购人公告要约收购报告书后20日内，被收购公司董事会应当将被收购公司董事会报告书与独立财务顾问的专业意见报送中国证监会，同时抄报派出机构，抄送证券交易所，并予公告。 收购人对收购要约条件作出重大变更的，被收购公司董事会应当在3个工作日内提交董事会及独立财务顾问就要约条件的变更情况所出具的补充意见，并予以报告、公告。	收购人作出提示性公告后至要约收购完成前，被收购公司除继续从事正常的经营活动或者执行股东大会已经作出的决议外，未经股东大会批准，被收购公司董事会不得通过处置公司资产、对外投资、调整公司主要业务、担保、贷款等方式，对公司的资产、负债、权益或者经营成果造成重大影响。 在要约收购期间，被收购公司董事不得辞职。

（四）要约收购价格确定的原则

收购人按照《上市公司收购管理办法》规定进行要约收购的，对同一种类股票的要约价格，不得低于要约收购提示性公告日前6个月内收购人取得该种股票所支付的最高价格。

要约价格低于提示性公告日前30个交易日该种股票的每日加权平均价格的算术平均值的，收购人聘请的财务顾问应当就该种股票前6个月的交易情况进行分析，说明是否存在股价被操纵、收购人是否有未披露的一致行动人、收购人前6个月取得公司股份是否存在其他支付安排、要约价格的合理性等。

（五）收购支付方式：
- 现金支付
- 证券支付

收购人以现金支付收购价款的，应当在作出要约收购提示性公告的同时，将不少于收购价款总额的20%作为履约保证金，存入证券登记结算机构指定的银行。

收购人以证券支付收购价款的，应当提供该证券的发行人最近3年经审计的财务会计报告、证券估值报告，并配合被收购公司聘请的独立财务顾问的尽职调查工作。

（六）收购要约

1. 概念：收购人向被收购公司股东公开发出的愿意按照要约条件购买其所持有的被收购公司股份的意思表示。
2. 收购要约的适用与变更。收购要约提出的各项收购条件，适用于被收购公司的所有股东。收购人需要变更收购要约的，必须事先向中国证监会提出书面报告，同时抄报派出机构，抄送证券交易所和证券登记结算机构，通知被收购公司；经中国证监会批准后，予以公告。
3. 收购要约的有效期。
   (1) 收购要约约定的收购期限不得少于 30 日，并不得超过 60 日；但是出现竞争要约的除外。
   (2) 在收购要约约定的收购期限内，收购人不得撤销其收购要约。
   (3) 采取要约收购方式的，收购人发出公告后至收购要约期届满前，不得卖出被收购公司的股票，也不得采取要约规定以外的形式和超出要约的条件买入被收购公司的股票。
   (4) 收购要约期届满前 15 日内，收购人不得更改收购要约条件；但是出现竞争要约的除外。

（七）关于预受的有关规定

同意接受收购要约条件的股东称为预受股东。预受股东应当委托证券公司办理预受要约的相关手续。收购人应当委托证券公司向证券登记结算机构申请办理预受要约股票的临时保管。证券登记结算机构临时保管的预受要约的股票，在要约收购期间不得转让。

（八）股份转让结算和过户登记

收购期限届满后 3 个交易日内，接受委托的证券公司应当向证券登记结算机构申请办理股份转让结算、过户登记手续，解除对超过预定收购比例的股票的临时保管；收购人应当公告本次要约收购的结果。

（九）收购情况的报告

收购期限届满后 15 日内，收购人应当向中国证监会报送关于收购情况的书面报告，同时抄报派出机构，抄送证券交易所，通知被收购公司。

（十）收购条件的适用

以要约方式进行上市公司收购的，收购人应当公平对待被收购公司的所有股东。持有同一种类股份的股东应当得到同等对待。

（十一）收购期限届满，被收购公司股权分布不符合上市条件的规定

收购期限届满，被收购公司股权分布不符合上市条件，该上市公司的股票由证券交易所依法终止上市交易。在收购行为完成前，其余仍持有被收购公司股票的股东，有权在收购报告书规定的合理期限内，向收购人以收购要约的同等条件出售其股票，收购人应当收购。

四、协议收购规则★

（一）收购人通过协议方式取得上市公司不同比例股份的处理（见表 12 - 7）

表 12-7 不同比例股份的处理

收购人通过协议方式在一个上市公司中拥有权益的股份达到或超过该公司已发行股份的 5%但未超过 30%。	收购人拥有权益的股份达到该公司已发行股份的 30%时继续进行收购。	收购人拟通过协议方式收购一个上市公司的股份超过 30%。	投资者因行政划转、执行法院裁决、继承、赠与等方式取得上市公司控制权。
按照上市公司收购权益披露的有关规定办理。	应当依法向该上市公司的股东发出全面要约或者部分要约；但符合有关豁免规定情形的，收购人可以向中国证监会申请免于发出要约。	超过 30%的部分，应当改以要约方式进行；但符合有关豁免规定情形的，收购人可以向中国证监会申请免除发出要约。 收购人在取得中国证监会豁免后，履行其收购协议；未取得中国证监会豁免且拟继续履行其收购协议的，或者不申请豁免的，在履行其收购协议前，应当发出全面要约。	应当按照协议收购的有关规定履行报告、公告义务。

（二）收购报告书

1. 收购报告书的编制与提交。

以协议方式收购上市公司股份超过 30%，收购人拟按规定申请豁免的，应当在与上市公司股东达成收购协议之日起 3 日内编制上市公司收购报告书，提交豁免申请及其他相关文件，委托财务顾问向中国证监会、证券交易所提交书面报告，同时抄报派出机构，通知被收购公司，并公告上市公司收购报告书摘要。派出机构收到书面报告后通报上市公司所在地省级人民政府。

收购人自取得中国证监会的豁免之日起 3 日内公告其收购报告书、财务顾问专业意见和律师出具的法律意见书；收购人未取得豁免的，应当自收到中国证监会的决定之日起 3 日内予以公告，投资者及其一致行动人应当在收到中国证监会通知之日起 30 日内将其或者其控制的股东所持有的被收购公司股份减持到 30%或者 30%以下；拟以要约以外的方式继续增持股份的，应当发出全面要约。

2. 协议收购报告书的内容。依据上述规定所作的上市公司收购报告书，须披露相关内容。

3. 收购报告书披露后权益发生变动后的信息披露。已披露收购报告书的收购人在披露之日起 6 个月内，因权益变动需要再次报告、公告的，可以仅就与前次报告书不同的部分作出报告、公告；超过 6 个月的，应当按照权益披露的有关规定履行报告、公告义务。

（三）应当向中国证监会提交的文件

收购人进行上市公司的收购，应当向中国证监会提交相关文件。

（四）管理层收购

拟进行管理层收购的上市公司应当具备健全且运行良好的组织机构以及有效的内部控制制度，公司董事会成员中独立董事的比例应当达到或者超过 1/2。公司应当聘请具有证券、期货从业资格的资产评估机构提供公司资产评估报告，本次收购应当经董事会非关联董事作出决议，且取得 2/3 以上的独立董事同意后，提交公司股东大会审议，经出席股东大会的非关联股东所持表决权过半数通过。

（五）上市公司收购过渡期

1. 上市公司收购过渡期是指以协议方式进行上市公司收购，自签订收购协议起至相关股份完成过户的期间。

2. 在过渡期内：

（1）收购人不得通过控股股东提议改选上市公司董事会，确有充分理由改选董事会的，来自收购人的董事不得超过董事会成员的1/3。

（2）被收购公司
①不得为收购人及其关联方提供担保；
②不得公开发行股份募集资金，不得有重大购买、出售资产及重大投资行为或者与收购人及其关联方进行其他关联交易，但收购人为挽救陷入危机或者面临严重财务困难的上市公司的情形除外。

（六）协议收购的相关当事人应尽的职责

1. 上市公司控股股东向收购人协议转让其所持有的上市公司股份的，应当对收购人的主体资格、诚信情况及收购意图进行调查，并在其权益变动报告书中披露有关调查情况。控股股东及其关联方未清偿其对公司的负债，未解除公司为其负债提供的担保，或者存在损害公司利益的其他情形的，被收购公司董事会应当对前述情形及时予以披露，并采取有效措施维护公司利益。

2. 协议收购的相关当事人应当向证券登记结算机构申请办理拟转让股份的临时保管手续，并可以将用于支付的现金存放于证券登记结算机构指定的银行。

3. 收购报告书公告后，相关当事人应当按照证券交易所和证券登记结算机构的业务规则，在证券交易所就本次股份转让予以确认后，凭全部转让款项存放于双方认可的银行账户的证明，向证券登记结算机构申请解除拟协议转让股票的临时保管，并办理过户登记手续。收购人未按规定履行报告、公告义务，或者未按规定提出申请的，证券交易所和证券登记结算机构不予办理股份转让和过户登记手续。

收购人在收购报告书公告后30日内仍未完成相关股份过户手续的，应当立即作出公告，说明理由；在未完成相关股份过户期间，应当每隔30日公告相关股份过户办理进展情况。

五、间接收购规则★

（一）通过间接收购取得上市公司不同比例股份的处理

1. 收购人虽不是上市公司的股东，但通过投资关系、协议或者其他安排导致其拥有权益的股份达到或超过一个上市公司已发行股份的5%、未超过30%，应当按照上市公司收购权益披露的有关规定办理。

2. 收购人拥有权益的股份超过该公司已发行股份的30%，应当向该公司所有股东发出全面要约；收购人预计无法在事实发生之日起30日内发出全面要约的，应当在前述30日内促使其控制的股东将所持有的上市公司股份减持至30%或者30%以下，并自减持之日起两个工作日内予以公告；其后收购人或者其控制股东拟继续增持的，应当采取要约方式；拟依据有关规定申请豁免的，应当按照协议收购中规定办理。

（二）有关当事人应尽的职责及相应的法律责任（见表12-8）

表 12-8　　有关当事人应尽的职责及相应的法律责任

实际控制人及受其支配的股东	（1）投资者虽不是上市公司的股东，但通过投资关系取得对上市公司股东的控制权，而受其支配的上市公司股东所持股份达到规定比例、且对该股东的资产和利润构成重大影响的，应当按照规定履行报告、公告义务。 （2）上市公司实际控制人及受其支配的股东，负有配合上市公司真实、准确、完整披露有关实际控制人发生变化的信息的义务；实际控制人及受其支配的股东拒不履行上述配合义务，导致上市公司无法履行法定信息披露义务而承担民事、行政责任的，上市公司有权对其提起诉讼。
上市公司及其董事会	（1）上市公司实际控制人及受其支配的股东未履行报告、公告义务的，上市公司应当自知悉之日起立即作出报告和公告。上市公司就实际控制人发生变化的情况予以公告后，实际控制人仍未披露的，上市公司董事会应当向实际控制人和受其支配的股东查询，必要时可以聘请财务顾问进行查询，并将查询情况向中国证监会、派出机构和证券交易所报告。 （2）上市公司实际控制人及受其支配的股东未履行报告、公告义务，配合义务，或者实际控制人存在不得收购上市公司情形的，上市公司董事会应当拒绝接受受实际控制人支配的股东向董事会提交的提案或者临时议案，并向中国证监会、派出机构和证券交易所报告。

六、要约收购义务的豁免

（一）申请豁免的事项

收购人可以向中国证监会申请豁免的事项有：

1. 免于以要约收购方式增持股份。
2. 存在主体资格、股份种类限制或者法律、行政法规、中国证监会规定的特殊情形的，可以申请免于向被收购公司的所有股东发出收购要约。未取得豁免的，投资者及其一致行动人应当在收到中国证监会通知之日起 30 日内将其或者其控制的股东所持有的被收购公司股份减持到 30％或者 30％以下；拟以要约以外的方式继续增持股份的，应当发出全面要约。

（二）申请免于以要约方式增持股份的条件

有下列情形之一的，收购人可以向中国证监会提出免于以要约方式增持股份的申请：

1. 收购人与出让人能够证明本次转让未导致上市公司的实际控制人发生变化。
2. 上市公司面临严重财务困难，收购人提出的挽救公司的重组方案取得该公司股东大会批准，且收购人承诺 3 年内不转让其在该公司中所拥有的权益。
3. 经上市公司股东大会非关联股东批准，收购人取得上市公司向其发行的新股，导致其在该公司拥有权益的股份超过该公司已发行股份的 30％，收购人承诺 3 年内不转让其拥有权益的股份，且公司股东大会同意收购人免于发出要约。
4. 中国证监会为适应证券市场发展变化和保护投资者合法权益的需要而认定的其他情形。

收购人报送的豁免申请文件符合规定，并且已经按照《上市公司收购管理办法》的规定履行报告、公告义务的，中国证监会予以受理；不符合规定或者未履行报告、公告义务的，中国证监会不予受理。中国证监会在受理豁免申请后 20 个工作日内，就收购人所申请的具体事项作出是否予以豁免的决定；取得豁免的，收购人可以继续增持股份。

（三）申请以简易程序免除以要约方式增持股份的条件

有下列情形之一的，当事人可以向中国证监会申请以简易程序免除以要约方式增持股份：

1. 经政府或者国有资产管理部门批准进行国有资产无偿划转、变更、合并，导致投资者在一个上市公司中拥有权益的股份占该公司已发行股份的比例超过30%。
2. 在一个上市公司中拥有权益的股份达到或者超过该公司已发行股份的30%的，自上述事实发生之日起1年后，每12个月内增加其在该公司中拥有权益的股份不超过该公司已发行股份的2%。
3. 在一个上市公司中拥有权益的股份达到或者超过该公司已发行股份的50%的，继续增加其在该公司拥有的权益不影响该公司的上市地位。
4. 因上市公司按照股东大会批准的确定价格向特定股东回购股份而减少股本，导致当事人在该公司中拥有权益的股份超过该公司已发行股份的30%。
5. 证券公司、银行等金融机构在其经营范围内依法从事承销、贷款等业务导致其持有一个上市公司已发行股份超过30%，没有实际控制该公司的行为或者意图，并且提出在合理期限内向非关联方转让相关股份的解决方案。
6. 因继承导致在一个上市公司中拥有权益的股份超过该公司已发行股份的30%。
7. 中国证监会为适应证券市场发展变化和保护投资者合法权益的需要而认定的其他情形。

七、上市公司并购中的财务顾问★

收购人进行上市公司的收购，应当聘请在中国注册的具有从事财务顾问业务资格的专业机构担任其财务顾问。收购人未按照《上市公司收购管理办法》要求聘请财务顾问的，不得收购上市公司。

（一）财务顾问的职责

收购人聘请的财务顾问应当履行相关职责。

（二）财务顾问报告的内容

1. 收购人聘请的财务顾问就本次收购出具的财务顾问报告，应当对相关事项进行说明和分析，并逐项发表明确意见。
2. 财务顾问受托向中国证监会报送申报文件，还应当在财务顾问报告中作出一定的承诺。

（三）独立财务顾问的聘请与独立财务顾问报告

上市公司董事会或者独立董事聘请的独立财务顾问，不得同时担任收购人的财务顾问或者与收购人的财务顾问存在关联关系。独立财务顾问应当根据委托进行尽职调查，对本次收购的公正性和合法性发表专业意见。

（四）财务顾问的持续督导责任

自收购人公告上市公司收购报告书至收购完成后12个月内，财务顾问应当通过日常沟通、定期回访等方式，关注上市公司的经营情况，结合被收购公司定期报告和临时公告的披露事宜，对收购人及被收购公司履行持续督导职责。

在此期间，财务顾问发现收购人在上市公司收购报告书中披露的信息与事实不符的，应当督促收购人如实披露相关信息，并及时向中国证监会、派出机构、证券交易所报告。财务顾问解除委托合同的，应当及时向中国证监会、派出机构作出书面报告，说明无法继续履行持续督导职责的理由，并予公告。

八、上市公司收购的监管★

（一）监管主体与服务机构

监管主体与服务机构：
- 中国证监会；
- 证券交易所；
- 证券登记结算机构；
- 收购人聘请的财务顾问及其他专业机构。

（二）上市公司收购的限制性规定

1. 上市公司的收购及相关股份权益变动活动不得危害国家安全和社会公共利益。
2. 被收购公司在境内、境外同时上市的，收购人除应当遵守《上市公司收购管理办法》及中国证监会的相关规定外，还应当遵守境外上市地的相关规定。
3. 外国投资者收购上市公司及在上市公司中拥有的权益发生变动的，除应当遵守《上市公司收购管理办法》的规定外，还应当遵守外国投资者投资上市公司的相关规定。
4. 不得收购上市公司的情形。任何人不得利用上市公司的收购损害被收购公司及其股东的合法权益。
   有下列情形之一的，不得收购上市公司：
   （1）收购人负有数额较大债务，到期未清偿，且处于持续状态。
   （2）收购人最近3年有重大违法行为或者涉嫌有重大违法行为。
   （3）收购人最近3年有严重的证券市场失信行为。
   （4）收购人为自然人的，存在《公司法》第一百四十七条规定的情形。
   （5）法律、行政法规规定以及中国证监会认定的不得收购上市公司的其他情形。

（三）有关当事人应尽的义务（见表12-9）

表12-9　　有关当事人应尽的义务

被收购公司控股股东或者实际控制人	被收购公司的董事、监事、高级管理人员
被收购公司的控股股东或者实际控制人不得滥用股东权利损害被收购公司或者其他股东的合法权益。	被收购公司的董事、监事、高级管理人员对公司负有忠实义务和勤勉义务，应当公平对待收购本公司的所有收购人。

（四）上市公司收购的持续监管

1. 收购人与被收购上市公司的报告义务。在上市公司收购行为完成后12个月内，收购人聘请的财务顾问应当在每季度前3日内就上一季度对上市公司影响较大的投资、购买或者出售资产、关联交易、主营业务调整以及董事、监事、高级管理人员的更换、职工安置、收购人履行承诺等情况向派出机构报告。收购人注册地与上市公司注册地不同的，还应当将前述情况的报告同时抄报收购人所在地的派出机构。
2. 派出机构的持续监管。
   （1）派出机构根据审慎监管原则，通过与承办上市公司审计业务的会计师事务所谈话、检查财务顾问持续督导责任的落实、定期或者不定期的现场检查等方式，在收购完成后对收购人和上市公司进行监督检查。
   （2）派出机构发现实际情况与收购人披露的内容存在重大差异的，对收购人及上市公司予以重点关注，可以责令收购人延长财务顾问的持续督导期，并依法进行查处。

3. 收购完成后股票转让的限制性规定。在上市公司收购中，收购人持有的被收购公司的股份，在收购完成后 12 个月内不得转让。收购人在被收购公司中拥有权益的股份在同一实际控制人控制的不同主体之间进行转让，不受前述 12 个月的限制，但应当遵守豁免申请的有关规定。

第三节　上市公司重大资产重组

一、重大资产重组的原则和标准

（一）重大资产重组的原则★

上市公司实施重大资产重组，应当符合下列要求：

1. 符合国家产业政策和有关环境保护、土地管理、反垄断等法律和行政法规的规定。
2. 不会导致上市公司不符合股票上市条件。
3. 重大资产重组所涉及的资产定价公允，不存在损害上市公司和股东合法权益的情形。
4. 重大资产重组所涉及的资产权属清晰，资产过户或者转移不存在法律障碍，相关债权、债务处理合法。
5. 有利于上市公司增强持续经营能力，不存在可能导致上市公司重组后主要资产为现金或者无具体经营业务的情形。
6. 有利于上市公司在业务、资产、财务、人员、机构等方面与实际控制人及其关联人保持独立，符合中国证监会关于上市公司独立性的相关规定。
7. 有利于上市公司形成或者保持健全有效的法人治理结构。

（二）《重组管理办法》的适用范围

《重组管理办法》适用于上市公司及其控股或者控制的公司在日常经营活动之外购买、出售资产或者通过其他方式进行资产交易达到规定的比例，导致上市公司的主营业务、资产、收入发生重大变化的资产交易行为。

使用募集资金购买资产、对外投资的行为，不适用《重组管理办法》。

（三）重大资产重组行为的界定★

1. 上市公司及其控股或者控制的公司购买、出售资产，达到相关标准的，构成重大资产重组。购买、出售资产未达到规定标准，但中国证监会发现存在可能损害上市公司或者投资者合法权益的重大问题的，可以根据审慎监管原则，责令上市公司按照《重组管理办法》的规定补充披露相关信息、暂停交易并报送申请文件。
2. 计算上述规定的比例时，应当遵守相关规定。

二、重组程序★

初步磋商——→聘请证券服务机构——→盈利预测报告的制作与相关资产的定价——→董事会决议——→股东大会决议——→中国证监会审核——→重组的实施——→重组实施后的持续督导。

（一）初步磋商

上市公司与交易对方就重大资产重组事宜进行初步磋商时，应当立即采取必要且充分的保密措施，制定严格有效的保密制度，限定相关敏感信息的知悉范围。上市公司及交易对方聘请证券服务机构的，应当立即与所聘请的证券服务机构签署保密协议。上市公司关于重大资产重组的董事会决议公告前，相关信息已在媒体上传播或者公司股票交易出现异常波动的，上市公司应当立即将有关计划、方案或者相关事项的现状以及相关进展情况和风险因素等予以公告，并按照有关信息披露规则办理其他相关事宜。

（二）聘请证券服务机构

上市公司应当聘请独立财务顾问、律师事务所以及具有相关证券业务资格的会计师事务所等证券服务机构就重大资产重组出具意见。上市公司及交易对方与证券服务机构签订聘用合同后，非因正当事由不得更换证券服务机构。确有正当事由需要更换证券服务机构的，应当在申请材料中披露更换的具体原因以及证券服务机构的陈述意见。

独立财务顾问和律师事务所应当审慎核查重大资产重组是否构成关联交易，并依据核查确认的相关事实发表明确意见。重大资产重组涉及关联交易的，独立财务顾问应当就本次重组对上市公司非关联股东的影响发表明确意见。资产交易定价以资产评估结果为依据的，上市公司应当聘请具有相关证券业务资格的资产评估机构出具资产评估报告。证券服务机构在其出具的意见中采用其他证券服务机构或者人员的专业意见的，仍然应当进行尽职调查，审慎核查其采用的专业意见的内容，并对利用其他证券服务机构或者人员的专业意见所形成的结论负责。

（三）盈利预测报告的制作与相关资产的定价

1. 上市公司购买资产的，应当提供拟购买资产的盈利预测报告。上市公司拟进行“上市公司出售资产的总额和购买资产的总额占其最近 1 个会计年度经审计的合并财务会计报告期末资产总额的比例均达到 70%以上”或“上市公司出售全部经营性资产，同时购买其他资产”等重大资产重组行为以及发行股份购买资产的，还应当提供上市公司的盈利预测报告。盈利预测报告应当经具有相关证券业务资格的会计师事务所审核。上市公司确有充分理由无法提供上述盈利预测报告的，应当说明原因，在上市公司重大资产重组报告书（或者发行股份购买资产报告书）中作出特别风险提示。并在管理层讨论与分析部分就本次重组对上市公司持续经营能力和未来发展前景的影响进行详细分析。
2. 相关资产的定价。重大资产重组中相关资产以资产评估结果作为定价依据的，资产评估机构原则上应当采取两种以上评估方法进行评估。上市公司董事会应当对评估机构的独立性、评估假设前提的合理性、评估方法与评估目的的相关性以及评估定价的公允性发表明确意见。上市公司独立董事应当对评估机构的独立性、评估假设前提的合理性和评估定价的公允性发表独立意见。

（四）董事会决议

1. 董事会作出决议。上市公司进行重大资产重组，应当由董事会依法作出决议。上市公司董事会应当就重大资产重组是否构成关联交易作出明确判断，并作为董事会决议事项予以披露。
2. 独立董事发表独立意见。上市公司独立董事应当在充分了解相关信息的基础上，就重大资产重组发表独立意见。
3. 有关文件的披露与上报。重大资产重组的首次董事会决议经表决通过后，上市公司应当在决议当日或者次一工作日的非交易时间向证券交易所申请公告。

   重大资产重组的交易对方应当承诺，保证其所提供信息的真实性、准确性和完整性，保证不存在虚假记载、误导性陈述或者重大遗漏，并声明承担个别和连带的法律责任。该等承诺和声明应当与上市公司董事会决议同时公告。

上市公司应当在至少一种中国证监会指定的报刊公告董事会决议、独立董事的意见和重大资产重组报告书摘要，并应当在证券交易所网站全文披露重大资产重组报告书及相关证券服务机构的报告或者意见。

(五) 股东大会决议

上市公司董事会就重大资产重组作出的决议，应提交股东大会批准。

1. 股东大会的召开。上市公司股东大会就重大资产重组事项作出决议，必须经出席会议的股东所持表决权的2/3以上通过。上市公司重大资产重组事宜与本公司股东或者其关联人存在关联关系的，股东大会就重大资产重组事项进行表决时，关联股东应当回避表决。

2. 股东大会决议内容。上市公司股东大会就重大资产重组作出的决议，至少应当包括下列事项：

(1) 本次重大资产重组的方式、交易标的和交易对方。

(2) 交易价格或者价格区间。

(3) 定价方式或者定价依据。

(4) 相关资产自定价基准日至交割日期间损益的归属。

(5) 相关资产办理权属转移的合同义务和违约责任。

(6) 决议的有效期。

(7) 对董事会办理本次重大资产重组事宜的具体授权。

(8) 其他需要明确的事项。

3. 股东大会决议的公告与上报。上市公司应当在股东大会作出重大资产重组决议后的次一工作日公告该决议，并按照中国证监会的有关规定编制申请文件，委托独立财务顾问在3个工作日内向中国证监会申报，同时抄报派出机构。

上市公司全体董事、监事、高级管理人员应当出具承诺，保证重大资产重组申请文件不存在虚假记载、误导性陈述或者重大遗漏。

(六) 中国证监会审核

中国证监会依照法定条件和法定程序对重大资产重组申请作出予以核准或者不予核准的决定。

1. 中国证监会反馈意见的处理。中国证监会在审核期间提出反馈意见要求上市公司作出书面解释、说明的，上市公司应当自收到反馈意见之日起30日内提供书面回复意见，独立财务顾问应当配合上市公司提供书面回复意见。

逾期未提供的，上市公司应当在到期日的次日就本次重大资产重组的进展情况及未能及时提供回复意见的具体原因等予以公告。

2. 审核期间有关事项发生变更的规定。中国证监会审核期间，上市公司拟对交易对象、交易标的、交易价格等作出变更，构成对重组方案重大调整的，应当在董事会表决通过后重新提交股东大会审议，并按照《重组管理办法》的规定向中国证监会重新报送重大资产重组申请文件，同时作出公告。

3. 提交并购重组委员会审核的情形(见表12-10)。

表 12－10　　提交并购重组委员会审核的情形

上市公司重大资产重组存在下列情形之一的，应当提交并购重组委员会审核：	重大资产重组不存在前款规定情形，但存在下列情形之一的，上市公司可以向中国证监会申请将本次重组方案提交并购重组委员会审核：
(1) 上市公司出售资产的总额和购买资产的总额占其最近 1 个会计年度经审计的合并财务会计报告期末资产总额的比例均达到 70％以上。 (2) 上市公司出售全部经营性资产，同时购买其他资产。 (3) 中国证监会在审核中认为需要提交并购重组委员会审核的其他情形。	(1) 上市公司购买的资产符合《重组管理办法》关于完整经营实体的规定且业绩需要模拟计算的。 (2) 上市公司对中国证监会有关职能部门提出的反馈意见表示异议的。

4. 召开审核会议的公告。上市公司在收到中国证监会关于召开并购重组委员会工作会议审核其重大资产重组申请的通知后，应当立即予以公告，并申请办理并购重组委员会工作会议期间直至其表决结果披露前的停牌事宜。

　　上市公司在收到并购重组委员会关于其重大资产重组申请的表决结果后，应当在次一工作日公告表决结果并申请复牌。公告应当说明，公司在收到中国证监会作出的予以核准或者不予核准的决定后将再次公告。

5. 审核结果公告。上市公司收到中国证监会就其重大资产重组申请作出的予以核准或考不予核准的决定后，应当在次一工作日予以公告。中国证监会予以核准的，上市公司应当在公告核准决定的同时，按照相关信息披露准则的规定补充披露相关文件。

（七）重组的实施（见表 12－11）

表 12－11　　重 组 的 实 施

重组的正常实施	1. 中国证监会核准上市公司重大资产重组申请的，上市公司应当及时实施重组方案，并于实施完毕之日起 3 个工作日内编制实施情况报告书，向中国证监会及其派出机构、证券交易所提交书面报告，并予以公告。 2. 上市公司聘请的独立财务顾问和律师事务所应当对重大资产重组的实施过程、资产过户事宜和相关后续事项的合规性及风险进行核查，发表明确的结论性意见。 3. 独立财务顾问和律师事务所出具的意见应当与实施情况报告书同时报告、公告。
重组未能正常实施情况的处理	1. 自收到中国证监会核准文件之日起 60 日内，本次重大资产重组未实施完毕的，上市公司应当于期满后次一工作日将实施进展情况报告中国证监会及其派出机构，并予以公告；此后每 30 日应当公告一次，直至实施完毕。超过 12 个月未实施完毕的，核准文件失效。 2. 上市公司在实施重大资产重组的过程中，发生法律、法规要求披露的重大事项的，应当及时向中国证监会及其派出机构报告。 3. 该事项导致本次重组发生实质性变动的，须重新报经中国证监会核准。

续表

利润预测数与实际盈利数出现差异的披露与处理	1. 根据《重组管理办法》规定提供盈利预测报告的，上市公司应当在重大资产重组实施完毕后的有关年度报告中单独披露上市公司及相关资产的实际盈利数与利润预测数的差异情况，并由会计师事务所对此出具专项审核意见。 2. 资产评估机构采取收益现值法、假设开发法等基于未来收益预期的估值方法对拟购买资产进行评估并作为定价参考依据的，上市公司应当在重大资产重组实施完毕后3年内的年度报告中单独披露相关资产的实际盈利数与评估报告中利润预测数的差异情况，并由会计师事务所对此出具专项审核意见；交易对方应当与上市公司就相关资产实际盈利数不足利润预测数的情况签订明确可行的补偿协议。
独立财务顾问核查意见的出具、上报与公告	上市公司重大资产重组发生下列情形的，独立财务顾问应当及时出具核查意见，向中国证监会及其派出机构报告，并予以公告： (1) 中国证监会作出核准决定前，上市公司对交易对象、交易标的、交易价格等作出变更，构成对原重组方案重大调整的； (2) 中国证监会作出核准决定后，上市公司在实施重组过程中发生重大事项，导致原重组方案发生实质性变动的。

（八）重组实施后的持续督导

持续督导的期限自中国证监会核准本次重大资产重组之日起，应当不少于1个会计年度。

独立财务顾问应当结合上市公司重大资产重组当年和实施完毕后的第1个会计年度的年报，自年报披露之日起15日内，对重大资产重组实施的下列事项出具持续督导意见，向派出机构报告，并予以公告：

1. 交易资产的交付或者过户情况。
2. 交易各方当事人承诺的履行情况。
3. 盈利预测的实现情况。
4. 管理层讨论与分析部分提及的各项业务的发展现状。
5. 公司治理结构与运行情况。
6. 与已公布的重组方案存在差异的其他事项。

三、信息管理★

（一）信息的披露

上市公司筹划、实施重大资产重组，相关信息披露义务人应当公平地向所有投资者披露可能对上市公司股票交易价格产生较大影响的相关信息。

（二）保密规定

在重大资产重组的股价敏感信息依法披露前负有保密义务，禁止利用该信息进行内幕交易。

（三）停牌的申请与处理

上市公司获悉股价敏感信息的，应当及时向证券交易所申请停牌并披露。

上市公司预计筹划中的重大资产重组事项难以保密或者已经泄露的，应当及时向证券交易所申请停牌，直至真实、准确、完整地披露相关信息。

停牌期间，上市公司应当至少每周发布一次事件进展情况公告。

上市公司股票交易价格因重大资产重组的市场传闻发生异常波动时，上市公司应当及时向证券交易所申请停牌，核实有无影响上市公司股票交易价格的重组事项，并予以澄清，不得以相关事项存在不确定性为由不履行信息披露义务。

四、发行股份购买资产的特别规定★

（一）发行股份购买资产的条件

上市公司发行股份购买资产，应当符合相关规定。

（二）发行股份价格的限制

上市公司发行股份的价格不得低于本次发行股份购买资产的董事会决议公告日前 20 个交易日公司股票交易均价。交易均价的计算公式为：

$$\text{董事会决议公告日前20个交易日公司股票交易均价}=\frac{\text{决议公告日前20个交易日公司股票交易总额}}{\text{决议公告日前20个交易日公司股票交易总量}}$$

（三）特定对象以资产认购而取得上市公司股份的锁定期限

特定对象以资产认购而取得的上市公司股份，自股份发行结束之日起 12 个月内不得转让。

属于下列情形之一的，36 个月内不得转让：

1. 特定对象为上市公司控股股东、实际控制人或者其控制的关联人。
2. 特定对象通过认购本次发行的股份取得上市公司的实际控制权。
3. 特定对象取得本次发行的股份时，对其用于认购股份的资产持续拥有权益的时间不足 12 个月。

（四）审核与实施

1. 审核。
2. 实施。上市公司应当在相关资产过户完成后 3 个工作日内就过户情况作出公告，并向中国证监会及其派出机构提交书面报告，公告和报告中应当包括独立财务顾问和律师事务所的结论性意见。
3. 特定对象持有或者控制的股份达到法定比例的规定。特定对象因认购上市公司发行股份导致其持有或者控制的股份比例超过 30％或者在 30％以上继续增加，且上市公司股东大会同意其免于发出要约的，可以在上市公司向中国证监会报送发行股份申请的同时，提出豁免要约义务的申请。

五、重大资产重组后再融资的有关规定★

（一）再融资时重大资产重组前业绩可以模拟计算的条件

1. 进入上市公司的资产是完整经营实体。
2. 本次重大资产重组实施完毕后，重组方的承诺事项已经如期履行，上市公司经营稳定、运行良好。
3. 本次重大资产重组实施完毕后，上市公司和相关资产实现的利润达到盈利预测水平。

（二）完整经营实体应当符合的条件

1. 经营业务和经营资产独立、完整，且在最近两年未发生重大变化。
2. 在进入上市公司前已在同一实际控制人之下持续经营两年以上。

3. 在进入上市公司之前实行独立核算，或者虽未独立核算，但与其经营业务相关的收入、费用在会计核算上能够清晰划分。

4. 上市公司与该经营实体的主要高级管理人员签订聘用合同或者采取其他方式，就该经营实体在交易完成后的持续经营和管理作出恰当安排。

（三）有关再融资时间限制的规定

上市公司在本次重大资产重组前不符合中国证监会规定的公开发行证券条件，或者本次重组导致上市公司实际控制人发生变化的，上市公司申请公开发行新股或者公司债券，距本次重组交易完成的时间应当不少于1个完整会计年度。

六、监督管理和法律责任★

（一）监管主体

中国证监会在发行审核委员会中设立上市公司并购重组审核委员会，以投票方式对提交其审议的重大资产重组申请进行表决，提出审核意见。

（二）相关当事人的义务与法律责任

1. 信息管理义务与法律责任。
2. 上市公司及其有关人员的义务与法律责任。
3. 证券服务机构和人员的义务与法律责任。
4. 保密义务与法律责任。
5. 盈利预测等与实际情况出现重大差距的法律责任。
6. 撤销、中止重组方案或者对重组方案作出实质性变更的监管。

第四节　并购重组审核委员会工作规程

2007年7月，中国证监会决定在发行审核委员会中设立上市公司并购重组审核委员会（简称"并购重组委员会"），并制定了《中国证券监督管理委员会上市公司并购重组审核委员会工作规程》。

一、适用事项★

并购重组委员会对并购重组申请人的申请文件和中国证监会有关职能部门的初审报告进行审核。

二、并购重组委员会的组成★

（一）委员构成和任期

并购重组委员会委员为25名：
- 中国证监会的人员5名；
- 中国证监会以外的人员20名；
- 并购重组委员会设会议召集人5名。

并购重组委员会委员每届任期1年，可以连任，但连续任期最长不超过3届。

（二）委员任职资格

1. 并购重组委员会委员应当符合一定的条件。

2. 并购重组委员会委员有违规情形的，中国证监会应当予以解聘。

三、并购重组委员会及委员的职责

（一）并购重组委员会的职责★

1. 根据有关法律、行政法规和中国证监会的相关规定，审核上市公司并购重组申请是否符合相关条件。
2. 审核财务顾问、会计师事务所、律师事务所、资产评估机构等证券服务机构及相关人员为并购重组申请事项出具的有关材料及意见书。
3. 审核中国证监会有关职能部门出具的初审报告。
4. 依法对并购重组申请事项提出审核意见。

（二）并购重组委员会委员的职责

1. 并购重组委员会委员工作规定。并购重组委员会委员应当遵守相关的工作规定。
2. 并购重组审核回避制度。并购重组委员会委员审核并购重组申请文件时，有相关情形的，应当及时提出回避。
3. 并购重组委员会委员权利与义务。
   (1) 并购重组委员会委员以个人身份出席并购重组委员会会议，依法履行职责，独立发表审核意见并行使表决权。并购重组委员会委员可以通过中国证监会有关职能部门调阅履行职责所必需的与并购重组申请人有关的材料。
   (2) 并购重组委员会委员有义务向中国证监会举报任何以不正当手段对其施加影响的并购重组当事人及其他相关单位或者个人。

四、并购重组委员会会议★

（一）会议的通知与公告

并购重组委员会会议审核上市公司并购重组申请事项的，中国证监会有关职能部门在并购重组委员会会议召开3日前，将会议通知、并购重组申请文件及中国证监会有关职能部门的初审报告送交参会委员签收，同时将并购重组委员会会议审核的申请人名单、会议时间、相关当事人承诺函和参会委员名单在中国证监会网站上公布。

（二）并购重组申请事项的审核

1. 会前有关说明。并购重组委员会会议开始前，委员应当签署与并购重组申请人及其所聘请的专业机构或者相关人员接触事项的有关说明，并交由中国证监会留存。
2. 审核原则。并购重组委员会委员应当依据法律、行政法规和中国证监会的规定，结合自身的专业知识，独立、客观、公正地对并购重组申请事项进行审核。
3. 个人审核意见的填写。在审核时，并购重组委员会委员应当在工作底稿上填写个人审核意见。
4. 审核事项的询问与咨询。并购重组委员会会议对申请人的并购重组申请形成审核意见之前，可以要求并购重组当事人及其聘请的专业机构的代表到会陈述意见和接受并购重组委员会委员的询问。对于并购重组委员会委员的任何询问、意见及相关陈述，未经中国证监会同意，并购重组当事人及其他相关单位和个人均不得对外披露。

   并购重组委员会根据审核工作需要，可以邀请并购重组委员会委员以外的专家到会提供专业咨询意见，但所邀请的专家没有表决权。

5. 审核表决。并购重组委员会会议在充分讨论的基础上，对申请人的并购重组申请是否符合相关条件进行表决。并购重组委员会会议表决采取记名投票方式。表决票设同意票和反对票，并购重组委员会委员不得弃权。表决投票时同意票数达到3票为通过，同意票数未达到3票为未通过。并购重组委员会委员在投票时应当在表决票上说明理由。

（三）审核结果公告

并购重组委员会会议对申请人的并购重组申请投票表决后，中国证监会在网站上公布表决结果。

并购重组委员会会议对并购重组申请作出的表决结果及提出的审核意见，中国证监会有关职能部门应当向并购重组申请人及其聘请的财务顾问进行书面反馈。

（四）核准

并购重组委员会会议出现审核意见与表决结果有明显差异或者表决结果显失公正情况的，中国证监会可以进行调查，并依照法定条件和法定程序对相关并购重组申请事项作出核准或者不予核准的决定。上市公司并购重组申请经并购重组委员会审核未获通过且中国证监会作出不予核准决定的，申请人对并购重组方案进行修改补充或者提出新方案的，可以重新提出并购重组申请；符合有关并购重组规定条件的，可以重新提交并购重组委员会审核。

（五）会后事项并购重组委员会会议

在并购重组委员会会议对并购重组申请表决通过后至中国证监会作出核准决定前，并购重组申请人发生了与其所报送的并购重组申请文件不一致的重大事项，中国证监会有关职能部门可以提请并购重组委员会召开会后事项并购重组委员会会议，对该申请人的并购重组申请文件重新进行审核。会后事项并购重组委员会会议的参会委员不受其是否审核过该申请人的并购重组申请的限制。

（六）并购重组委员会全体会议

并购重组委员会每年应当至少召开一次全体会议，对审核工作进行总结。

五、对并购重组委员会审核工作的监督★

中国证监会负责对并购重组委员会事务的日常管理以及对并购重组委员会委员的考核和监督。

（一）对并购重组委员会委员的监督

并购重组委员会委员接受聘任后，应当承诺遵守中国证监会对并购重组委员会委员的有关规定和纪律要求，认真履行职责，接受中国证监会的考核和监督。

1. 问责制度。
2. 违规处罚。
3. 举报监督机制。

（二）对并购重组申请人等的监督

1. 暂停审核。在并购重组委员会会议召开前，有证据表明并购重组申请人、其他相关单位或者个人直接或者间接以不正当手段影响并购重组委员会委员对并购重组申请的判断的，或者以其他方式干扰并购重组委员会委员审核的，中国证监会可以暂停对有关申请人的并购重组委员会会议审核。

2. 暂停核准或不予核准。并购重组申请通过并购重组委员会会议后，有证据表明并购重组申请人、其他相关单位或者个人直接或者间接以不正当手段影响并购重组委员会委员对并购重组申请的判断的，或者以其他方式干扰并购重组委员会委员审核的，中国证监会可以暂停核准；情节严重的，中国证监会不予核准。

（三）对有关专业机构的监督

专业机构唆使、协助或参与干扰并购重组委员会工作的，中国证监会按照有关规定，在6个月内不接受该专业机构报送的专业报告和意见。

第五节　上市公司并购重组财务顾问业务

一、业务许可★

未经中国证监会核准，任何单位和个人不得从事上市公司并购重组财务顾问业务。

（一）财务顾问的资格条件（见表12-12）

表12-12　　财务顾问的资格条件

证券公司	（1）公司净资本符合中国证监会的规定； （2）具有健全且运行良好的内部控制机制和管理制度，严格执行风险控制和内部隔离制度； （3）建立健全尽职调查制度，具备良好的项目风险评估和内核机制； （4）公司财务会计信息真实、准确、完整； （5）公司控股股东、实际控制人信誉良好且最近3年无重大违法违规记录； （6）财务顾问主办人不少于5人； （7）中国证监会规定的其他条件。
证券投资咨询机构	（1）已经取得中国证监会核准的证券投资咨询业务资格； （2）实缴注册资本和净资产不低于人民币500万元； （3）具有健全且运行良好的内部控制机制和管理制度，严格执行风险控制和内部隔离制度； （4）公司财务会计信息真实、准确、完整； （5）控股股东、实际控制人在公司申请从事上市公司并购重组财务顾问业务资格前1年未发生变化，信誉良好且最近3年无重大违法违规记录； （6）具有2年以上从事公司并购重组财务顾问业务活动的执业经历，且最近2年每年财务顾问业务收入不低于100万元； （7）有证券从业资格的人员不少于20人，其中，具有从事证券业务经验3年以上的人员不少于10人，财务顾问主办人不少于5人； （8）中国证监会规定的其他条件。

续表

其他财务顾问机构	(1) 具有3年以上从事公司并购重组财务顾问业务活动的执业经历，且最近3年每年财务顾问业务收入不低于100万元； (2) 实缴注册资本和净资产不低于人民币500万元； (3) 具有健全且运行良好的内部控制机制和管理制度，严格执行风险控制和内部隔离制度； (4) 董事、高级管理人员应当正直诚实，品行良好，熟悉证券法律、行政法规，具有从事证券市场工作3年以上或者金融工作5年以上的经验，具备履行职责所需的经营管理能力； (5) 公司财务会计信息真实、准确、完整； (6) 控股股东、实际控制人信誉良好且最近3年无重大违法违规记录； (7) 有证券从业资格的人员不少于20人，其中，具有从事证券业务经验3年以上的人员不少于10人，财务顾问主办人不少于5人； (8) 中国证监会规定的其他条件。

（二）不得担任财务顾问的有关规定

证券公司、证券投资咨询机构和其他财务顾问机构有下列情形之一的，不得担任财务顾问：

1. 最近24个月内存在违反诚信的不良记录。
2. 最近24个月内因执业行为违反行业规范而受到行业自律组织的纪律处分。
3. 最近36个月内因违法违规经营受到处罚或者因涉嫌违法违规经营正在被调查。

（三）财务顾问主办人的资格条件

个人申请注册登记为财务顾问主办人的，应当具有证券从业资格、取得执业资格证书，且符合相关条件。

1. 具备中国证监会规定的投资银行业务经历。
2. 参加中国证监会认可的财务顾问主办人胜任能力考试且成绩合格。
3. 所任职机构同意推荐其担任本机构的财务顾问主办人。
4. 未负有数额较大到期未清偿的债务。
5. 最近24个月无违反诚信的不良记录。
6. 最近24个月未因执业行为违反行业规范而受到行业自律组织的纪律处分。
7. 最近36个月未因执业行为违法违规受到处罚。
8. 中国证监会规定的其他条件。

（四）财务顾问业务的资格申请

1. 证券公司、证券投资咨询机构和其他财务顾问机构提交相关申请文件。
2. 证券投资咨询机构申请文件。证券投资咨询机构申请从事上市公司并购重组财务顾问业务资格，除向中国证监会提交基本申报材料外，还应当提交下列文件：

(1) 中国证监会核准的证券投资咨询业务许可证复印件。

(2) 从事公司并购重组财务顾问业务2年以上执业经历的说明；
最近2年每年财务顾问业务收入不低于100万元的证明文件，包括相关合同和纳税证明。

(3) 申请资格前一年控股股东、实际控制人未发生变化的说明。

3. 其他财务顾问机构申请文件。其他财务顾问机构申请从事上市公司并购重组财务顾问业务资格，除向中国证监会提交基本申报材料外，还应当提交下列文件：

(1) 从事公司并购重组财务顾问业务3年以上执业经历的说明；
最近3年每年财务顾问业务收入不低于100万元的证明文件，包括相关合同和纳税证明。

(2) 董事、高级管理人员符合《财务顾问管理办法》规定条件的说明。

(3) 申请资格前一年控股股东、实际控制人未发生变化的说明。

（五）财务顾问主办人的资格申请

个人申请注册成为财务顾问主办人，应当通过所任职的财务顾问向中国证监会提出申请，申请人应当提交有关财务顾问主办人的相关证明文件。

（六）有关独立财务顾问业务限制的规定

证券公司、证券投资咨询机构或者其他财务顾问机构受聘担任上市公司独立财务顾问的，应当保持独立性，不得与上市公司存在利害关系；存在相关情形的，不得担任独立财务顾问。

二、业务规则

（一）财务顾问的职责

财务顾问从事上市公司并购重组财务顾问业务，应当履行以下职责：

1. 接受并购重组当事人的委托，对上市公司并购重组活动进行尽职调查，全面评估相关活动所涉及的风险。
2. 就上市公司并购重组活动向委托人提供专业服务，帮助委托人分析并购重组相关活动所涉及的法律、财务、经营风险，提出对策和建议，设计并购重组方案，并指导委托人按照上市公司并购重组的相关规定制作申报文件。
3. 对委托人进行证券市场规范化运作的辅导，使其熟悉有关法律、行政法规和中国证监会的规定，充分了解其应承担的义务和责任，督促其依法履行报告、公告和其他法定义务。
4. 在对上市公司并购重组活动及申报文件的真实性、准确性、完整性进行充分核查和验证的基础上，依据中国证监会的规定和监管要求，客观、公正地发表专业意见。
5. 接受委托人的委托，向中国证监会报送有关上市公司并购重组的申报材料，并根据中国证监会的审核意见，组织和协调委托人及其他专业机构进行答复。
6. 根据中国证监会的相关规定，持续督导委托人依法履行相关义务。
7. 中国证监会要求的其他事项。

（二）财务顾问业务规程

签订委托协议
↓
尽职调查规范辅导
↓
内部审核
↓
财务顾问专业意见的出具与相关承诺
↓
向中国证监会提交申请文件后的相关工作与规定
↓
财务顾问内部报告制度的建立
↓
持续督导
↓
工作档案和工作底稿制度的建立

1. 尽职调查。财务顾问对上市公司并购重组活动进行尽职调查应当重点关注相关问题，并在专业意见中对这些问题进行分析和说明。
2. 规范辅导。财务顾问应当采取有效方式对新进入上市公司的董事、监事和高级管理人员、控股股东和实际控制人的主要负责人进行证券市场规范化运作的辅导，并对辅导结果进行验收，将验收结果存档。验收不合格的，财务顾问应当重新进行辅导和验收。
3. 财务顾问专业意见的出具与相关承诺。财务顾问应当在充分尽职调查和内部核查的基础上作出承诺。
4. 向中国证监会提交申请文件后的相关工作与规定。财务顾问代表委托人向中国证监会提交申请文件后，应当配合中国证监会的审核，并承担相关工作。

   财务顾问将申报文件报中国证监会审核期间，委托人和财务顾问终止委托协议的，财务顾问和委托人应当自终止之日起5个工作日内向中国证监会报告，申请撤回申报文件，并说明原因。委托人重新聘请财务顾问就同一并购重组事项进行申报的，应当在报送中国证监会的申报文件中予以说明。
5. 持续督导。在持续督导期间，财务顾问应当结合上市公司披露的定期报告出具持续督导意见，并在前述定期报告披露后的15日内向上市公司所在地的中国证监会派出机构报告。财务顾问解除委托协议的，应当及时向中国证监会派出机构作出书面报告，说明无法继续履行持续督导职责的理由，并予以公告。委托人应当在1个月内另行聘请财务顾问对其进行持续督导。
6. 工作档案和工作底稿制度的建立。

（1）财务顾问应当建立并购重组工作档案和工作底稿制度，为每一项目建立独立的工作档案。

（2）财务顾问的工作档案和工作底稿应当真实、准确、完整，保存期不少于10年。

三、监督管理与法律责任★

（一）监管主体

监管主体：
- 中国证监会；
- 中国证券业协会。

（二）财务顾问及有关当事人的义务

1. 财务顾问及其财务顾问主办人的法律义务。
   - 财务顾问及其财务顾问主办人：应当遵守法律、行政法规、中国证监会的规定和行业规范。
   - 财务顾问：从事上市公司并购重组财务顾问业务，应当公平竞争，不得以明显低于行业水平等不正当竞争手段招揽业务。
2. 财务顾问的委托人的法律义务。
   - 财务顾问的委托人：应当依法承担相应的责任，配合财务顾问履行职责，并向财务顾问提供有关文件及其他必要的信息，不得拒绝、隐匿、谎报。
   - 财务顾问履行职责，不能减轻或者免除委托人、其他专业机构及其签名人员的责任。

（三）持续信用监管

中国证监会建立监管信息系统，对财务顾问及其财务顾问主办人进行持续动态监管，并将以下事项记入其诚信档案：

1. 财务顾问及其财务顾问主办人被中国证监会采取监管措施的。
2. 在持续督导期间，上市公司或者其他委托人违反公司治理有关规定、相关资产状况及上市公司经营成果等与财务顾问的专业意见出现较大差异的。

3. 中国证监会认定的其他事项。

（四）中国证监会对于财务顾问和财务主办人的监管措施

1. 凡不属于上市公司管理层事前无法获知且事后无法控制的原因，上市公司或者购买资产实现的利润未达到盈利预测报告或者资产评估报告预测金额80%的，中国证监会责令财务顾问及其财务顾问主办人在股东大会及中国证监会指定报刊上公开说明未实现盈利预测的原因，并向股东和社会公众投资者道歉。
2. 利润实现数未达到盈利预测50%的，中国证监会可以同时对财务顾问及其财务顾问主办人采取监管谈话、出具警示函、责令定期报告等监管措施。

（五）法律责任

财务顾问不再符合《财务顾问管理办法》规定条件的，应当在5个工作日内向中国证监会报告并依法进行公告，由中国证监会责令改正。责令改正期满后，仍不符合《财务顾问管理办法》规定条件的，中国证监会撤销其从事上市公司并购重组财务顾问业务资格。

财务顾问主办人发生变化的，财务顾问应当在5个工作日内向中国证监会报告。财务顾问主办人不再符合《财务顾问管理办法》规定条件的，中国证监会将其从财务顾问主办人名单中去除，财务顾问不得聘请其作为财务顾问主办人从事相关业务。

第六节　上市公司国有股和法人股向外商的转让

一、转让原则★

转让原则：
- 防止国有资产流失；
- 符合国家产业政策要求；
- 坚持公开、公平、公正的原则；
- 维护证券市场秩序。

二、转让范围的界定★

向外商转让上市公司国有股和法人股须在如下范围内进行：

第一，向外商转让上市公司国有股和法人股，应当符合《外商投资产业指导目录》要求。

第二，凡禁止外商投资的产业，上市公司的国有股和法人股不得向外商转让。

第三，必须由中方控股或相对控股的，转让后应保持中方控股或相对控股地位。

三、受让资格★

受让上市公司国有股和法人股的外商，应当具备以下条件：

第一，有较强的经营管理能力和资金实力。

第二，较好的财务状况和信誉。

第三，具有改善上市公司治理结构和促进上市公司持续发展的能力。

四、转让程序★

（一）审批

1. 涉及利用外资的事项由商务部负责。
2. 涉及非金融类企业所持上市公司国有股转让事项由国资委负责。
3. 涉及金融类企业所持上市公司国有股转让事项由财政部牵头。
4. 重大事项报国务院批准。

（二）转让价格的确定方式

向外商转让上市公司国有股和法人股，原则上采取公开竞价方式。

（三）转让价款的支付

外商应当以自由兑换货币支付转让价款。已在中国境内投资的外商经外汇管理部门审核后，也可用投资所得人民币利润支付。外商在付清全部转让价款12个月后，可再转让其所购股份。

（四）外资外汇登记

向外商转让上市公司国有股和法人股，转让当事人应当在股权过户前到外汇管理部门进行外资外汇登记；涉及外商股权再转让的，应当在股权过户前到外汇管理部门变更外资外汇登记。

（五）股权过户

转让当事人应当凭商务部、财政部的转让核准文件、外商付款凭证等，依法向证券登记结算机构办理股权过户登记手续，向工商行政管理部门办理股东变更登记手续。转让价款支付完毕之前，证券登记结算机构和工商行政管理部门不得办理过户和变更登记手续。

（六）转让国有股和法人股外汇收入的处置

转让国有股和法人股的外汇收入，转让方应当在规定期限内，凭转让核准文件报外汇管理部门批准后结汇。外商受让上市公司国有股和法人股后，从上市公司分得的净利润、股权再转让获得的收入、上市公司终止清算后分得的资金，经外汇管理部门审核后，可以依法购汇，汇往境外。转让国有股的收入应当按照国家有关规定处置和使用。

（七）转让后的政策待遇

上市公司国有股和法人股向外商转让后，上市公司仍然执行原有关政策，不享受外商投资企业待遇。

第七节　外国投资者对上市公司的战略投资

一、战略投资应遵循的原则★

1. 遵守国家法律、法规及相关产业政策，不得危害国家经济安全和社会公共利益。
2. 应遵守国家法律法规，维护国家经济安全和社会公共利益，符合国有经济布局战略性调整和国家产业政策的要求，促进社会资本优化配置和公平竞争。

3. 坚持公开、公平、公正的"三公"原则，维护上市公司及其股东的合法权益，接受政府、社会公众的监督及中国的司法和仲裁管辖。
4. 外国投资者对上市公司进行战略投资应坚持"三公"原则，保护上市公司和股东的合法权益，接受政府、社会公众的监督及中国的司法和仲裁管辖。
5. 鼓励中长期投资，维护证券市场的正常秩序，不得炒作。
6. 外国投资者对上市公司进行战略投资必须注重引进境外先进管理经验、技术和资金，改善上市公司治理结构，防止短期炒作，维护证券市场秩序。
7. 不得妨碍公平竞争。外国投资者对上市公司进行战略投资应当维护公平竞争的秩序，不得造成中国境内相关产品市场过度集中、排除或限制竞争。

二、外国投资者对上市公司进行战略投资的要求★

1. 以协议转让、上市公司定向发行新股方式以及国家法律法规规定的其他方式取得上市公司 A 股股份。
2. 投资可分期进行，首次投资完成后取得的股份比例不低于该公司已发行股份的 10%，但特殊行业有特别规定或经相关主管部门批准的除外；取得的上市公司 A 股股份 3 年内不得转让。
3. 法律法规对外商投资持股比例有明确规定的行业，投资者持有上述行业股份比例应符合相关规定；属法律法规禁止外商投资的领域，投资者不得对上述领域的上市公司进行投资。
4. 涉及上市公司国有股股东的，应符合国有资产管理的相关规定。

三、外国投资者的资格要求★

1. 依法设立、经营的外国法人或其他组织，财务稳健、资信良好且具有成熟的管理经验。
2. 境外实有资产总额不低于 1 亿美元或管理的境外实有资产总额不低于 5 亿美元；或其母公司境外实有资产总额不低于 1 亿美元或管理的境外实有资产总额不低于 5 亿美元。
3. 有健全的治理结构和良好的内控制度，经营行为规范。
4. 近 3 年内未受到境内外监管机构的重大处罚（包括其母公司）。

四、外国投资者进行战略投资的程序★

外国投资者进行战略投资的方式{通过上市公司定向发行方式；投资者通过协议转让方式进行战略投资的。}

（一）两种方式程序上的区别（见表 12-13）

表 12-13　外国投资者进行战略投资的方式

	上市公司董事会作出决议	上市公司股东大会批准	投资者与上市公司签订有关合同或协议
上市公司定向发行	上市公司董事会通过向投资者定向发行新股及公司章程修改草案的决议。	上市公司股东大会通过向投资者定向发行新股及修改公司章程的决议。	上市公司与投资者签订定向发行的合同。
协议转让	上市公司董事会通过投资者以协议转让方式进行战略投资的决议。	上市公司股东大会通过投资者以协议转让方式进行战略投资的决议。	转让方与投资者签订股份转让协议。

（二）共同程序

1. 上市公司或投资者应向商务部报送相关文件。

2. 批复。商务部收到申请文件后，应在30日内作出原则批复，原则批复有效期为180日。

符合有关规定的外国公司（母公司）可以通过其全资拥有的境外子公司（投资者）进行战略投资，投资者除提交相关申请文件外，还应向商务部提交其母公司对投资者投资行为承担连带责任的不可撤销的承诺函。

3. 设立外汇账户：

(1) 投资者应在商务部原则批复之日起15日内，根据外商投资并购的相关规定开立外汇账户。

(2) 投资者从境外汇入的用于战略投资的外汇资金，应当根据外汇管理的有关规定，到上市公司注册所在地外汇局申请开立外国投资者专用外汇账户（收购类），账户内资金的结汇及账户注销手续参照相关外汇管理规定办理。

(3) 投资者应在资金结汇之日起15日内启动战略投资行为，并在原则批复之日起180日内完成战略投资。

(4) 投资者未能在规定时间内按战略投资方案完成战略投资的，审批机关的原则批复自动失效。

(5) 投资者应在原则批复失效之日起45日内，经国家外汇局核准后，将结汇所得人民币资金购汇并汇出境外。

4. 向证券监管部门登记或备案。投资者通过上市公司定向发行方式进行战略投资的，在取得商务部就投资者对上市公司进行战略投资的原则批复函后，上市公司向中国证监会报送定向发行申请文件，中国证监会依法予以核准。

投资者通过协议转让方式进行战略投资，投资者参股上市公司的，获得前述批准后向证券交易所办理股份转让确认手续、向证券登记结算机构申请办理登记过户手续，并报中国证监会备案。

投资者可以持商务部对该投资者对上市公司进行战略投资的批准文件和有效身份证明，向证券登记结算机构办理相关手续。

对于投资者在上市公司股权分置改革前持有的非流通股份或在上市公司首次公开发行前持有的股份，证券登记结算机构可以根据投资者申请，为其开立证券账户。

5. 上市公司领取外商投资企业批准证书并进行工商登记。定向发行完成后，上市公司到商务部领取外商投资企业批准证书，并凭该批准证书到工商行政管理部门办理变更登记。协议转让完成后，上市公司到商务部领取外商投资企业批准证书，并凭该批准证书到工商行政管理部门办理变更登记。

(1) 上市公司到商务部领取外商投资企业批准证书。战略投资完成后，上市公司应于15日内凭相关文件到商务部领取外商投资企业批准证书。商务部在收到全部文件之日起5日内颁发外商投资企业批准证书，加注"外商投资股份公司（A股并购)"。如投资者取得单一上市公司25%或以上股份并承诺在10年内持续持股不低于25%，商务部在颁发的外商投资企业批准证书上加注"外商投资股份公司（A股并购25%或以上)"。

(2) 上市公司向工商行政管理机关申请办理公司类型变更登记。上市公司应自外商投资企业批准证书签发之日起30日内，向工商行政管理机关申请办理公司类型变更登记，并提交相关文件。

经核准变更的，工商行政管理机关在营业执照企业类型栏目中加注"外商投资股份公司（A股并购)"字样，其中，投资者进行战略投资取得单一上市公司25%或以上股份并承诺在10年内持续持股不低于25%的，加注"外商投资股份公司（A股并购25%或以上）"。

6. 办理相关手续。上市公司应自外商投资企业营业执照签发之日起30日内，到税务、海关、外汇管理等有关部门办理相关手续。外汇管理部门在所颁发的外汇登记证上加注"外商投资股份公司（A股并购）"。如投资者进行战略投资取得单一上市公司25%或以上股份并承诺在10年内持续持股不低于25%的，外汇管理部门在外汇登记证上加注"外商投资股份公司（A股并购25%或以上）"。

五、外国投资者进行战略投资后的变更及处置★

（一）外国投资者进行证券买卖的限制性规定

除以下情形外，投资者不得进行证券买卖（B股除外）：

1. 投资者进行战略投资所持上市公司A股股份，在其承诺的持股期限届满后可以出售。
2. 投资者根据《证券法》相关规定须以要约方式进行收购的，在要约期间可以收购上市公司A股股东出售的股份。
3. 投资者在上市公司股权分置改革前持有的非流通股份，在股权分置改革完成且限售期满后可以出售。
4. 投资者在上市公司首次公开发行前持有的股份，在限售期满后可以出售。
5. 投资者承诺的持股期限届满前，因其破产、清算、抵押等特殊原因须转让其股份的，经商务部批准可以转让。

（二）变更的条件及手续

1. 投资者减持股份使上市公司外资股比率低于25%：

- 上市公司
  - 应在10日内向商务部备案并办理变更外商投资企业批准证书的相关手续；
  - 应自外商投资企业批准证书变更之日起30日内到工商行政管理机关办理变更登记；
  - 应自营业执照变更之日起30日内到外汇管理部门办理变更外汇登记。
- 工商行政管理机关——→在营业执照上把企业类型调整为"外商投资股份公司（A股并购）"。
- 外汇管理部门——→在外汇登记证上加注"外商投资股份公司（A股并购）"。

2. 投资者减持股份使上市公司外资股比率低于10%，且该投资者非单一最大股东：

- 上市公司
  - 在10日内向审批机关备案并办理注销外商投资企业批准证书的相关手续。
  - 自外商投资企业批准证书注销之日起30日内到工商行政管理机关办理变更登记，企业类型变更为股份有限公司。
  - 应自营业执照变更之日起30日内，到外汇管理部门办理外汇登记注销手续。

3. 母公司通过其全资拥有的境外子公司进行战略投资并已按期完成的：

- 母公司
  - 转让上述境外子公司前应向商务部报告；
  - 根据规定的程序提出申请。
- 新的受让方
  - 应符合规定的条件承担母公司及其子公司在上市公司中的全部权利和义务；
  - 依法履行向中国证监会报告、公告及其他法定义务。

（三）变更后的处置

投资者通过A股市场将所持上市公司股份出让的，可凭以下文件向上市公司注册所在地外汇局申请购汇汇出：

1. 书面申请。

2. 为战略投资目的所开立的外国投资者专用外汇账户（收购类）内资金经国家外汇管理局核准结汇的核准件。

3. 商务部出具的关于上市公司股权结构变更的批复文件。

4. 证券经纪机构出具的有关证券交易证明文件。

第八节　关于外国投资者并购境内企业的规定

自2006年9月8日起施行商务部、国资委、国家税务总局、国家工商行政管理总局、中国证监会、国家外汇管理局联合发布的《关于外国投资者并购境内企业的规定》。

2009年6月22日，为保证《关于外国投资者并购境内企业的规定》与《反垄断法》和《国务院关于经营者集中申报标准的规定》相一致，商务部对《关于外国投资者并购境内企业的规定》作了进一步修改。

一、适用范围★

（一）适用范围

该规定适用于如下情形的股权并购和资产并购：

1. 股权并购情形
   - (1) 外国投资者购买境内非外商投资企业（简称"境内公司"）股东的股权。
   - (2) 外国投资者认购境内公司增资使该境内公司变更设立为外商投资企业。

2. 资产并购情形
   - (1) 外国投资者先在中国境内设立外商投资企业，并通过该企业协议购买境内企业资产且运营该资产。
   - (2) 外国投资者协议购买境内企业资产，并以该资产投资设立外商投资企业运营该资产。

（二）例外情况（见表12-14）

表12-14　例　外　情　况

情形	适用法规	
外国投资者购买境内已设立的外商投资企业股东的股权或认购境内外商投资企业增资的。	外商投资企业法律、行政法规； 外商投资企业投资者股权变更有关规定。	其中没有规定的，再参照《关于外国投资者并购境内企业的规定》办理。
外国投资者通过其在中国设立的外商投资企业合并或收购境内企业的。	关于外商投资企业合并与分立的相关规定； 关于外商投资企业境内投资的相关规定。	
外国投资者并购境内有限责任公司并将其改制为股份有限公司的，或者境内公司为股份有限公司的。	关于设立外商股份有限公司的相关规定。	

二、并购方式、要求及涉及的政府职能部门★

（一）并购方式

1. 股权并购
   - (1) 货币现金购买境内公司股东股权。
   - (2) 认购境内公司增资股权。
   - (3) 以境外特殊目的公司股东股权或特殊目的公司以其增发的股份购买境内公司股东股权或认购境内公司增资股权。
2. 资产并购：以货币现金购买境内公司资产。

(二) 并购要求

外国投资者并购境内企业应符合如下基本要求：

1. 遵守中国的法律、行政法规和规章。
2. 遵循公平合理、等价有偿、诚实信用的原则。
3. 不得造成过度集中，排除或限制竞争。
4. 不得扰乱社会经济秩序和损害社会公共利益。
5. 不得导致国有资产流失。
6. 应符合中国法律、行政法规和规章对投资者资格的要求。
7. 应符合中国法律、行政法规和规章对涉及的产业、土地、环保等方面的政策要求。
8. 依照《外商投资产业指导目录》不允许外国投资者独资经营的企业并购不得导致外国投资者持有企业全部股权；需由中方控股或相对控股的产业，该产业的企业被并购后，仍应由中方在企业中居控股或相对控股地位；禁止外国投资者经营的产业，外国投资者不得并购从事该产业的企业。
9. 被并购境内企业原有所投资企业的经营范围应符合有关外商投资产业政策的要求；不符合要求的，应先进行调整。
10. 根据需要增加规定的其他要求。

(三) 涉及的政府职能部门

1. 审批机关：商务部或省级商务主管部门。
2. 登记机关：国家工商行政管理总局或其授权的地方工商行政管理局。
3. 外汇管理机关：国家外汇管理局或其分支机构。
4. 国有资产管理机关：国资委或省级国有资产管理部门。当外国投资者并购境内企业涉及企业国有产权转让和上市公司国有股权管理事宜的，应报有权审批的国有资产管理机关审批。
5. 国务院证券监督管理机构：中国证监会。如果被并购企业为境内上市公司和特殊目的公司拟进行境外上市交易的，应经国务院证券监督管理机构审核和批准。
6. 税务登记机关：国家税务总局及地方各级税务机关。在完成外资并购后，境内公司或其股东凭商务部和登记管理机关颁发的无加注批准证书和营业执照，到相应的税务机关办理税务变更登记。

三、基本制度

(一) 外商投资企业待遇的界定

外国投资者在并购后所设外商投资企业注册资本中的出资比例高于25%的，该企业享受外商投资企业待遇。境内公司、企业或自然人以其在境外合法设立或控制的公司名义并购与其有关联关系的境内公司，所设立的外商投资企业不享受外商投资企业待遇，但该境外公司认购境内公司增资，或者该境外公司向并购后所设企业增资，增资额占所设企业注册资本比例达到25%以上的除外。

根据上述方式设立的外商投资企业，其实际控制人以外的外国投资者在企业注册资本中的出资比例高于25%的，享受外商投资企业待遇。

（二）被并购境内公司债权和债务的处置

1. 外国投资者股权并购的，并购后所设外商投资企业承继被并购境内公司的债权和债务。
2. 外国投资者资产并购的，出售资产的境内企业承担其原有的债权和债务。
3. 外国投资者、被并购境内企业、债权人及其他当事人可以对被并购境内企业的债权、债务的处置另行达成协议，但是该协议不得损害第三人利益和社会公共利益。债权、债务的处置协议应报送审批机关。
4. 出售资产的境内企业应当在投资者向审批机关报送申请文件之前至少15日，向债权人发出通知书，并在全国发行的省级以上报纸上发布公告。

（三）交易价格确定的依据

并购当事人应以资产评估机构对拟转让的股权价值或拟出售资产的评估结果作为确定交易价格的依据。

并购当事人可以约定在中国境内依法设立的资产评估机构。

资产评估应采用国际通行的评估方法。禁止以明显低于评估结果的价格转让股权或出售资产，变相向境外转移资本。

外国投资者并购境内企业，导致以国有资产投资形成的股权变更或国有资产产权转移时，应当符合国有资产管理的有关规定。

并购当事人应对并购各方是否存在关联关系进行说明，如果有两方属于同一个实际控制人，则当事人应向审批机关披露其实际控制人，并就并购目的和评估结果是否符合市场公允价值进行解释。当事人不得以信托、代持或其他方式规避前述要求。

（四）出资时间的规定

外国投资者并购境内企业设立外商投资企业，外国投资者应自外商投资企业营业执照颁发之日起3个月内向转让股权的股东或出售资产的境内企业支付全部对价。

对特殊情况需要延长者，经审批机关批准后，应自外商投资企业营业执照颁发之日起6个月内支付全部对价的60%以上，1年内付清全部对价，并按实际缴付的出资比例分配收益。

外国投资者认购境内公司增资，有限责任公司和以发起方式设立的境内股份有限公司的股东应当在公司申请外商投资企业营业执照时缴付不低于20%的新增注册资本。

设立外商投资企业，并通过该企业协议购买境内企业资产且运营该资产的，对与资产对价等额部分的出资，投资者应在前述规定的对价支付期限内缴付；其余部分的出资应符合设立外商投资企业出资的相关规定。

外国投资者并购境内企业设立外商投资企业：

如果外国投资者出资比例低于企业注册资本25%的，投资者以现金出资的，应自外商投资企业营业执照颁发之日起3个月内缴清；

投资者以实物、工业产权等出资的，应自外商投资企业营业执照颁发之日起6个月内缴清。

（五）出资比例的确定

1. 外国投资者协议购买境内公司股东的股权，境内公司变更设立为外商投资企业后，该外商投资企业的注册资本为原境内公司注册资本，外国投资者的出资比例为其所购买股权在原注册资本中所占比例。

2. 外国投资者认购境内有限责任公司增资的，并购后所设外商投资企业的注册资本为原境内公司注册资本与增资额之和。外国投资者与被并购境内公司原其他股东在境内公司资产评估的基础上，确定各自在外商投资企业注册资本中的出资比例。

3. 外国投资者认购境内股份有限公司增资的，按照《公司法》有关规定确定注册资本。

（六）投资总额上限的设定

1. 股权并购投资总额上限的设定。外国投资者股权并购的，除国家另有规定外，对并购后所设外商投资企业应按照表 12 - 15 的比例确定投资总额的上限。

表 12 - 15　　外商投资企业按比例设定投资总额

注册资本范围	投资总额不得超过注册资本的倍数
210 万美元以下	10/7
210 万美元以上至 500 万美元	2 倍
500 万美元以上至 1 200 万美元	2.5 倍
1 200 万美元以上	3 倍

2. 资产并购投资总额上限的设定。外国投资者资产并购的，应根据购买资产的交易价格和实际生产经营规模，确定拟设立的外商投资企业的投资总额。拟设立的外商投资企业的注册资本与投资总额的比例应符合有关规定。

四、审批与登记

（一）股权并购需要报送的文件

1. 被并购境内有限责任公司股东一致同意外国投资者股权并购的决议，或被并购境内股份有限公司同意外国投资者股权并购的股东大会决议。
2. 被并购境内公司依法变更设立为外商投资企业的申请书。
3. 并购后所设外商投资企业的合同、章程。
4. 外国投资者购买境内公司股东股权或认购境内公司增资的协议。
5. 被并购境内公司上一财务年度的财务审计报告。
6. 经公证和依法认证的投资者的身份证明文件或注册登记证明及资信证明文件。
7. 被并购境内公司所投资企业的情况说明。
8. 被并购境内公司及其所投资企业的营业执照（副本）。
9. 被并购境内公司职工安置计划。
10. 前述“被并购境内公司债权和债务的处置”以及“交易价格确定的依据”中要求的文件。

并购后所设外商投资企业的经营范围、规模、土地使用权的取得等，涉及其他相关政府部门许可的，有关的许可文件应一并报送。

（二）资产并购需要报送的文件

1. 境内企业产权持有人或权力机构同意出售资产的决议。
2. 外商投资企业设立申请书。

3. 拟设立的外商投资企业的合同、章程。

4. 拟设立的外商投资企业与境内企业签署的资产购买协议，或外国投资者与境内企业签署的资产购买协议。

5. 被并购境内企业的章程、营业执照（副本）。

6. 被并购境内企业通知、公告债权人的证明以及债权人是否提出异议的说明。

7. 经公证和依法认证的投资者的身份证明文件或开业证明、有关资信证明文件。

8. 被并购境内企业职工安置计划。

9. 前述“被并购境内公司债权和债务的处置”以及“交易价格确定的依据”中要求的文件。依照前款的规定购买并运营境内企业的资产，涉及其他相关政府部门许可的，有关的许可文件应一并报送。

（三）并购的审批与登记

1. 审批。外国投资者并购境内企业设立外商投资企业，除另有规定外，审批机关应自收到规定报送的全部文件之日起 30 日内，依法决定批准或不批准。

2. 登记。

（1）外商投资企业的登记与营业执照的领取。外国投资者资产并购的，投资者应自收到批准证书之日起 30 日内，向登记管理机关申请办理设立登记，领取外商投资企业营业执照。外国投资者股权并购的，被并购境内企业应依照该规定向原登记管理机关申请变更登记，领取外商投资企业营业执照。原登记管理机关没有登记管辖权的，应自收到申请文件之日起 10 日内转送有管辖权的登记管理机关办理，同时附送该境内公司的登记档案。被并购境内公司在申请变更登记时，应提交相关文件，并对其真实性和有效性负责。

（2）其他事项的登记。投资者自收到外商投资企业营业执照之日起 30 日内，到税务、海关、土地管理和外汇管理等有关部门办理登记手续。

五、外国投资者以股权作为支付手段并购境内公司的有关规定★

（一）股权并购与并购顾问的条件

1. 股权并购与境外公司的界定。本部分所指的股权并购仅指外国投资者以股权作为支付手段并购境内公司，也即境外公司的股东以其持有的境外公司股权或者境外公司以其增发的股份作为支付手段，购买境内公司股东的股权或者境内公司增发股份的行为。

本部分所称的境外公司应合法设立并且其注册地具有完善的公司法律制度，且公司及其管理层最近 3 年未受到监管机构的处罚；除规定的特殊目的公司外，境外公司应为上市公司，其上市所在地应具有完善的证券交易制度。

2. 股权并购的条件。

（1）股东合法持有并依法可以转让。

（2）无所有权争议且没有设定质押及任何其他权利限制。

（3）境外公司的股权应在境外公开合法证券交易市场（柜台交易市场除外）挂牌交易。

（4）境外公司的股权最近 1 年交易价格稳定。

3. 并购顾问的条件。

（1）信誉良好且有相关从业经验。

（2）无重大违法违规记录。

（3）有调查并分析境外公司注册地和上市所在地法律制度与境外公司财务状况的能力。

（二）申报文件与程序

1. 申报文件。境内公司除报送《关于外国投资者并购境内企业的规定》所要求的文件外，另须报送以下文件：

（1）境内公司最近1年股权变动和重大资产变动情况的说明。

（2）并购顾问报告。

（3）所涉及的境内外公司及其股东的开业证明或身份证明文件。

（4）境外公司的股东持股情况说明和持有境外公司5%以上股权的股东名录。

（5）境外公司的章程和对外担保的情况说明。

（6）境外公司最近年度经审计的财务报告和最近半年的股票交易情况报告。

2. 程序。

（1）审核。商务部自收到规定报送的全部文件之日起30日内对并购申请进行审核，符合条件的，颁发批准证书，并在批准证书上加注“外国投资者以股权并购境内公司，自营业执照颁发之日起6个月内有效”。

（2）加注的外商投资企业营业执照和外汇登记证的领取。境内公司应自收到加注的批准证书之日起30日内，向登记管理机关、外汇管理机关办理变更登记，由登记管理机关、外汇管理机关分别向其颁发加注“自颁发之日起8个月内有效”字样的外商投资企业营业执照和外汇登记证。境内公司向登记管理机关办理变更登记时，应当预先提交旨在恢复股权结构的境内公司法定代表人签署的股权变更申请书、公司章程修正案、股权转让协议等文件。

（3）无加注的外商投资企业营业执照、外汇登记证的领取。自营业执照颁发之日起6个月内，境内公司或其股东应就其持有境外公司股权事项，向商务部、外汇管理机关申请办理境外投资开办企业核准、登记手续。当事人除向商务部报送《关于境外投资开办企业核准事项的规定》所要求的文件外，另须报送加注的外商投资企业批准证书和加注的外商投资企业营业执照。商务部在核准境内公司或其股东持有境外公司的股权后，颁发中国企业境外投资批准证书，并换发无加注的外商投资企业批准证书。境内公司取得无加注的外商投资企业批准证书后，应在30日内向登记管理机关、外汇管理机关申请换发无加注的外商投资企业营业执照、外汇登记证。

境内公司取得无加注的外商投资企业批准证书、外汇登记证之前，不得向股东分配利润或向有关联关系的公司提供担保，不得对外支付转股、减资、清算等资本项目款项。

（4）税务的变更登记。境内公司或其股东凭商务部和登记管理机关颁发的无加注批准证书和营业执照，到税务机关办理。

（5）并购不成功的处理。自营业执照颁发之日起6个月内，如果境内外公司没有完成其股权变更手续，则加注的批准证书和中国企业境外投资批准证书自动失效，登记管理机关根据境内公司预先提交的股权变更登记申请文件核准变更登记，使境内公司股权结构恢复到股权并购之前的状态。并购境内公司增发股份而未实现的，在登记管理机关根据前款予以核准变更登记之前，境内公司还应当按照《公司法》的规定，减少相应的注册资本并在报纸上公告。

（三）特殊目的公司的特别规定

1. 特殊目的公司。

（1）特殊目的公司：中国境内公司或自然人为实现以其实际拥有的境内公司权益在境外上市而直接或间接控制的境外公司。

(2) 特殊目的公司为实现在境外上市，其股东以其所持公司股权，或者特殊目的公司以其增发的股份作为支付手段，购买境内公司股东的股权或者境内公司增发的股份的，适用该规定。

(3) 当事人以持有特殊目的公司权益的境外公司作为境外上市主体的，该境外公司应符合对于特殊目的公司的相关要求。特殊目的公司境外上市交易，应经国务院证券监督管理机构批准。

(4) 特殊目的公司境外上市的股票发行价总值，不得低于其所对应的经中国有关资产评估机构评估的被并购境内公司股权的价值。

2. 权益在境外上市的境内公司应符合的条件。

(1) 产权明晰，不存在产权争议或潜在产权争议。

(2) 有完整的业务体系和良好的持续经营能力。

(3) 有健全的公司治理结构和内部管理制度。

(4) 公司及其主要股东近3年无重大违法违规记录。

3. 境内公司在境外设立特殊目的公司的申请、外汇登记与文件要求。◆

境内公司在境外设立特殊目的公司，应向商务部申请办理核准手续。办理核准手续时，境内公司除向商务部报送《关于境外投资开办企业核准事项的规定》要求的文件外，另需报送以下文件：

(1) 特殊目的公司最终控制人的身份证明文件。

(2) 特殊目的公司境外上市商业计划书。

(3) 并购顾问就特殊目的公司未来境外上市的股票发行价格所作的评估报告。

获得中国企业境外投资批准证书后，设立人或控制人应向所在地外汇管理机关申请办理相应的境外投资外汇登记手续。

4. 特殊目的公司以股权并购境内公司需要报送的文件。◆

(1) 特殊目的公司以股权并购境内公司的，境内公司除向商务部报送规定的前述所要求的文件外，另需报送其他文件。

(2) 如果以持有特殊目的公司权益的境外公司作为境外上市主体，境内公司还需报送以下文件：①该境外公司的开业证明和章程；②特殊目的公司与该境外公司之间就被并购的境内公司股权所作的交易安排和折价方法的详细说明。

5. 加注的外商投资企业营业执照和外汇登记证的领取。商务部对上述规定的文件初审同意的，出具原则批复函，境内公司凭该批复函向国务院证券监督管理机构报送申请上市的文件。

6. 无加注的外商投资企业营业执照、外汇登记证的领取。境内公司应自特殊目的公司或与特殊目的公司有关联关系的境外公司完成境外上市之日起30日内，向商务部报告境外上市情况和融资收入调回计划，并申请换发无加注的外商投资企业批准证书。

7. 融资收入调回境内的方式。特殊目的公司的境外上市融资收入，应按照报送外汇管理机关备案的调回计划，根据现行外汇管理规定调回境内使用。融资收入可采取以下方式调回境内：

(1) 向境内公司提供商业贷款。

(2) 在境内新设外商投资企业。

(3) 并购境内企业。

境内公司及自然人从特殊目的公司获得的利润、红利及资本变动所得外汇收入，应自获得之日起6个月内调回境内。利润或红利可以进入经常项目外汇账户或者结汇。资本变动外汇收入经外汇管理机关核准，可以开立资本项目专用账户保留，也可经外汇管理机关核准后结汇。

六、反垄断审查★

(一) 外国投资者的报告事项

外国投资者并购境内企业有下列情形之一的，投资者应就所涉情形向商务部和国家工商行政管理总局报告：

1. 并购一方当事人当年在中国市场营业额超过15亿元人民币。
2. 1年内并购国内关联行业的企业累计超过10个。
3. 并购一方当事人在中国的市场占有率已经达到20%。
4. 并购导致并购一方当事人在中国的市场占有率达到25%。

虽未达到前款所述条件，但是应有竞争关系的境内企业、有关职能部门或者行业协会的请求，商务部或国家工商行政管理总局认为外国投资者并购涉及市场份额巨大，或者存在其他严重影响市场竞争等重要因素的，也可以要求外国投资者作出报告。上述并购一方当事人包括与外国投资者有关联关系的企业。

（二）并购的审查

外国投资者并购境内企业涉及上述情形之一，商务部和国家工商行政管理总局认为可能造成过度集中，妨害正当竞争、损害消费者利益的，应自收到规定报送的全部文件之日起90日内，共同或经协商单独召集有关部门、机构、企业以及其他利害关系方举行听证会，并依法决定批准或不批准。境外并购有下列情形之一的，并购方应在对外公布并购方案之前或者报所在国主管机构的同时，还应向我国商务部和国家工商行政管理总局报送并购方案。商务部和国家工商行政管理总局应审查是否存在造成境内市场过度集中，妨害境内正当竞争、损害境内消费者利益的情形，并作出是否同意的决定：

1. 境外并购一方当事人在我国境内拥有资产30亿元人民币以上。
2. 境外并购一方当事人当年在中国市场上的营业额在15亿元人民币以上。
3. 境外并购一方当事人及与其有关联关系的企业在中国市场占有率已经达到20%。
4. 由于境外并购，境外并购一方当事人及与其有关联关系的企业在中国的市场占有率达到25%。
5. 由于境外并购，境外并购一方当事人直接或间接参股境内相关行业的外商投资企业将超过15家。

（三）审查豁免的情形

有下列情况之一的并购，并购一方当事人可以向商务部和国家工商行政管理总局申请审查豁免：

1. 可以改善市场公平竞争条件的。
2. 重组亏损企业并保障就业的。
3. 引进先进技术和管理人才并能提高企业国际竞争力的。
4. 可以改善环境的。